Ilona Auer-Frege (Hrsg.)

Wege zur Gewaltfreiheit

Methoden der internationalen zivilen Konfliktbearbeitung

BÜTTNER
Verlag Berlin

Zivile Konfliktbearbeitung hat viele Facetten. Von der Moderation bei Mobbing-Fällen in Schulklassen über die Vermittlung in Nachbarschafts- und Familienkonflikten bis zum Einsatz der Friedensfachkräfte des Zivilen Friedensdienstes in internationalen Krisenregionen setzen sich Menschen engagiert dafür ein, dass zwischenmenschliche Differenzen, strukturelle Konflikte und internationale Krisen gewaltfrei bewältigt werden. So komplex und unterschiedlich die jeweiligen Konflikte ausfallen, so differenziert ist auch das Instrumentarium der einzelnen Vereine, Gruppen, Experten und Beratungsstellen entwickelt.

Dr. Ilona Auer-Frege ist Politologin und hat zum Thema Ziviler Friedensdienst promoviert. Für den Deutschen Entwicklungsdienst hat sie von 1999-2000 an der Einrichtung des Landesprogrammes Ziviler Friedensdienst in Ruanda mitgewirkt. Danach war sie bei der Heinrich Böll Stiftung und im Förderprogramm des Auswärtigen Amtes für zivile Konfliktbearbeitung, zivik tätig. Seit 2008 leitet sie das kirchliche Büro für Menschenrechte und Frieden in Zentralafrika OENZ.

Unermüdlich gilt es neue Modelle zu entwickeln und zu verbessern, die den spezifischen Bedürfnissen der Zielgruppen entsprechen. Daher benötigen die Fachkräfte ein stetig wachsendes und vor allem sich veränderndes Repertoire an Methoden und Ausbildungsformen, die sich vor allem aus der fortwährenden Anpassungsleistung an die Gegebenheiten und Erfordernisse der Projektpraxis speisen.

Um diesen stetigen Entwicklungsprozess des Lernens an der Praxis und des wechselseitigen, kollegial-fachlichen Austausches zu fördern, hat sich der Verleger Wolfgang R. Büttner bereit gefunden, erhebliche Mittel aus seinem Fonds für Friedensentwicklung zur Verfügung zu stellen und die vorliegende Publikation zu ermöglichen. Wolfgang R. Büttner hat sich mit höchstem persönlichen Idealismus und hohem finanziellen

Engagement für ein Projekt eingesetzt, an dessen Botschaft zuversichtlicher Problemlösung er fest glaubt. Dafür möchte ich ihm auch im Namen der beteiligten Organisationen und Expertinnen und Experten sehr herzlich danken!

Mein weiterer Dank gebührt der umsichtigen Manuskriptbetreuung durch Beatrix Fischer, dem schönen Layout von Regina Thielking und der unermüdlich freundlichen Betreuung durch Titus D. Hamdorf. Vor allem aber denke ich dankbar an die intensive Zusammenarbeit mit den Organisationen und Autorinnen und Autoren im Jahr 2007 zurück, die den aus vielen Gründen langwierigen Prozess bis zur Buchherstellung geduldig begleitet und unterstützt haben! Ein ausdrücklicher Dank ergeht an die Pax-Christi-Bewegung, die dem Büttner Verlag Berlin freundlicherweise die Nutzungsrechte des Buchtitels[1] überließ.

Es ist uns allen ein großes Anliegen, mit diesem Buch ein breites interessiertes Publikum zu erreichen und vor allem eine intensive Fachdebatte über die methodische Vielfalt der internationalen zivilen Konfliktbearbeitung anzustoßen.

Ilona Auer-Frege

[1] Wege zur Gewaltfreiheit: Dokumentation des Dialogs mit Bischof Dr. Hermann Josef Spital/Hrsg.: Pax-Christi-Bewegung, Dt. Sekretariat. - Frankfurt/Main: Pax-Christi-Bewegung, Dt. Sekretariat, 1989. - 108 S.; 21 cm (Probleme des Friedens ; 1989,1)
Wege zur Gewaltfreiheit: eine Arbeitshilfe der Kommission für Gewaltfreiheit/Pax-Christi-Bewegung, Deutsches Sekretariat. - Bad Vibel : Pax-Christi-Bewegung, Dt. Sekretariat, 1990. - 96 S.; 21 cm (Probleme des Friedens; 1990,1)

Nachdem das 20. Jahrhundert als das Jahrhundert der Kriege in die Geschichte eingegangen ist, hat im Jahre 2010 eine Entwicklung begonnen, die das Ideal einer menschlicheren und friedlicheren Welt ein Stück greifbarer oder gar realistischer erscheinen lässt: Auf der Völkerrechtskonferenz 2010 in Kampala (Uganda), in der die Vertragsstaaten des Internationalen Strafgerichtshofs unter anderem über eine Reform und Weiterentwicklung des Statuts ihrer Arbeit berieten, wurden kriegerische Akte erstmals als Verbrechen erklärt – nachdem Kriegsführung lange Zeit als legitimes Verteidigungs- und Behauptungsmittel eines Völkerstaates erachtet worden war. Auch wenn dieses erst in sieben Jahren in Kraft treten soll und die Strafverfolgung auf besonders schwere kriegerische Angriffe begrenzt ist.

Weitere Schritte sind dringend notwendig auf dem langen Weg hin zu einer vom Völkerrecht getragenen und für alle Staaten verbindlichen Grundordnung, die gewaltsame Auseinandersetzungen zu verhindern hilft. Trotz aller Bemühungen um eine friedlichere Zukunft werden zum Zeitpunkt des Erscheinens dieses Buches weltweit immer noch erschreckend viele gewalttätige bis hochgewalttätige, überwiegend innerstaatliche Konflikte und Kriege geführt, unter denen vor allem die Zivilbevölkerungen leiden.

Als ich meine Verlagsphilosophie definierte, war für mich ein Leitmotiv die Bekanntmachung des beeindruckenden Handlungsspektrums im Bereich der Friedensarbeit und Zivilen Konfliktbearbeitung. Hier war es mein Wunsch, Beispiele der zivilen Bemühungen angemessen öffentlich zu würdigen.

An dieser Stelle möchte ich der Herausgeberin Frau Dr. Ilona Auer-Frege sowie all den beteiligten Organisationen, Autorinnen und Autoren für die umsichtige Konzipierung und Bereitstellung ihrer Beiträge für diesen Sammelband herzlich danken! Dieser wäre ohne die inspirierenden Gestaltungsideen und ausdauernde Kommunikationsstärke von Frau Regina Thielking sowie die oft unermüdlich idealistische Unterstützung von Herrn Titus D. Hamdorf sicher nicht zustande gekommen.

Die Zivile Konfliktbearbeitung ist ein lebendiger, fließender, stets offener Prozess, der von vielen Partnern verantwortungsvoll getragen wird. In diesem Sinne möchte die Lektüre gleichermaßen zu fachlichem Austausch und öffentlicher Diskussion einladen. Als Verleger wünsche ich dem Buch jetzt eine möglichst breite Leserschaft und hoffe damit einen Beitrag für das „Prinzip Hoffnung" leisten zu können.

Berlin im Oktober 2010 *Wolfgang R. Büttner*

„Wege zur Gewaltfreiheit" bietet einen lebendigen und vielschichtigen Einblick in die Arbeitsweisen von Organisationen, Expertinnen und Experten, die sich in Krisenregionen der Welt, aber auch in Konfliktfeldern in Deutschland engagieren.

Seit dem Start des Zivilen Friedensdienstes im Jahre 2000 stieg die Zahl der friedensfördernden Projekte deutscher Träger deutlich. Das Projektfeld der zivilen Konfliktbearbeitung konnte neue Facetten ausbilden und weiter professionalisiert werden.

Der Büttner Verlag Berlin beauftragte die Herausgeberin und Autorin Frau Dr. Ilona Auer-Frege mit der Zusammenstellung lösungsorientierter Modelle in der internationalen Friedensarbeit. Zielsetzung dabei war es, nicht nur einen Einblick in die friedensfördernde internationale Projektarbeit deutscher Organisationen zu gewähren, sondern auch eine Art „Methodenhandbuch" für die Praxis vor Ort zu entwickeln.
Die Herausgeberin konzentrierte sich dabei vor allem auf Ansätze und Methoden, die Gewaltfreiheit und Friedensfähigkeit plastisch erfahrbar machen. Vom Puppentheater in Mexiko über Mediations-Ausbildung in Algerien bis hin zu Projekten zur Stärkung der politischen Teilhabe von Frauen in Afghanistan, Liberia und in der Demokratischen Republik Kongo, stellt das Buch die Vielfalt der Methoden dar, die das Arbeitsfeld Zivile Konfliktbearbeitung kennzeichnen und ausmachen.
Mehr als 30 lebendige Fallbeispiele werden von den Autorinnen und Autoren vorgestellt und ermöglichen damit einen umfassenden Einblick in aktuelle Arbeitsmethoden der modernen Friedensarbeit.
Die Kategorien „Mediation und Dialog" sowie „Jugendarbeit" erhalten dabei einen besonderen Stellenwert, da ein Großteil der internationalen Projekte in diesen Bereichen angesiedelt ist, somit zahlreiche Organisationen und Friedensfachkräfte gerade dort aktiv tätig sind.

Zivile Konfliktbearbeitung im Kontext der Friedensarbeit in Deutschland

Die Landschaft der Friedensarbeit in Deutschland

Das Spektrum der Friedensarbeit in Deutschland ist weit gefächert. Dies gilt nicht allein für die Organisations- oder Kooperationsformen, die Komplexität der Aufgabenfelder, sondern auch für die ethisch-religiöse bzw. politisch-moralische Ausrichtung der Akteure. So liegt die Friedensarbeit nicht nur in den Händen von Institutionen unter staatlicher Trägerschaft, sie wird auch von zahlreichen Nichtregierungsorganisationen vorangebracht: Kirchliche Organisationen, politische Parteien und Stiftungen sowie privat geführte zivilgesellschaftliche Institutionen geben den Ton an. Gegenwärtig setzt die Friedensarbeit in Deutschland ihre Schwerpunkte bei Bildungs- und Jugendprojekten, Versöhnungsinitiativen, der Aufarbeitung des Nationalsozialismus und Anti-Gewalt-Trainings. Zudem geht es darum, die interkulturelle Kommunikation und die Integration von Migrantinnen und Migranten zu fördern. Die nichtmilitärische Friedensarbeit im Ausland ist größtenteils an Projekte und Träger der Entwicklungszusammenarbeit gekoppelt.

Nach dem Ende des Kalten Krieges brachen neue internationale Konfliktszenarien hervor wie zum Beispiel die Balkankriege, die Golfkriege und die andauernden Brennpunkte der Gewalt in Afrika (Sudan, Angola, Liberia, Kongo, Äthiopien). Damit stand die Friedensarbeit Deutschlands und der westlichen Staaten vor gewaltigen Herausforderungen. Seit dem Völkermord in Ruanda, der 1994 innerhalb von drei Monaten ca. 800.000 Menschen das Leben kostete, war die gesamte westliche Entwicklungszusammenarbeit um ihr bis dahin unangefochtenes Selbstverständnis gebracht. In Deutschland, den USA und Skandinavien setzte sich die Szene daraufhin intensiv mit der Frage auseinander, inwieweit ihre Förderanstrengungen in Krisenregionen sogar Konflikt verschärfend oder verlängernd gewirkt haben könnten. Diese immer noch aktuelle Debatte kreist(e) um den sogenannten „Do-No-Harm-Ansatz", den Mary B. Anderson in ihrem wegweisenden Buch („Do no Harm", 1996) aufgebracht hatte. Fortan suchten die Akteure der professionellen Entwicklungszusammenarbeit nach geeigneteren Instrumenten. Sowohl kurzfristige Nothilfe im Katastrophenfall als auch langjährige Entwicklungspartnerschaften mit Ländern in Afrika, Asien oder Lateinamerika sollten nachhaltig friedens- und entwicklungsfördernd wirken. Diese notwendige Selbstreflexion innerhalb der internationalen zivilen „Friedensszene" brachte auch für die Friedensarbeit in Deutschland ein fundamental neues Selbstverständnis. Der Paradigmenwechsel wurde vonseiten der Bundesregierung mitgetragen und floss gleichzeitig in die Projektarbeit der Nichtregierungsorganisationen ein. Zahlreiche Förderprogramme zur zivilen und gewaltfreien Konfliktbearbeitung wurden und werden seither von staatlicher Seite initiiert. Ein erstes Erfolg versprechendes Beispiel ist der Zivile Friedensdienst, der seit 1999 besteht und Friedenskräfte in internationale Projekte zu Gewaltfreiheit und konstruktiver Konfliktbearbeitung einbindet.

Die Friedensarbeit in Deutschland geht neue Wege

Bis zur Jahrtausendwende wurden Friedensinitiativen staatlicherseits fast ausschließlich als militärische Aufgaben, z. B. im Rahmen der Unterstützung von NATO, UN- oder OSZE-Missionen, interpretiert. Das Auswärtige Amt setzt seit 2001 mit dem Projekt „zivik – Zivile Konfliktbearbeitung" neue Akzente. Mit einem kleinen Fonds fördert es Initiativen in Krisenregionen und verfolgt dabei die programmatische Linie der zivilen und gewaltfreien Konfliktbearbeitung, Krisenprävention und Friedensförderung:

Auswärtiges Amt und Institut für Auslandsbeziehungen (ifa)
zivik – Zivile Konfliktbearbeitung
Konflikte bearbeiten – Krisen vorbeugen – Frieden fördern, das sind die Ziele des Förderprogramms „zivik – Zivile Konfliktbearbeitung" des Instituts für Auslandsbeziehungen e. V. (ifa).
Die Mitarbeiterinnen und Mitarbeiter von zivik beraten Nichtregierungsorganisationen sowie das Auswärtige Amt im Bereich der zivilen Konfliktbearbeitung. Durch das Förderprogramm werden Projekte in Krisenregionen weltweit unterstützt, dokumentiert und evaluiert. Die Mittel werden vom Auswärtigen Amt bereitgestellt. Als Mittlerorganisation leistet das ifa mit dem Programm zivik seit 2001 einen wesentlichen Beitrag dazu, den Bereich der zivilen Konfliktbearbeitung weiter auszubauen und den seit 2004 bestehenden Aktionsplan der Bundesregierung „Zivile Krisenprävention, Konfliktlösung und Friedenskonsolidierung" in die Tat umzusetzen.

Zivile Konfliktbearbeitung
Zivile Konfliktbearbeitung zielt auf eine möglichst frühe und konstruktive Einflussnahme auf Gewaltdynamiken und Konflikte, um deeskalierend zu wirken, Gewalt zu beenden und Friedenspotenziale zu fördern. Die gewaltfreie Konfliktbearbeitung durch zivilgesellschaftliche Organisationen zeichnet sich durch eine reiche Dialogkultur aus. Sie umfasst eine Bandbreite vielfältiger Methoden, kreativer Strategien und spezifischer Aktionsformen. In der Projektarbeit erfordert dies ein konfliktsensitives, mutiges Eintreten und anpassungsfähige Arbeitsweisen der Akteure in verschiedenen kulturellen, gesellschaftlichen und politischen Kontexten.

Aufgaben
Internationale Maßnahmen auf den Gebieten Krisenprävention, Friedenserhalt und Konfliktbewältigung sind integraler Bestandteil deutscher Außenpolitik. Um einen sichtbaren und nachhaltigen Erfolg dieser Friedensbemühungen und Missionen zu erreichen, sind Initiativen und Projekte auf der Basis unterschiedlicher Ansätze erforderlich. Neben der Beratung und Förderung von Nichtregierungsorganisationen, die krisenpräventive Projekte durchführen, will zivik die Methoden und Strategien der zivilen Konfliktbearbeitung optimieren, um damit den Bereich der theoretischen Arbeitsgrundlagen zu stärken. Dazu gehören insbesondere die Durchführung von Evaluierungen und Analysen, die Aufarbeitung von Praxiserfahrungen (lessons learned) sowie die Dokumentation erfolgreicher Projekte (good practice). zivik fördert den Dialog zwischen Auswärtigem Amt und Nichtregierungsorganisationen und schafft durch Fachveranstaltungen die Grundlage für gemeinsames Lernen und die Weiterentwicklung von Theorie und Praxis.
Von Mai 2004 bis April 2008 wurden laut dem ersten und zweiten Bericht der Bundesregierung über die Umsetzung des Aktionsplans „Zivile Krisenprävention, Konfliktlösung und Friedenskonsolidierung" im Rahmen des Förderprogramms zivik weltweit rund 273 Friedensprojekte mit insgesamt über 10,6 Millionen Euro unterstützt. Die Projekte konzentrierten sich auf Afrika (Südafrika, Region der Großen Seen, Sudan, Westafrika), Asien (Afghanistan, Nepal, Myanmar, Kambodscha), Israel/palästinensische Gebiete, die Kaukasusregion und in geringerem Umfang Mittel- und Südamerika (Guatemala, Kolumbien, Bolivien).
Die **Themen** der letzten Jahre waren *political leadership, peace education, post-war peacebuilding, coexistence* und *reconciliation.* Es wurden vor allem Maßnahmen wie Seminare, Workshops oder direkte Konfliktbearbeitung (Mediation) gefördert. Mit Blick auf die Zielgruppen stehen Multiplikatorinnen und Multiplikatoren und Jugendliche im Mittelpunkt der Projektförderung. Im Kern geht es dabei um Qualifizierungsmaßnahmen und die Vernetzung zivilgesellschaftlicher Akteure.
Zunehmende Bedeutung erhalten Kooperationen mit anderen kulturellen Mittlerorganisationen im In- und Ausland. Ferner engagiert sich das ifa in vielfältigen Projekten gemeinsam mit nationalen und internationalen Partnern wie Stiftungen und internationalen Organisationen.
Das Institut für Auslandsbeziehungen e. V. wird gefördert vom Auswärtigen Amt, dem Land Baden-Württemberg und dessen Landeshauptstadt Stuttgart.

Institut für Auslandsbeziehungen e. V. (ifa)
Förderprogramm zivik – Zivile Konfliktbearbeitung
zivik@ifa.de, www.ifa.de
Siehe auch: www.ifa.de/foerderprogramme/zivik/

In noch größerem Ausmaß als das Auswärtige Amt engagiert sich das Bundesministerium für wirtschaftliche Zusammenarbeit und Entwicklung (BMZ) für die staatliche Förderung von Friedensprojekten. Allen voran der bereits erwähnte Zivile Friedensdienst, der sich ausdrücklich als „neues Instrument der Entwicklungszusammenarbeit" versteht.

Bundesministerium für wirtschaftliche Zusammenarbeit und Entwicklung (BMZ)

Der Zivile Friedensdienst (ZFD)
Die 1998 neu gewählte rot-grüne Bundesregierung reagierte auf die veränderten Parameter in der Entwicklungstheorie und den Bedarf an neuen Formen der internationalen Zusammenarbeit und richtete im BMZ den Zivilen Friedensdienst (ZFD) ein. Unter diesem Siegel werden heute Projekte der anerkannten Entsendedienste Deutscher Entwicklungsdienst (DED), Arbeitsgemeinschaft Entwicklungshilfe (AGEH), Evangelischer Entwicklungsdienst (EED), Weltfriedensdienst (WFD), EIRENE – Internationaler Christlicher Friedensdienst e.V., Dienste in Übersee (DÜ), KURVE Wustrow/Aktionsgemeinschaft Dienst für den Frieden (AGDF), Forum Ziviler Friedensdienst (forumZFD) sowie peace brigades international (pbi) finanziell gefördert – Projekte, die ausdrücklich Friedensförderung und gewaltfreie Konfliktbearbeitung mit nicht-militärischen Mitteln durch entsandte europäische Friedensfachkräfte zum Inhalt haben.
In den ersten zehn Jahren seines Bestehens (1999-2009) entsandte der ZFD nach eigenen Angaben 514 Fachkräfte in 50 Länder. Im Haushaltsjahr 2009 sind ca. 185 Friedensfachkräfte in 45 Ländern im Einsatz. Die Jahresfördersumme ist von 19 Mio. € (2008) auf über 30 Mio. € angestiegen. Insgesamt waren für ZFD-Maßnahmen bis Ende 2008 ca. 116,8 Mio. € verausgabt worden.[1]

Siehe auch: www.ziviler-friedensdienst.org

weltwärts
Seit 2008 bietet das BMZ darüber hinaus den entwicklungspolitischen Freiwilligendienst „weltwärts" an, der Jugendliche und junge Erwachsene für ein Jahr als Freiwillige in Friedens- und Entwicklungsprojekte vermittelt. Dieses Programm kann als Alternative zum Wehrdienst genutzt werden und jungen Menschen, die sich für konkrete Friedens- und Entwicklungsarbeit interessieren, Erfahrungen in der internationalen Projektpraxis gewähren.

Siehe auch: www.weltwaerts.de

Einen guten Überblick über die konkrete Friedensarbeit der in Deutschland tätigen Bürgerinitiativen, Organisationen, Stiftungen oder Körperschaften bietet die „Plattform Zivile Konfliktbearbeitung". Als Netzwerk der Nichtregierungsorganisationen (NRO) und einzelner Akteure übernimmt sie seit 1998 die Aufgabe, diese im Informationsaustausch, durch Fortbildungsangebote, Vertretung und Lobbying zu unterstützen.

[1] Vgl. http://www.ziviler-friedensdienst.org/Zahlen-und-Fakten.3.0.html, 16.11.2009

Die „Plattform Zivile Konfliktbearbeitung" – Vernetzung als Chance für zivile Konfliktbearbeitung

Anknüpfend an eine Reihe von Diskussionen über die Notwendigkeit von friedensfördernden Projekten in Deutschland und im Rahmen internationaler Interventionen schlossen sich 1998 13 Organisationen und rund 60 Personen zusammen und gründeten in Bad Honnef die „Plattform Zivile Konfliktbearbeitung". Inzwischen ist die Plattform auf 59 Organisationen und 130 Personen angewachsen, die aus den Bereichen Konfliktbearbeitung/Mediation, Friedensarbeit, humanitäre Hilfe, Entwicklungszusammenarbeit sowie Wissenschaft und Forschung stammen.

Gründungsidee und Ziele der Plattform:

Die Gründer der „Plattform Zivile Konfliktbearbeitung" verfolgten die Idee, die verschiedenen Aktivitäten zu koordinieren, die Vielzahl der bereits vorhandenen Kapazitäten und Erfahrungen intensiver zu nutzen, die Projekte besser aufeinander abzustimmen und sich gemeinsam für eine Ausweitung und Verbesserung der Möglichkeiten einer kompetenten zivilen Konfliktbearbeitung zu engagieren. Das heißt, es ging um Austausch, Kooperation, Vernetzung, Absprachen und gegenseitige Stärkung.

Als Gründungsziele werden die Verstärkung der Bemühungen um die Reduzierung von Gewalt und die Förderung von Frieden genannt. Dies soll erreicht werden durch:

- Förderung von Krisen- und Gewaltprävention
- Unterstützung von Initiativen der Deeskalation und Streitbeilegung
- Stärkung von Aufbau- und Versöhnungsarbeit
- Ermutigung zur Entfaltung einer demokratischen Streitkultur
- Verbesserung der politischen Rahmenbedingungen für zivile Konfliktbearbeitung

Die Plattform strebt nicht die Rolle einer Zentralstelle oder eines Verbandes für zivile Konfliktbearbeitung an. Vielmehr versteht sie sich als Impulsgeberin, die verschiedene Aufgaben übernimmt, wie:

- Vermittlung von Informationen und Wissen über Konflikte und Konfliktbearbeitung
- Beeinflussung der öffentlichen Meinung und Lobbyarbeit im politischen Raum
- Bildungsarbeit
- Förderung von Möglichkeiten und die Entwicklung von Konzepten und Instrumenten für konstruktive Konfliktbearbeitung
- Beratung, Unterstützung und Professionalisierung von Einzelnen und Organisationen
- Internationale Vernetzung auf europäischer Ebene

Leistungen der Plattform:

- Eine fast täglich aktualisierte Homepage, www.konfliktbearbeitung.net
- Ein informativer, kostenloser zweiwöchiger Newsletter
- Thematisch orientierte Jahrestagungen
- Arbeitsgruppen und sogenannte „Offene Kooperationen", in denen Teilhabende zu vereinbarten Themen und Aufgaben auf Zeit zusammenarbeiten
- Eigene Publikationen
- Tagungen, Konferenzen und Fachgespräche, die in der Regel Kooperationsveranstaltungen mit Organisationen der Plattform sind

Die Plattform bearbeitet inhaltlich fünf Schwerpunktthemen:

- Zivile Konfliktbearbeitung in Deutschland
- Konfliktfelder zivil-militärischer Beziehungen
- Deutsche Außen- und Entwicklungspolitik als Friedenspolitik
- Friedensmacht Europa
- Frieden braucht Gesellschaft – international

Aussichten für zivile Konfliktbearbeitung und die Plattform:
Die zivile Konfliktbearbeitung konnte sich gerade unter der rot-grünen Regierung als Querschnittsaufgabe in staatlichen und nicht-staatlichen Arbeitskontexten etablieren und eine finanzielle, personelle und institutionelle Aufwertung erfahren. Dies kann man z. B. daran festmachen, dass verschiedene Einrichtungen gegründet wurden, wie die Arbeitsgemeinschaft Entwicklungspolitische Friedensarbeit (FriEnt, 2001), zivik (2001) oder das Zentrum für Internationale Friedenseinsätze (ZIF, 2002) und der Zivile Friedensdienst. Außerdem wurde das Sektorvorhaben „Krisenprävention und Konfliktbearbeitung" in der GTZ in die Entwicklungszusammenarbeit eingeführt und im Auswärtigen Amt der eigene Haushaltstitel „Friedenserhaltende Maßnahmen" eingerichtet. Darüber hinaus hat die Friedensarbeit in kommunalen Kontexten (z. B. an Schulen) an Bedeutung gewonnen.
Leider muss festgehalten werden, dass in den letzten Jahren die finanziellen Mittel für zivilgesellschaftliche, friedenserhaltende Maßnahmen gekürzt wurden und weiter gekürzt werden. Bei den Ausgaben für militärische und zivile Einsätze herrscht zudem ein völliges Ungleichgewicht; außerdem werden friedenserhaltende Maßnahmen vorwiegend als Aufgabe des Sicherheitssektors gesehen. Dies geht insofern zulasten der zivilen Anstrengungen, als die Bundeshaushaltsordnung nach wie vor – trotz aller sinnvollen Gegenargumente – am Jährlichkeitsprinzip für geförderte Maßnahmen festhält.
Die Plattform will die Arbeit der zivilen Akteure unterstützen und stärken: Mit ihren ganz unterschiedlichen Ansätzen, Arbeitsweisen und Länderschwerpunkten, in Deutschland oder zusammen mit ihren Partnerinnen und Partnern in den Konfliktländern sollen alle Akteure weiterhin einen wesentlichen Beitrag zur Friedensförderung leisten können. Auf nationaler wie internationaler Ebene arbeitet die Plattform kontinuierlich daran, dass die Infrastruktur für zivile Konfliktbearbeitung ausgebaut wird.
Priska Palacios

Siehe auch: www.konfliktbearbeitung.net

Friedensarbeit in Deutschland hat mit der Einrichtung des Zivilen Friedensdienstes seit 1999 einen starken Aufschwung und eine enorme Professionalisierung erfahren. Schon vor diesem Zeitpunkt hatten Kirchen und Bürgerinitiativen innerhalb Deutschlands methodische Grundsteine gelegt und Wissen angesammelt – die Grundlagen für eine ausgedehnte Projektarbeit im Ausland aufgebaut. Dennoch ist das methodische Instrumentarium dieser Disziplin noch längst nicht ausgereift. Umso sinnvoller ist es, den Akteuren der Friedensarbeit bei ihrer konkreten Projektarbeit über die Schulter zu schauen und dabei zu lernen, welche Methoden praxistauglich sind und im Sinne einer nachhaltigen Friedens- und Entwicklungsförderung funktionieren.

Das Ziel dieser Publikation

Diese Publikation versteht sich als Methodenstudie. Sie möchte einen Überblick über den aktuellen Stand der deutschen Friedensarbeit im Inland und Ausland bieten und aufzeigen, wie die Projektträger auf Schwerpunktthemen der Konfliktbearbeitung eingehen. Die einzelnen

Fallbeispiele sollen Anregung für Projektplanerinnen und -planer sowie für Friedensfachkräfte vor Ort bieten, mit dem Ziel, deren Arbeitsinstrumentarium zu bereichern.

Dennoch bleibt offensichtlich: Jede Konfliktsituation, jede Zielgruppe, jede Region und jede Organisation ist anders, dies erfordert maßgeschneiderte Ansätze und kontextabhängige Arbeitsmethoden. Hier werden keine Rezepte vorgestellt, die sich in jeder Umgebung nachahmen lassen. Stattdessen möchte diese Studie aufzeigen, wie weit sich die Friedensarbeit deutscher Institutionen in den letzten Jahren entwickelt hat, und damit Inspiration und Reflexionsstoff für die eigene Arbeit bieten.

Entstehung der Fallbeispiele

Im Jahr 2007 schrieb die Autorin über 40 deutsche Organisationen an, die sich im In- und Ausland in irgendeiner Form professionell für zivile Konfliktbearbeitung, Gewaltfreiheit und Versöhnung einsetzen. Sie wurden darum gebeten, aus ihrem Arbeitsbereich solche Projektansätze und Methoden auszusuchen, die sie für besonders wirkungsvoll und lehrreich für andere Fachkräfte hielten. Es ging nicht darum, ganz besondere Glanzstücke der eigenen Projektpraxis ins Rampenlicht zu rücken, sondern es sollte deutlich werden, wie stockend, scheiternd und neu beginnend Friedensarbeit sein kann. Viele Projekte, die hier vorgestellt werden, haben eine langjährige Vorgeschichte, wurden mehrfach neu konzipiert und immer wieder dem Bedarf ihrer Zielgruppen angepasst, bis sie wirklich funktionierten. Alle beteiligten Organisationen ließen sich darauf ein, auch diese Aspekte ihrer Arbeit offen mitzuteilen, um somit andere von ihren Erfahrungen profitieren zu lassen.

Über ein Jahr lang wurden schließlich Projektunterlagen, Bilder, Berichte und Evaluierungen zusammengetragen. Dazu kamen Interviews mit Projektleiterinnen und Projektleitern, lokalen Fachkräften, Koordinatorinnen und Koordinatoren und Projektteilnehmenden. Aus diesem Material entstanden die 31 Projekttexte, die jeweils nur ein Schlaglicht auf einen aktuellen Ist-Zustand der Arbeit werfen können. Viele der Projekte haben noch weitaus mehr Facetten und Arbeitsfelder als in diesem begrenzten Rahmen aufgezeigt werden können. Bei umfangreichen Ansätzen wurde ein Aspekt der Arbeit ausgewählt und vorgestellt, den die Mitarbeiterinnen und Mitarbeiter für besonders aussagekräftig befanden.

Kategorien der Friedensarbeit

Schwieriger als gedacht gestaltete sich die Aufgabe, die vorgestellten Projekte inhaltlich zu kategorisieren und Kriterien zu finden, welche die jeweiligen Schwerpunkte abbilden. Die Mehrzahl der Projekte deckt zudem ein breites inhaltliches und methodisches Spektrum ab, weshalb diese noch schwerer einzuordnen sind. Gilt ein Schulprojekt mit Theaterarbeit als Kunst- oder Bildungsarbeit? Ist Traumabearbeitung bei ehemaligen Kombattanten mit integrierter Berufsausbildung ein medizinisch-psychologischer Ansatz oder geht es dabei eher um Einkommensförderung? Dennoch ließen sich einige Kategorien finden, die zumindest die Kernaufgaben der heutigen zivilen Friedensarbeit umreißen und ein erstes Angebot zur Systematisierung darstellen:

Reintegration ehemaliger Kombattanten

Demobilisierte Soldaten verkörpern in vielen Krisenregionen ein besonderes Konfliktpotenzial. Oft kennen sie nur die Waffe als Mittel zum Einkommenserwerb, sind durch ihre Vergangenheit traumatisiert und werden von ihrer Herkunftsgemeinde gefürchtet oder abgelehnt. Deshalb geraten viele dieser ehemaligen Kämpfer schnell in die Hände von Sicherheitsfirmen oder finden sich in mafiösen Strukturen, im Drogenhandel oder in anderen paramilitärischen Vereinigungen wieder. Wer ehemalige Kombattanten auffängt, behandelt und ihnen eine positive Zukunftsperspektive ermöglicht, leistet einen wichtigen Beitrag zur Befriedung in besonders von Krieg und Gewalt betroffenen Gesellschaften.

Schutzräume zur Verfügung stellen

In Gesellschaften, die unter staatlicher Repression oder den negativen Begleiterscheinungen eines Bürgerkrieges leiden, können Aktivistinnen und Aktivisten, Menschenrechtsorganisationen, unabhängige Bürgerinitiativen oder Organe der Zivilgesellschaft selten unbehelligt arbeiten. Ihre Mitarbeiterinnen und Mitarbeiter werden bedroht, entführt oder ermordet, ohne dass die Täterinnen und Täter juristische Konsequenzen befürchten müssten. In dieser Situation können begleitende Organisationen die internationale Aufmerksamkeit für die Bedrohten herstellen, persönlichen Schutz anbieten und Lobbying betreiben.

Medienarbeit

Medien und Journalistinnen und Journalisten haben in Krisenregionen oft einen erheblichen Einfluss auf die Konfliktparteien. Sie können diesen missbrauchen und damit gewollt zur Eskalation beitragen. Oder sie können von Friedensorganisationen zu einem ethischen und unabhängigen Reportagestil motiviert werden und damit einen verantwortungsvollen Beitrag zur Informationsvermittlung, zum Abbau von stereotypen Feindbildern und zur Friedenserziehung leisten.

Traumabearbeitung

Durch Gewalterfahrungen traumatisierte Menschen leiden oft lebenslang schwer unter ihren körperlichen und seelischen Wunden. Friedensprojekte können dazu dienen, dass diese Menschen bei der psychologischen Aufarbeitung begleitet werden. Ihnen kann dabei geholfen werden, aus der Opferrolle herauszutreten und den Konflikt zu bewältigen, was sich auch positiv auf ihr gesamtes Umfeld auswirkt. Damit erhält Traumabearbeitung neben der individuellen Hilfe auch eine gesellschaftliche Dimension.

Mediation und Dialog

Wo Justiz nur mangelhaft funktioniert oder Konflikte in der Gesellschaft weniger staatlich rechtlichen denn kulturellen, ethnischen oder traditionellen Ursprungs sind, können Mediatorinnen und Mediatoren dabei helfen, Gewalt zu vermeiden und Konflikte rasch, unbürokratisch und für alle Parteien befriedigend beizulegen. Mediation ist auf Ausgleich bedacht, allparteilich, für die Bevölkerung leicht zugänglich und vermittelt eine Kultur der gewaltfreien und konstruktiven Konfliktlösung.

Methodenvermittlung auf Graswurzelebene

In kriegsbetroffenen Gesellschaften gilt oft seit Jahrzehnten das Recht des Stärkeren. Gewalt und Gegengewalt sind die einzig bekannten Handlungsmuster in der Bevölkerung. Friedensprojekte helfen dabei, traditionelle Instrumente zur friedlichen Konfliktbeilegung wiederzubeleben und die Bevölkerung mit neuen Methoden wie Mediation, gewaltfreier Kommunikation oder Ausgleichsmechanismen vertraut zu machen.

Methodenvermittlung auf institutioneller Ebene

In vielen Gesellschaften gibt es bereits Nichtregierungsorganisationen und Friedensgruppen. Diese können dabei unterstützt werden, ihre unterschiedlichen zivilgesellschaftlichen Beiträge zur Friedensförderung zu bündeln, sich zu vernetzen und sich untereinander zu verständigen, um möglichst professionell und effizient zu arbeiten.

Kunst als Friedensmedium

Wo rein intellektuell und kognitiv angelegte Ansätze auf Grenzen stoßen, etwa bei Jugendlichen, bei Traumatisierten, bei Analphabetinnen und Analphabeten oder bei ablehnend eingestellten Zielgruppen, da können kunst- und insbesondere theaterpädagogische Methoden erstaunliche Erfolge erzielen. Sie öffnen den Zugang zu „schwierigen" Zielgruppen, bauen Hemmschwellen für die Mitarbeit in Friedensprojekten ab und machen die Inhalte der Gewaltfreiheit ganzheitlich erfahrbar.

Förderung von Rechtsstaatlichkeit und Justiz

Wo Krieg den Alltag bestimmt, entsteht nicht selten eine „Kultur der Gewalt", in der der Staat als Ordnungsmacht versagt und damit auch die Justiz ihre Aufgaben nicht ausreichend wahrnimmt. Friedensprojekte können dazu beitragen, dass Richterinnen und Richter, Anwältinnen und Anwälte und Gefängnispersonal ausgebildet werden und Gefangene Rechtsbeistand erhalten, Gesetzesreformen eingefordert und Wahrheitskommissionen einberufen werden. Insgesamt geht es im Rahmen der Friedensarbeit darum, eine verbesserte Rechtskultur zu vermitteln.

Jugendarbeit

In vielen Krisenregionen besteht die Bevölkerung zu einem Großteil aus Menschen unter 25 Jahren. Mitunter bestehen Konflikte schon seit Jahrzehnten und werden von Generation zu Generation weitergegeben. Jugendliche Zielgruppen sind oft eher bereit, erlernte Konfliktmuster zu reflektieren und andere Handlungsmöglichkeiten zu finden, die sie später auch folgenden Generationen vermitteln. Daher kommt der Jugendpädagogik ein besonderer Stellenwert in der Friedensarbeit zu.

Zivilgesellschaft organisieren

Ohne eine Zivilgesellschaft, in der sich die Menschen organisieren und gemeinsam ihre Interessen formulieren, ist eine gewaltlose Konfliktlösung kaum denkbar. Egal, ob sich das zivilgesellschaftliche Engagement gegen staatliche Institutionen oder gegen Konfliktgruppen richtet, Friedensprojekte tragen dazu bei, dass die Bevölkerung in Krisenregionen in Selbsthilfeinitiativen zusammenfindet. Es geht darum, Strukturen aufzubauen, mit denen Defizite des Staates ausgeglichen werden können (z. B. Wahrheitskommissionen): Die Menschen sollen ihre Belange selbst aktiv und dennoch gewaltfrei vertreten und durchsetzen können.

Die Rolle von Nichtregierungsorganisationen, Gebern und Fachkräften in der Friedensarbeit

In der Friedensarbeit ist, vielleicht noch mehr als in anderen Sparten der Bildungs- oder Entwicklungsarbeit, eine klare Rollendefinition der beteiligten Parteien notwendig. Alle an dieser Studie teilnehmenden Organisationen betonen, dass sie mit ihren Angeboten nur begleitende und unterstützende Funktionen einnehmen wollen. Gleichwohl bekennen sie sich dazu, dass sie die Verantwortlichkeiten und die Initiative der Zielgruppen zur Selbsthilfe (die sogenannte *ownership*) übernehmen oder ersetzen können. Nur wenn die Betroffenen die Inhalte und Ziele der Projekte annehmen und sich mit diesen so weit identifizieren, dass sie selbst aktiv und engagiert handeln, kann die Projektarbeit tatsächlich zu persönlichen und gesellschaftlichen Veränderungen führen. Konkret bedeutet dieser Ansatz, dass Projekte oft eine lange Vorlaufzeit benötigen, in der die Bedürfnisse der Betroffenen wie auch die Hintergründe und Konstellationen im Konflikt genau analysiert werden müssen. Ohne enge Kontakte zu den Zielgruppen entsteht kein Vertrauensverhältnis, das die Basis für tief greifende Veränderungen darstellt.

Im Projektprozess bemühen sich die meisten Organisationen sehr darum, nicht selbst in den Friedensprozess einzugreifen. Als allparteiliche, unterstützende Institution wollen sie helfen und begleiten – ohne die Richtung zu dominieren. Friedensprojekte stellen Strukturen und Ressourcen zur Verfügung, die es den Menschen leichter machen, alternative Handlungsweisen auszuprobieren und sich zu verändern: Sie schaffen ein konstruktives Umfeld, ein *environment for peace*, stärken die positiven Elemente (*connectors*) im Konflikt und grenzen sich von den negativen Faktoren (*dividers* oder *spoilers*) ab. Für die Friedensfachkräfte bedeutet dies auch, sich immer wieder zurücknehmen zu müssen bzw. sich nicht instrumentalisieren oder vereinnahmen zu lassen. Für sie ist es wichtig, ihr Fachwissen und ihre materiellen Ressourcen mit ihren Partnerorganisationen und Teammitgliedern zu teilen, ohne selbst aktiv in den Konflikt einzugreifen. Dies kann eine schwierige Gratwanderung bedeuten, belässt aber auf jeden Fall die Verantwortung, aber auch die Gewinne aus den Transformationsprozessen bei den Betroffenen.

Erkenntnisse dieser Materialsammlung

Die Analyseergebnisse der Fallbeispiele und die vielen Gespräche mit den Aktiven in den Projekten – den Koordinatorinnen und Koordinatoren, Projektleiterinnen und Projektleitern und Fachkräften – lassen sich in fünf Thesen zusammenfassen. Diese zeigen auf, welche Herausforderungen für Friedensarbeit heute bestehen und an welche Bedingungen sie geknüpft sind:

Friedensarbeit braucht Zeit

Die Förderdauer ist, vor allem bei Projekten in Krisenregionen mit jahrzehntelanger Konfliktgeschichte, oft viel zu kurz bemessen. Die Vertrauensbildung und der Aufbau von Arbeitsstrukturen benötigen mitunter Jahre, bis sie tragfähig sind und Wirkung zeigen. Ohne lokale Partnerorganisationen, die mit den Menschen vor Ort lange Zeit zusammengearbeitet haben und ihre Bedürfnisse kennen, ist es noch schwieriger, einen engen und belastbaren Kontakt herzustellen. Hier sind vor allem die staatlichen Geberstrukturen aufgefordert, diesem Bedarf Rechnung zu tragen. Die übliche Förderdauer für Projekte liegt heute bei einem, maximal drei Kalenderjahren. Damit lassen sich weder langfristige Basisarbeit noch intensive Interventionen finanzieren, die notwendig sind, um tatsächlich nachhaltig zu wirken.

Friedensarbeit ist schwer vergleichbar

Der Versuch, Projektarbeit nach ihrer Wirkung zu beurteilen, ist sinnvoll und legitim. Wenn Steuergelder in Millionenhöhe in die Friedensarbeit fließen, sollte dies auf möglichst effiziente und nutzbringende Weise geschehen. Da jedes Projekt individuell auf seinen ganz besonderen Kontext zugeschnitten ist, fällt es schwer, allgemeingültige und vergleichbare Kriterien aufzustellen. Dennoch sollten im Interesse der Qualitätsförderung Wege zur Messung und Bewertung der Projektarten gefördert werden. PCIA[2] (Peace and Conflict Impact Assessment) ist ein langsam an Qualität gewinnender Versuch, dieser Notwendigkeit zu entsprechen.

Friedensarbeit muss lernen dürfen

Das relativ abrupte Einsetzen des Zivilen Friedensdienstes 1999, mit einer sehr hohen Anzahl von Projekten innerhalb von nur wenigen Jahren, bedeutet eine sehr kurze Zeit für das Sammeln von Erfahrungen. Internationale Friedensprojekte, aber auch Bildungs- und Gewaltfreiheitsprojekte in Deutschland, brauchen Zeit und Lernanreize, um ihre Methoden weiterentwickeln zu können.

Wir sind es gewohnt, militärische Methoden der „Friedensschaffung" oder „Friedenssicherung" mit Kosten in Milliardenhöhe scheitern zu sehen. Friedensprojekte, die im Vergleich dazu mit nicht einmal einem Prozent der bundesstaatlichen Fördermittel ausgestattet sind, stehen unter einem viel höheren Erfolgsdruck. Dabei leisten gerade sie einen hochgradig spezialisierten und engagierten Beitrag, indem sie auf ständig wechselnde Umweltfaktoren flexibel reagieren und sich ihren Aufgaben mit immensem persönlichem und institutionellem Einsatz verschreiben. Im Sinne der weiteren Qualitätssteigerung der zivilen Konfliktbearbeitung ist hier noch ein langjähriger Erfahrungsaustausch nötig. Die Erfahrungen aus der Projektarbeit, und dies gilt auch für gescheiterte oder nicht vollständig erfolgreiche Projekte, sollten offen und ohne gegenseitige Schuldzuweisungen diskutiert werden. Innerinstitutionelle Lernprozesse, aber auch Netzwerke und gegenseitiger Austausch, unterstützen das Wachstum von Wissen und Sachkompetenz in der Friedensarbeit.

[2] Siehe z. B. den Ansatz von Thania Paffenholz und Luc Reychler oder der Friedrich-Ebert-Stiftung. www.Frient.de/downloads/PCIAGuidelines.pdf, 9.11.2009

Friedensarbeit muss kohärent sein

Vor allem im Rahmen der internationalen Interventionen fordert die Bundesregierung mit Recht eine „Entwicklungszusammenarbeit aus einem Guss“ – ohne Doppelungen oder Lücken im Angebot. Vernetzung ist daher ebenso nötig wie eine ernst gemeinte Zusammenarbeit, in der sich die deutschen und internationalen Organisationen intensiv darüber abstimmen, wo Förderbedarf besteht und wie sie ihre Projektarbeit nutzbringend koordinieren können. Konkurrenzdenken oder schlechte Vorbereitung von Projekten schaden einer bedarfsgerechten Angebotsstruktur und damit den Betroffenen in den Konfliktregionen. In der internationalen Friedensarbeit hat sich auch die Anbindung an klassische Entwicklungsprogramme bewährt. Statt Friedens- und Ernährungssicherungsprojekte als unabhängige oder gar konkurrierende Ansätze zu verstehen, hat es viel mehr Sinn, Friedensarbeit auch als Querschnittsaufgabe in die konventionelle Entwicklungs- und technische Zusammenarbeit einzubinden. Friedensprojekte können in Konfliktregionen die Voraussetzungen dafür schaffen, dass weitere Investitionen in Entwicklungsprojekte Erfolg versprechend sind. Umgekehrt ist es sinnvoll, die langjährigen Vertrauensbande, die durch Entwicklungsarbeit entstanden sind, zu nutzen, um mit den gleichen Zielgruppen zusätzlich über Gewaltfreiheit und konstruktive Konfliktlösung ins Gespräch zu kommen.

Auf die Zivilgesellschaft kommt es an

Diese Studie stützt sich auf die Beobachtung, dass es in der Friedensarbeit immer stärker um Bildungsarbeit, Förderung von Nichtregierungsorganisationen und deren Vernetzung geht, wobei gerade die NRO in Krisenregionen einen Gegenpol zu versagender oder zu totalitärer staatlicher Macht darstellen. Das schließt Projekte, die gezielt Regierungen fördern, nicht aus, insofern die NRO diese meistens auch dazu ermutigen, mehr Zivilgesellschaft zuzulassen.

Es wird mit wachsender Erfahrung immer deutlicher, dass in der Friedensarbeit nachhaltige Erfolge dort erzielt werden, wo die Bereitschaft zu Dialog und gegenseitiger Akzeptanz unmittelbar in der Bevölkerung verankert ist. Erst wenn auch das Wissen über gewaltfreie Wege der Konfliktlösung allgemein verbreitet ist, kann Frieden Teil des Alltags werden. Denn eine Gesellschaft, in der die Interessen der Menschen durch selbst gebildete Organisationen, Medien, Vereine oder Interessengruppen vertreten werden, kann auf gewaltsame Mittel zu deren Durchsetzung verzichten. Der Aufbau zivilgesellschaftlicher Strukturen, innerhalb derer die einzelnen Akteure darin geschult sind, ihre Anliegen konstruktiv und erfolgreich zu vertreten, scheint der Schlüssel für eine nachhaltige Friedensarbeit zu sein.

Ilona Auer-Frege

Mexiko
Kolumbien
Peru

Wege zur Gewaltfreiheit:

Zivile Konfliktbearbeitung in 31 Fallbeispielen

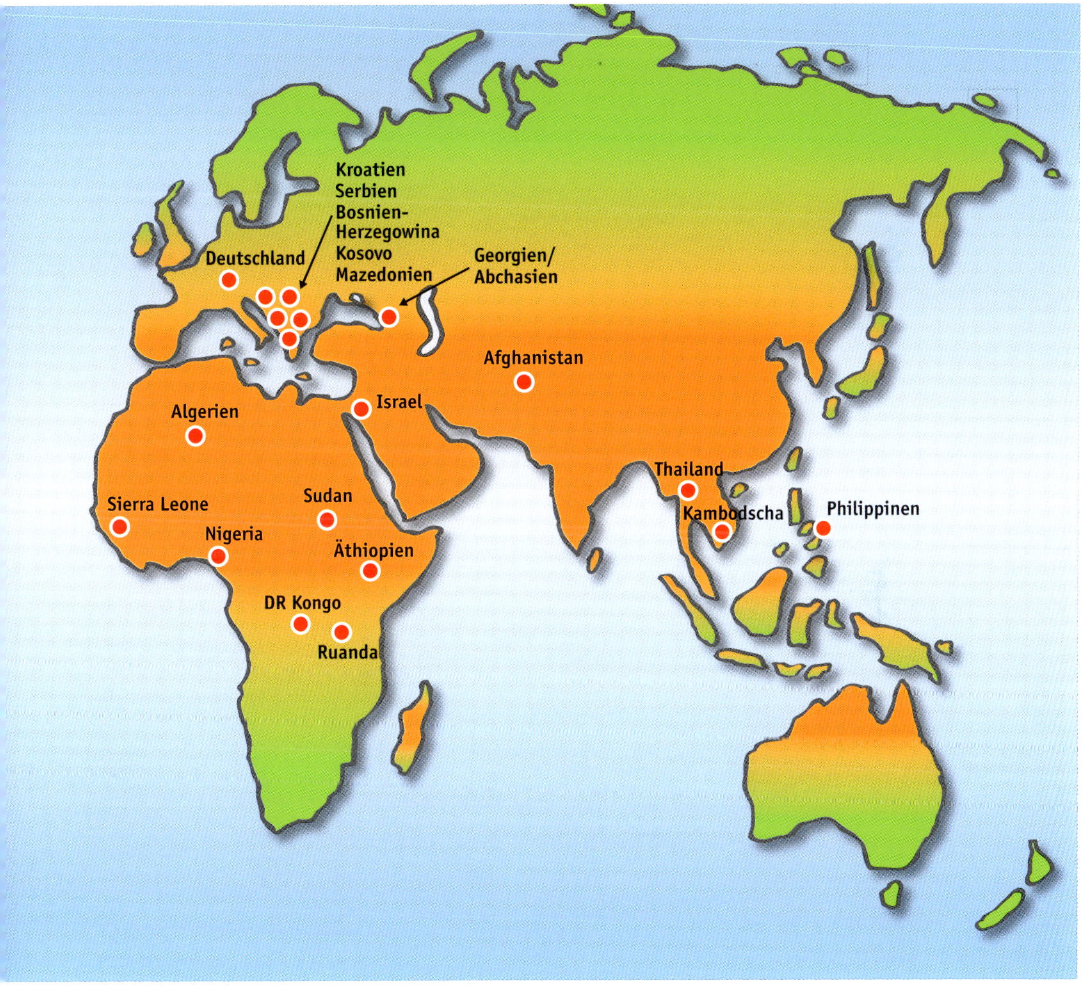

Caritas international:
Hilfe für Kindersoldaten im Kongo

Projektstandort:	Demokratische Republik Kongo, Region Nord-Kivu
Laufzeit:	seit 2004
Organisation:	Caritas international, Hilfswerk des deutschen Caritasverbandes www.caritas-international.de
Lokale Partnerorgansation:	Caritas Goma
Ansprechpartner:	Christoph Klitsch-Ott Christoph.Klitsch-Ott@caritas.de
Finanzierung:	Caritas international, Institut für Auslandsbeziehungen (ifa) aus Mitteln des Auswärtigen Amtes

Der Projekthintergrund

Krieg und Vertreibung haben in den vergangenen 40 Jahren pausenlos für Gewalt und Zerstörung im Kongo gesorgt. In- und ausländische Besatzungstruppen haben die Bevölkerung immer wieder vertrieben und als billige Arbeitskräfte missbraucht, nicht zuletzt mit dem Ziel, sich an den wertvollen Bodenschätzen wie Coltan, Silizium, Gold und Diamanten zu bereichern. Besonders betroffen ist die Region nördlich und westlich des Kivu-Sees, der den Kongo von Ruanda, Burundi und Uganda trennt. Die Kinder, Jungen wie Mädchen, werden als Waffenträger, Handlanger, Köche oder Wächter, oft aber auch als Kämpfer oder als „Ehefrauen" eingesetzt. Zum Teil sind sie jünger als acht Jahre alt, wenn sie in die Hände der militanten Gruppen fallen. Sie werden so massiv ideologisiert bzw. psychisch unter Druck gesetzt, dass nur wenige zu flüchten versuchen. Es gibt keine staatlichen Strukturen oder Rechtssysteme, auf die sich eine Hilfsorganisation beziehen könnte, um die Entführungen und den Missbrauch der verschleppten Kinder zu unterbinden. Alle Machthaber, Rohstoffhändler, die staatliche Armee, bewaffnete Milizen, Rebellengruppen und die marodierenden Banden in der Region greifen gleichermaßen auf Jugendliche und Kinder als Arbeitssklaven oder als zwangsrekrutierte Söldner zurück.

Der Projektansatz

Die Sozialarbeiterinnen und Sozialarbeiter der Caritas Kongo gehen strategisch vor, wenn sie Kinder und Jugendliche aus den Rängen der Militärs befreien wollen: Sie besuchen solche Militärcamps, die offen operieren und deren Kommandeure bereit sind, die Vertreter der christlichen Organisation zu empfangen. Diese Kontakte müssen oft über Jahre aufgebaut und gepflegt werden, bis die Militärs die Botschaft akzeptieren und die jüngsten Soldaten freigeben. Da die christlichen Kirchen im Kongo ein hohes gesellschaftliches Ansehen genießen, ist es hilfreich, wenn hohe Geistliche, z. B. Bischöfe, intervenieren und sich direkt an die Rebellen wenden. Kindern, die sich selbst aus den Militärcamps befreien können oder verletzt oder verirrt aufgefunden werden, bieten die Kirchengemeinden Zuflucht, bevor das Caritas-Team sie unter ihren Schutz nimmt. Nach ihrer Befreiung werden alle ehemaligen Kindersoldaten in den vier Übergangszentren der Caritas, die über den Nord-Kivu verteilt liegen, aufgenommen. Dort werden sie circa vier bis acht Wochen lang medizinisch versorgt und psychologisch betreut. Währenddessen beginnen die Caritas-Mitarbeiterinnen und Mitarbeiter mithilfe der Kirchengemeinden mit der Suche nach den Familien der Kinder.

Neben der Wiedereingliederung der Kinder sieht die Caritas ihre Hauptaufgabe darin, lokale Behörden, Führungspersönlichkeiten, Familien aber auch Militärs über die Rechte der Kinder aufzuklären. In der Gesellschaft soll die Botschaft verankert werden: Wer Kinder entführt und als Soldaten missbraucht, verletzt elementare Menschenrechte. Die Öffentlichkeitsarbeit umfasst Radiosendungen und Seminare. Für militärische Gruppierungen, die eine solche kirchliche Offerte annehmen, bietet die Caritas gezielte Fortbildungsveranstaltungen an. Zu anderen Rebellengruppen versuchen die Mitarbeiterinnen und Mitarbeiter in jahrelangen Annäherungsversuchen so viel Kontakt aufzubauen, dass auch jene sich langfristig auf Verhandlungen einlassen. Die Arbeit der Caritas zielt darauf ab, das Bewusstsein für die Rechte der Kinder und Menschenrechte zu erhöhen. Zugleich versucht die Organisation, den Familien eine ökonomische Perspektive zu eröffnen, um sie weniger anfällig für den schnellen Verdienst zu machen, den die bewaffneten Kräfte vor allem den jungen Männern versprechen. Durch persönliche Kontakte, Aufklärung, Beratung und regelmäßige Kontrolle sollen Militärs von weiteren Rekrutierungen abgehalten werden.

Der Projektablauf

„Gewalt ist im Kongo zu einem Wohlstandsfaktor geworden. In einem Umfeld aus Armut und Perspektivlosigkeit verspricht eine Waffe den Zugang zu schnellem Geld. Man kann eine Straßensperre errichten, man kann ein Dorf plündern, man kann schnell Geld machen auf diese Weise. Und es gibt keinen Staat, der dieses Treiben beenden würde. Die Menschen haben oft keine Alternative zum Militär. Deshalb müssen wir noch sehr viel dafür tun, bis der Verzicht auf Gewalt sich lohnt. Die Menschen brauchen eine Friedensdividende, Frieden muss zu einem Wohlstandsfaktor werden, damit die Gewalt beendet wird."
Christoph Klitsch-Ott

Die Kindersoldaten betreuen und rückführen:
Die Kinder und Jugendlichen, die in den vier Übergangszentren der Caritas untergebracht sind, waren nur zum Teil gegen ihren Willen von den Rebellengruppen entführt und zwangsweise in deren Camps verschleppt worden. Viele hatten sich auch von sich aus auf ein Leben als Kindersoldaten eingelassen, weil ihre Elternhäuser zerrüttet waren, sie verwaist sind oder in ihren Familien nicht genug Nahrung für alle vorhanden war. Oft locken spezielle Rekrutierungseinheiten Straßenkinder oder Kinder aus schwierigen sozialen Verhältnissen mit Versprechungen. Die Aussicht auf regelmäßigen Sold, Anteil an der Beute, eine eigene Waffe, Ruhm und Freiheit macht sie blind gegenüber der brutalen Realität des Soldatenlebens, wo sie auf der untersten Stufe der Hierarchie stehen und extremen Gewalterfahrungen ausgesetzt sind.
Die Sozialarbeiterinnen und Sozialarbeiter der Caritas gehen in die Camps der verschiedenen bewaffneten Gruppen. Mit enormer Überredungskunst schaffen sie es ein ums andere Mal, die Kommandeure davon zu überzeugen, dass die Beschäftigung von Kindern in der Armee unrechtmäßig ist und sie sie freilassen müssen. Einige Kinder werden verletzt ausgesetzt, andere können fliehen. Wenn sie aufgegriffen werden, bringt man sie in die Zentren der Caritas. In den vier Heimen wurden von 2004 bis 2009 insgesamt ca. 3.000 Kinder und Jugendliche zwischen 8 und 18 Jahren betreut. 95 Prozent sind Jungen, 5 Prozent Mädchen. Bei ihrer Ankunft werden sie zunächst medizinisch versorgt, eingekleidet und nach ihrer Familie befragt. Im Durchschnitt dauert es vier Wochen, bis die Angehörigen

gefunden und benachrichtigt werden können, um sich auf die Rückkehr der Kinder vorzubereiten. In vielen Fällen wäre es ohne das Netzwerk und die Infrastruktur der katholischen Kirche gar nicht möglich, die Familien ausfindig zu machen.

Während des Aufenthaltes in den Übergangszentren üben die Sozialarbeiterinnen und Sozialarbeiter mit den Jugendlichen oft längst vergessene Alltagsfähigkeiten ein, die sie für die Rückkehr in ein ziviles Leben benötigen. Ein gleichförmiger Tagesablauf, Körperhygiene, Haushaltsaufgaben und ein soziales Miteinander ohne Befehlston sind für die Kinder fremd geworden. Es fällt ihnen schwer, sich wieder auf ein Leben in geregelten Strukturen einzulassen. Oft brechen nach einigen Tagen der Freude über die Flucht in ihnen die erlebten Traumata auf. Viele leiden unter posttraumatischen Störungen wie Schlaflosigkeit, Aggressivität, Unruhe und Angst.

Auch in den Familien ist die Freude über die Rückkehr der Kinder nicht immer ungetrübt. Sie haben Angst vor dem, was die Kinder in Uniform getan haben könnten, und sie befürchten, sie könnten auch in ihrem Dorf gewalttätig werden. Für viele Familien, die um die tägliche Existenzsicherung kämpfen, ist ein zusätzlicher Esser zudem eine unwillkommene Belastung. Hier leisten die Sozialarbeiterinnen und Sozialarbeiter der Caritas Betreuungsarbeit. Sie versuchen, die Familien in einkommensschaffende Maßnahmen zu vermitteln, wie sie von anderen internationalen Organisationen in der Region angeboten werden. Für ein Drittel der Kinder werden Schulen gefunden und die Schulgebühren bezahlt. Oder sie können in Organisationen oder Projekte weitergeleitet werden, in denen sie eine Ausbildung oder eine Beschäftigung finden. Mit Sport, Hausarbeiten, Landwirtschaft oder Alphabetisierung und Unterricht in Kunst und Kunsthandwerk bieten die Übergangszentren ein Programm an, das den Kindern und Jugendlichen dabei hilft, wieder einen geregelten Tagesablauf aufzunehmen und ihr Leben zu strukturieren bzw. selbst Einkommen zu verdienen.

„Viele Kinder möchten anfangs gar nicht an einer psychologischen Betreuung oder Traumatherapie teilnehmen. Sie wollen einfach nur wieder in stabile Strukturen, in ihre Familien und den alten Alltag zurückkehren und sich selbst versorgen können. Das respektieren wir, aber wir sehen auch eine Aufgabe für die Zukunft, wenn die Jugendlichen vielleicht doch über die Gewalt, die sie erlebt haben, sprechen möchten."
Christoph Klitsch-Ott

Öffentlichkeitsarbeit:
Neben der Betreuung der Kindersoldaten und ihrer Familien besteht ein wichtiger Teil des Projektes in der Aufklärungsarbeit. Das Caritas-Team will verhindern, dass weitere Kinder rekrutiert werden. Es pflegt daher Kontakte zu den meisten Rebellengruppen und zur staatlichen kongolesischen Armee, um auch an verantwortlicher Stelle immer wieder auf die Rechte der Kinder hinzuweisen und zu versuchen, die Kommandanten zur Freigabe der Kindersoldaten zu bewegen. Außerdem werden Radiosendungen ausgestrahlt und Seminare für die Führungsebene der Militärs angeboten, mit der Absicht, das Bewusstsein für Kinderrechte generell zu erhöhen. Alle Fälle von Menschenrechtsverletzungen und Kindesmisshandlungen durch militärische Gruppen werden an Menschenrechtsorganisationen gemeldet, die daraufhin professionell aktiv werden können.
In den Dörfern verbreiten die Sozialarbeiterinnen und Sozialarbeiter der Caritas Aufklärungsmaterialien über die Rechte von Kindern und erläutern den Familien, mit welchen Taktiken die Militärs ihren Kindern Versprechungen machen, um sie an sich zu binden. Gerade an Schulen und in den Familien kann viel Wissen darüber vermittelt werden, wie Kinder geschützt werden können und wie die Realität in den Rebellengruppen tatsächlich aussieht.

Was ist wichtig für den Erfolg?

Trotz der angespannten Sicherheitslage gelingt es den Caritas-Mitarbeiterinnen und -mitarbeiter immer wieder, die Kommandeure der verschiedenen bewaffneten Gruppen davon zu überzeugen, dass sie die Kindersoldaten herausgeben. Dies ist ein Indiz für die hohe Akzeptanz und das Vertrauen, das die Caritas in der Region aufgebaut hat. Ohne die Anbindung an die katholische Kirche, die in der Region hohes Ansehen genießt, könnte die

Caritas nicht in einer so komplexen und widersprüchlichen Konfliktsituation mit allen Parteien umgehen. Der kirchliche Hintergrund macht die Caritas als neutrale Instanz, die sich keiner Partei zuordnen lässt, besonders glaubwürdig. Erst diese Voraussetzung ermöglicht das erfolgreiche Arbeiten.

„Wir können als katholische Organisation im Kongo freier und ungehinderter arbeiten als andere NRO, weil die Kirche hier respektiert wird und alle Konfliktparteien sich auf sie einlassen. Ohne diesen unausgesprochenen Schutz würden wir keinen Zugang zu den Militärcamps erhalten oder von den einzelnen Rebellengruppen instrumentalisiert werden.“ Christoph Klitsch-Ott

Dazu kommt das engmaschige Netz, das die Kirchengemeinden in der Region miteinander verbindet. Nur mithilfe dieser Infrastruktur kann es in über 90 Prozent der Fälle gelingen, die Eltern der aufgenommenen Kindersoldaten rasch aufzufinden, selbst wenn sie durch Flucht und Vertreibung ihren Wohnort gewechselt haben. Die Kirche bietet auch solchen Jugendlichen eine Zuflucht, deren Eltern nicht gefunden werden oder ihre Kinder nicht mehr aufnehmen können und möchten. Jugendliche, die sonst ohne soziale Anbindung blieben, werden in Projekten der Caritas oder kooperierenden Organisationen versorgt und in Schulen oder Ausbildungsprojekten untergebracht. Wie sehr die ehemaligen Kindersoldaten vom Angebot der Caritas überzeugt sind, beweist die Tatsache, dass weniger als ein Prozent die Maßnahme abbricht und in die Armee zurückkehrt.

„Wir können unsere Arbeit mit den Militärs vor Ort nur machen, wenn wir strikt unparteiisch bleiben und keine Anklagen, Vorwürfe oder gar juristische Klagen gegen die Kommandeure erheben. Auch wenn uns das angesichts der Gräueltaten oft schwerfällt. Wir brauchen das Vertrauen und ihre Kooperation. Das heißt aber nicht, dass wir nicht versuchen, durch Aufklärungsmaterialien, Öffentlichkeitsarbeit und Bildungsangebote in der ganzen Region die Rechte der Kinder und alle Menschenrechte ins Licht der Öffentlichkeit zu rücken. Wir operieren hier auf einem schmalen Grat zwischen dem Wohl der Kinder, das für uns Vorrang hat, und der Notwendigkeit, Gewalttäter auch vor Gericht zu stellen. Daher ist unsere Arbeit zweigeteilt: Wir bieten einerseits humanitäre Hilfe an, aber andererseits legen wir großen Wert auf unsere Bemühungen, in der Öffentlichkeit Gewalt und den Missbrauch von Kindern als Soldaten zu diskutieren. Und wenn es uns gelingt, Gewaltfreiheit und friedliches Zusammenleben auch als Lebensform attraktiv zu machen, mit Wohlstand und gesicherten Lebensumständen zu verbinden, dann wird der Zulauf zu den Rebellengruppen stark abnehmen." Christoph Klitsch-Ott

Der Projektleiter

Christoph Klitsch-Ott ist Referatsleiter Afrika bei Caritas international, dem Hilfswerk des deutschen Caritasverbandes. Seit 1997 bearbeitet er schwerpunktmäßig die Projekte von Caritas international Deutschland in der DR Kongo. Zuvor war der Diplom-Theologe u. a. sechs Jahre in Tansania und Burundi tätig.

Die lokale Fachkraft

„Die entführten Kinder sind keine Kinder mehr. Sie sind Erwachsene. Gezwungenermaßen. Sie kennen nur den Krieg. Das Leben im Krieg war elendig, aber sie waren auch mächtig. Nach der Befreiung sind sie schwach, denn ihre Körper und ihre Seelen sind verletzt. Unsere gemeinsame Suche nach einem Weg, der es ihnen ermöglicht, mit ihrer Vergangenheit und ihrer Gegenwart klarkommen zu können, ist deshalb oft schwierig und schmerzhaft. Es bedarf großer Sensibilität und viel Zeit, bis die Kinder sich öffnen und wir die Chance haben, ihnen ihr neues, für viele verwirrendes Leben zu zeigen. Nie zuvor mussten sich die Jungen und Mädchen mit Fragen nach ihrer Schulausbildung, der Berufssuche oder Themen wie HIV/Aids auseinandersetzen."
Gahigirio J. Baptiste, Sozialarbeiter Caritas Goma

Das Fazit

Das Kindersoldatenprojekt hat zum Teil einen klaren Nothilfecharakter. Es kann nur dann langfristig stabilisierend wirken, wenn es begleitet wird von anderen Hilfsangeboten regional tätiger Organisationen, die darauf abzielen, die soziale und ökonomische Struktur der Region zu festigen. Eine Voraussetzung für den Frieden im Kongo ist, dass die militärische und kriminelle Ausbeutung der Bevölkerung generell aufhört und sich wieder ein geregeltes, gewaltfreies Alltagsleben entwickeln kann. Die UN-Mission in der Region kann einen Beitrag zur Reduzierung der Truppenstärken leisten. Viel wichtiger aber sind konzertierte Anstrengungen aller Geberorganisationen, um Flüchtlingen dauerhafte Siedlungsangebote bereitzustellen, die wirtschaftliche Infrastruktur aufzubauen und Ansätze für eine zivilgesellschaftliche Ordnung zu fördern.

Auch die ambitionierte Öffentlichkeitsarbeit der Caritas für Kinder- und Menschenrechte kann nur wenig erreichen, wenn nicht umfassende und aufeinander abgestimmte Geberprogramme in größerem Ausmaß dafür sorgen, dass sich die soziale, ökonomische und rechtliche Situation der Bevölkerung auf einem lebensfähigen Niveau stabilisiert. Hier wäre es sinnvoll, wenn die Geberorganisationen strukturelle Rehabilitationsprogramme in engerer Kooperation finanzieren würden, in denen die Arbeit der Caritas als ein Baustein verankert ist und durch Maßnahmen wie Ausbildung, durch Kleinkreditprojekte, Bildungsangebote oder durch Infrastrukturförderung flankiert wird. Nur so können die Jugendlichen nach ihrer Rückkehr eine Lebensperspektive entwickeln, in der Waffen als einkommensschaffende Instrumente keine Rolle mehr spielen.

Ilona Auer-Frege

Evangelischer Entwicklungsdienst:
Frieden ohne Brot?

Berufsbildung und Gewerbeförderung im Friedensprozess des Ostkongo

Projektstandort:	Bukavu, Demokratische Republik Kongo, Provinz Süd-Kivu
Laufzeit:	seit 1994
Organisation:	Evangelischer Entwicklungsdienst (EED)
Lokale Partnerorganisationen:	Centre d'Apprentissage Professionnel et Artisanal – CAPA der Baptistischen Kirche im Zentrum Afrikas (CBCA)
Ansprechpartner:	Rudolf.Heinrichs.Drinhaus@eed.de
Finanzierung:	EED mit Mitteln von Brot für die Welt, BMZ und Kirchensteuern

Der Projekthintergrund

Chaotische Dynamik kennzeichnet die Region der Großen Seen Afrikas seit über 30 Jahren. An wechselnden „heißen Punkten“ in Uganda, Ruanda, Burundi und dem Ostkongo brachen und brechen Tod bringende Auseinandersetzungen aus: Bürgerkriege, Völkermord, Kriege und grenzüberschreitende Militäraktionen der Staaten, Kämpfe von Rebellengruppen mit immer wieder wechselnden Allianzen. Internationale Akteure, Konzerne, Staaten, globale Organisationen mischen sich ein, verschärfen die Konflikte oder versuchen sich als Friedensbringer. Natürliche Ressourcen in Form von fruchtbaren Böden, Mineralien, Wasserkraft, Holz und in letzter Zeit auch Erdöl stellen ein riesiges Potenzial wirtschaftlicher Entwicklung dar. Ihre Ausbeute gilt jedoch als eine der treibenden Kriegsfaktoren. Hier spricht man eher vom Fluch als vom Segen des Rohstoffreichtums. Trotz des Einsatzes von UN-Friedenstruppen lebt die Bevölkerung im Ostkongo bis heute in ständiger Unsicherheit. Mädchen und Frauen leiden unter sexualisierter Gewalt der Männer.

Mehrere Million Menschen verloren in den Kämpfen, durch das Morden und in Folge von Hunger und Krankheit ihr Leben. HIV/AIDS verbreitet sich vor allem unter den jungen Kämpfern und von ihnen infizierten Frauen. Anders als bei dieser zerstörerischen Krise zu erwarten wäre, nimmt die Bevölkerungszahl in der Region Große Seen jedoch nicht ab,

sondern wächst schnell und beständig. In den vier Ländern Uganda, Ruanda, Burundi und DR Kongo verdoppelte sich die Einwohnerzahl in den letzten 20 Jahren von 60 auf geschätzte 120 Million Menschen (Quelle: DSW Datenreport 2009). Kinder im Alter von 0 bis 16 Jahren bilden die Hälfte der Bevölkerung. Wir können hier von einer „superjungen Gesellschaft" sprechen, die im Bild des Kindersoldaten ihren plakativen Ausdruck findet. Dort, wo auf 100 Menschen im arbeitsfähigen Alter mehr als 100 „Abhängige", d.h. zu versorgende Jungen und Mädchen kommen, sehen sich Familien und staatliche Strukturen außer Stande, ihren Kindern stabile Entwicklungsstrukturen zu schaffen. Die globale Gesellschaft wird auf dieses „Haus ohne Hüter" erst dann aufmerksam, wenn die Kinder Waffen tragen.
Traditionell lebten über 90 Prozent der Menschen als Selbstversorger auf dem Lande, im Verband der Großfamilie auf isolierten Höfen. Exportprodukte wie Kaffee, Tee und Chinin kamen in der Kolonialzeit hinzu. Extensive Vieh- und Landwirtschaft mit eingesprenkeltem Bergbau charakterisierte die Ökonomie der Region. Die wenigen Städte fungierten als Handels-, Verwaltungs- und Schulzentren. Erst nach dem Genozid in Ruanda, den Kämpfen und massiven Flüchtlingsbewegungen in der DR Kongo, Uganda und Burundi setzte eine Verstädterung in den dicht besiedelten Hochlandregionen Zentralafrikas ein. Produzierendes Gewerbe war und ist bis heute eine Rarität, auch in den Städten.

Jean-Claude Kibala, Vize-Gouverneur in der kongolesischen Provinz Süd-Kivu, studierte und arbeitete 20 Jahre lang in Deutschland. Er fasst die Herausforderungen seiner Heimatregion wie folgt zusammen:

„Es gibt hier immer noch marodierende Rebellen. Sie sind unsere tägliche Sorge. Die Schritte der Politik sind auch aus diesem Grund langsamer, als wir es uns wünschen. Jeden Tag ohne Sicherheit zu sein heißt, dass die Menschen keine Fortschritte machen können." Und auf die Frage nach dem friedlichen Aufbau antwortet er: „Ein großes Problem ist, dass wir seit langer Zeit keine ordentliche Berufsausbildung in der Provinz haben. Wenn wir eine Straße bauen, benötigen wir Handwerker von außen. Man kann ein Land nicht mit Menschen führen, die keine Ausbildung und keine Erfahrung einbringen. So gibt es nur Stillstand. Wir müssen daher in die Schul- und Berufsausbildung investieren." Jean-Claude Kibala, zitiert nach: Kölner Stadtanzeiger vom 9.6.2010

Der Projektansatz

Frieden und produktive Beschäftigung gehören zusammen

Das Grundkonzept der Berufsbildung und Gewerbeförderung im kriegsgezeichneten Ostkongo fasste die Beraterin des EED und der kongolesischen Partnerorganisationen zu Beginn des Friedensprozess im Jahr 2003 wie folgt zusammen:

Es gibt Themen, die wagt man kaum anzuschneiden. Gewerbeförderung in Krisengebieten ist so ein Thema. Handwerk und Berufsbildung in Zeiten der Krise – haben wir nicht andere Sorgen? Welten liegen zwischen engagierten Friedensleuten und jenen, die für eine Förderung von Handwerk und Gewerbe in Krisenregionen plädieren. **Erst Frieden, dann Entwicklung. Was hat der Frieden mit dem Gewerbe zu tun?**, sagen die einen. **Frieden ohne Beschäftigung ist eine Illusion**, erwidern die anderen. Vielleicht ist sie nachvollziehbar, die mangelnde Verständigung, denn nicht für jedermann mag die Bedeutung von Gewerbeförderung in Krisengebieten offensichtlich sein.

Sehen wir uns also eine solche Region näher an: den Osten der Demokratischen Republik Kongo, früher: Zaire. Seit Anfang der neunziger Jahre wird die Bevölkerung dieser Gegend geschüttelt von Krisen, Aufständen, Rebellionen und Konterrebellionen. Es beginnt 1991 mit Plünderungen auf die zwei Jahre später schwere ethnische Auseinandersetzungen im Nordosten des Landes folgen; 1994 bricht dann die enorme Flutwelle der Flüchtlinge des Genozid von Ruanda über den Osten des damaligen Zaire herein. Im Jahr 1997 stürzt Laurent Kabila den altgedienten Diktator Mobutu Sese Seko. Was politisch als Befreiung gefeiert wird, bedeutet für die Bevölkerung Kämpfe, Plünderung, Flucht. Dann 1998 die Gegenrebellion, der Osten unter dem politischen Einfluss von Ruanda. Dieser zweite Krieg zieht für die Bevölkerung wachsende Unsicherheit nach sich. „Unsicherheit" – das klingt nicht sonderlich schlimm, kaum beunruhigender als die beklemmende Stille einer deutschen Großstadt bei Nacht. Sobald wir jedoch die trockene Mediensprache in Bilder übersetzen, werden wir die Intensität der hervorgerufenen Eindrücke kaum ertragen: getötete Kinder, vergewaltigte Frauen, exekutierte Dorfbewohner. Ohnmacht lähmt unser Denken, wir erstarren ob all der menschlichen Grausamkeit. Jene aber, die trotz allem noch den Mut haben, über Lösungen nachzudenken, rufen nach einem politischen Friedensdialog, nach Militärinterventionen zum Schutz der Zivilbevölkerung, nach Kriegsgerichten.

Das Leben wartet nicht, bis der Frieden perfekt ist

Berufsbildung, Gewerbeförderung? Diese Begriffe aus dem Wortschatz der Entwicklungszusammenarbeit scheinen in Kriegszeiten mehr denn je einer anderen Welt anzugehören: Handwerksbetriebe vermögen die Grausamkeiten des Krieges nicht zu verhindern – kein Kleinkredit macht die Vergewaltigung einer Frau rückgängig, kein Ausbildungsplatz vermag ein totes Kind wieder lebendig zu machen. Der Krieg und seine Verbrechen rufen in erster Linie nach einer politischen Lösung.

Doch blicken wir mit nüchternen Augen auf die Krisenregionen dieser Welt, so müssen wir erkennen, dass der Frieden ein langwieriger Prozess ist, dass politischer Dialog oft nicht realisierbar ist oder auch, dass er zerbricht, kaum dass es ins Leben gerufen wurde.

Das Leben aber wartet nicht, bis der politische Frieden perfekt ist. Es geht weiter, Tag für Tag – mit dem einzigen Unterschied, dass es für die Menschen noch härter wird. Auf Plünderung, Raub und Mord folgen nun deren Schatten, die da nur allzu oft heißen: Angst, Hunger, Hoffnungslosigkeit.

Plötzlich werden Gewerbe oder Berufsbildung doch wieder aktuell, denn ohne sie sind die Folgen des Krieges noch viel schlimmer, wird der brüchige Frieden noch stärker bedroht. Jene Menschen, die keine Landwirtschaft betreiben können sind auf irgendeine Art von Einkommen angewiesen, um ihr Überleben zu sichern. Das aber ist in Krisenzeiten noch schwerer als sonst, denn wenn Machtwechsel stattfinden, zerbricht oft auch das Staatsgebilde und mit ihm ein Großteil der Arbeitsplätze. So werden in Krisenzeiten, wenn die Gehälter vom Staat nicht mehr bezahlt werden – oder wenn es gar keinen Staat mehr gibt – Handwerk und Gewerbe zum Arbeitgeber für viele Menschen, die vorher nicht im Traum daran gedacht hätten, jemals mit einer solchen Tätigkeit Geld verdienen zu müssen. Es sind insbesondere Frauen und junge Menschen.

„Mein Mann war beim Staat beschäftigt, als Veterinär. Bereits nach 1990 wurde das Gehalt nicht mehr regelmäßig bezahlt, doch die Kinder waren da und hatten Hunger. Ich musste irgendetwas suchen, womit nun auch ich Geld verdienen konnte. Ich hatte zuvor nie arbeiten müssen. Ich habe mich für den Handel mit gesalzenem Fisch entschieden. Bis 1998 bekam mein Mann wenigstens ab und zu etwas, insbesondere während der Amtszeit von Kabila, da bezahlten sie doch wenigstens unsere Männer mit Lebensmitteln. Als aber im August 1998 die RCD an die Macht kam, erhielten unsere Männer gar nichts mehr. Nun hing das Überleben der Familie zu 100 Prozent von uns Frauen ab.“
Eine Fischhändlerin in Bukavu

Einkommen stabilisiert das zerbrechlich gewordene Leben

Einkommen hat in Krisenzeiten nicht nur die Funktion, Familien das Minimum zum Überleben zu sichern, es hat eine weitere Funktion, die überaus wichtig erscheint: Einkommen stabilisiert das in Kriegszeiten zerbrechlich gewordene Leben. Einkommen vermag den normalen Alltag am Leben zu erhalten wie zum Beispiel den Besuch der Schule, es kräftigt die Bande der Solidarität in der Gemeinschaft durch gegenseitige Unterstützung und gibt Jugendlichen eine Alternative zur Kriminalität.

„Wir, die wir einem Gewerbe nachgehen oder ein Handwerk betreiben, sind diejenigen, die auch in Krisenzeiten noch ihre Kinder zur Schule schicken können. Wir tun alles, damit die Kinder weiter zur Schule gehen können, denn man sieht, dass jene Jugendlichen, die nicht mehr die Schule besuchen, zu Vagabunden werden.“ Eine Stickerin in Goma

In anderen Fällen ist es der Jugendliche selbst, der nach dem Anker greift, um sich zu helfen, und oft wird dann das Handwerk, das zuerst nur Retter in der Not war, zum soliden Fundament.

„Als ich in der Sekundarstufe war, hatten meine Eltern nicht mehr die Möglichkeit, mir das Schulgeld zu bezahlen, so habe ich also bei einem Müller mitgearbeitet, um mir das Schulgeld selbst zu besorgen. Das habe ich fünf Jahre lang gemacht, dann fing die Arbeit an, mir zu gefallen. Ich habe Geld gespart und mir damit nun meine Mühle gekauft.“ Ein junger Mann

Im Hinblick auf junge Menschen, insbesondere junge Männer, wird die stabilisierende Wirkung von Beschäftigung und Einkommen besonders wichtig, denn in Zeiten von Krieg und Anarchie gibt es genug Versuchungen, seinen Lebensunterhalt durch Diebstahl und Gewalt zu verdienen. Die Schwelle zur Kriminalität liegt in Kriegszeiten sehr niedrig, sofern es sie überhaupt noch gibt. Die Verstrickung aus Politik, Macht und Verbrechen wird sozusagen offiziell. Interahamwe, Patriotische Front Kongos, Mai-Mai, Bewegung zur Befreiung des Kongo – ganz gleich wie sie heißen: sie alle rauben, töten, morden.
Und sie alle haben Soldaten und Kämpfer im Volk rekrutiert, Jugendliche von den Straßen und Kinder aus den Schulen geholt.

Der Weg zurück in die Gesellschaft

„Ich weiß nicht, ob es irgendjemanden auf dieser Welt geben kann, der mir all die schrecklichen Dinge verzeihen kann, die ich getan habe", sagt ein junger Kämpfer, der vier Jahre bei den Mai-Mai gewesen ist.

Er ist heimlich aus den Wäldern geflohen, macht heute eine Ausbildung als Schreiner bei CAPA. Mit der wilden Verzweiflung einer zutiefst verwundeten Seele – auch wenn dies durch Gräueltaten ist, die er selbst begangen hat – klammert sich dieser junge Mann nun an zwei Dinge: an die Bibel, von der ihm gesagt wurde, dass er darin Verzeihung finden kann, Gottes Verzeihung, und an seine Ausbildung, die für ihn die einzige Hoffnung darauf ist, seinen Platz in der Gesellschaft in irgend einer Weise wieder einnehmen zu dürfen. Und er hört nicht auf, frühere Kameraden anzuwerben.

„Ich sage es ihnen allen, sie sollen die Wälder verlassen, hierher kommen, um einen Beruf zu erlernen", sagt er, um dann stolz anzufügen: „Und es sind auch schon fünf gekommen." Dieser junge Mann ist Gruppensprecher, er hat Autorität über die anderen – kein Wunder, er war bei den Milizen Kommandant gewesen. Viele derer, die noch bei den Milizen sind, werden auf ihn hören.

Leider legen andere Organisationen – auch und z. T. gerade solche, die sich die Integration von ehemaligen jungen Kämpfern und Soldaten auf die

Fahne geschrieben haben – keinen Wert auf die berufliche Ausbildung der jungen Ex-Soldaten. Es genügt ihnen, sie, nach einer kurzen Übergangszeit in Transitzentren, in ihre Familien zu „reintegrieren" – eine Reintegration allerdings, die oft nichts weiter ist als eine Zurückführung in das, woraus viele dieser jungen Männer bewusst geflohen waren: der Armut und Beschäftigungslosigkeit.

Viele dieser Jugendlichen sind gezwungen worden, zur Armee zu gehen, andere aber sind freiwillig gegangen. Gewiss, auch das Abenteuer als solches lockte sie, die meisten aber gingen, weil ihnen sicherer Lohn in Aussicht gestellt wurde: so bezahlte Kabila damals 100 Dollar – wohlgemerkt pro Monat! Die jetzige offizielle Armee aber bezahlt ihre Soldaten nicht mehr und der Reichtum, den sich manche Kämpfer der Milizen durch Überfälle und Mord aneignen, hält nicht lang. Es scheint als wollten sie sich des „Blutgeldes", wie sie selbst es nennen, so schnell wie möglich entledigen.

„Wenn wir einen Händler überfielen, konnten wir manchmal tausende von Dollars auf einmal haben", sagen sie. „Doch wir verbanden keinen Wert mit diesem Geld, konnten es an zwei, drei Tagen in Bars und Hotels ausgeben, bezahlten Prostituierte mit tausend Dollar für eine Nacht, so als seien es ein paar kongolesische Francs."

Junge Ex-Kämpfer sind sozialer Sprengstoff

So funktioniert die Reintegration ohne eine Perspektive auf Arbeit oder Beschäftigung kaum und viele dieser jungen Männer kehren in die Wälder zu den Kämpfern zurück. Spätestens da stellt sich die Frage nicht mehr, die sich zuvor vielleicht in den Vordergrund schieben wollte: Warum gerade jene fördern, die so viel Unrecht getan haben? Es ist nicht eine ethische Frage, es ist eine Frage der Prävention. Diese Ex-Kämpfer sind sozialer Sprengstoff. Wenn es nicht gelingt, sie wirklich zu integrieren, werden sie entweder Kriminelle in der Gesellschaft oder Kriegsverbrecher außerhalb der Gesellschaft. Die Menschen haben Angst vor ihnen – vor jenen, die noch in den Wäldern sind, wie auch vor denen, die zurückgekehrt sind, aber keine richtige Beschäftigung haben. In vielen Dörfern schlafen Frauen und Mädchen nachts in den Feldern, um plündernden Milizen zu entgehen, die bei ihren Überfällen Frauen vergewaltigen oder sie in die Wälder verschleppen, wo sie tagelang der ganzen Truppe „zu Diensten" sein müssen. In den Städten fürchten die Menschen sich davor, dass beschäftigungslose Ex-Kämpfer zu Kriminellen werden, die das Rauben und Morden zu ihrem Beruf machen. Wenn man solche jungen Männer integriert, ist die Wirkung nicht eins zu eins – sie ist eins zu zehn, eins zu fünfzig, vielleicht sogar eins zu hundert. Denn mit jedem einzelnen, dem man die Rückkehr ins zivile Leben ermöglicht, trägt man dazu bei, dass Menschen nicht getötet werden, dass Frauen keine Gewalt angetan wird, dass einer weniger plündert, raubt, mordet.

Politischer Dialog und Friedensbemühungen vermögen gewiss zu bewirken, dass Kämpfe ein Ende finden, dass Soldaten und Kämpfer nach Hause zurückkehren, doch die Realität ist oft die, dass der Krieg offiziell zu Ende ist, das Rauben und Morden aber weitergeht. So wie im Kongo, wo die Gräueltaten von Armeen und Milizen den Menschen das Leben zur Hölle machen.

Konflikten vorbeugen

„Die Integration von Ex-Kämpfern ist ein wichtiger Faktor für die Stärkung des Friedens, diese aber ist nicht möglich, wenn die Sicherung des Lebensunterhaltes ausgeklammert wird. Und letztlich sollte man auch nicht vergessen, dass viele Konflikte überhaupt erst aus wirtschaftlichen Gründen entstehen, sehr oft in Verbindung mit Bodennutzung. Gerade im Osten des Kongo, wo das fruchtbare Land knapp wird und es Boden gibt, der von zwei verschiedenen Clans gleichzeitig bewirtschaftet wird, kommt es leicht zu wirtschaftlich begründeten Streitigkeiten, die schnell interethnisch werden. Diese sogenannten ethnischen Auseinandersetzungen werden dann von Kriegsherren mit weiter greifenden Interessen geschickt ausgenutzt und es wird ein dauerhafter Konflikt daraus. Das Verringern des Streitpotenzials um Landnutzung kann somit auch das Kriegspotenzial verringern.

Es wäre eine Illusion zu meinen, man könnte diese Konfliktquellen ganz beseitigen, aber sie können entschärft werden: eine Produktivität, die alternative Einkommensquellen eröffnet – wie durch Handwerk und Gewerbe – trägt dazu bei." Maria G. Baier-D'Orazio, FAKT

Der Projektablauf

Vom Eintönigen zur Vielfalt – Konfliktgebiete brauchen auch Gitarrenbauer

1982 gründete die Baptistische Kirche im Kivu (CBK, heute Baptistische Kirche im Zentrum Afrikas = CBCA) im zerfallenden Gewerbegebiet Bukavus eine berufsbildende Schule für Schreiner, Schneider, Kfz-Mechaniker. Dieses Zentrum für handwerkliche Berufsbildung „Centre d'Apprentissage Professionnel et Artisanal – CAPA" sollte jungen Stadtbewohnern eine Alternative zu den allgemeinbildenden Sekundarschulen bieten. Die dreijährigen formalen Ausbildungsgänge blieben jedoch sehr theoretisch und führten nur wenige Jungen und Mädchen in eine tatsächliche Berufsausübung.

Als um 1990 die Zahl der arbeitslosen Jugendlichen in Bukavu wie in anderen Städten des Landes mächtig anstieg, suchte die Leitung des CAPA nach einem Konzept, um mehr junge Menschen auszubilden und in eine produktive Beschäftigung außerhalb der Landwirtschaft zu bringen. Nach einer eingehenden Befragung ehemaliger Lehrlinge und einer Außenberatung durch die deutsche FAKT-Consulting optierte die Direktion für ein verändertes Konzept: kürzere Grundausbildung für mehr Jugendliche mit anschließender Nachbetreuung und begleitende Fortbildung für Handwerker, die schon in ihren Familienbetrieben aktiv arbeiten.

Für dieses non-formale, an die konkreten Bedürfnisse angepasste Konzept gab es jedoch keine formalen Ausbildungsgänge und offiziellen Abschlüsse, was einen Teil der Mitarbeiterschaft und der Kirchenleitung zu heftigem Widerstand veranlasste. Nur durch die entschiedene Überzeugungsarbeit der CAPA-Direktion und die Bereitschaft eines Außenpartners auf finanzielle und fachliche Unterstützung konnte das praxisorientierte Konzept umgesetzt und erprobt werden.

Marktanalysen wurden nun Teil der regelmäßigen Projektaktivitäten: Welche neuen Berufe entstehen in den Städten? Welche Berufsgruppen suchen nach Fortbildung? Welche Nischen tun sich auf? So kommt der Bereich der Lederverarbeitung hinzu, die Schuster, die Taschen- und Gürtelproduzenten. Seifenherstellung wird in der Krisenzeit auf dem Land und in der Stadt eine einträgliche Tätigkeit. Sie stimuliert auch die Palmölproduktion in den Dörfern. Computerkurse sind als Tages- und als Abendkurse sehr nachgefragt. Und was niemand erwartete: Gitarren. Ein junger Mann gibt sich an die Reparatur alter E-Gitarren, wagt sich schließlich an die Produktion neuer E-Gitarren und findet besten Absatz bei Kirchenchören und Tanzcombos. Er bildet Lehrlinge aus, die inzwischen eigene Kleinbetriebe aufgemacht haben.

Vital Banyvesize Mukuza, der Direktor des Berufsbildungszentrums CAPA, wies während seines ersten Deutschlandbesuchs im Juni 2010 auf einen weiteren Aspekt der Projektentwicklung hin:

„Seit einigen Jahren gehen wir auf spezielle Gruppen zu und machen ihnen gezielte Angebote. Frauen sind traditionell aus vielen Berufen ausgeschlossen. Wir ermutigen diejenigen, die es selber wollen, auch in Männerberufe einzusteigen. So lernen bei uns einige Frauen zu schweißen, Autos zu reparieren. Möbel zu produzieren und Häuser zu bauen. Die Nahrungszubereitung, traditionell nur im familiären Haushalt ausgeübt, wird jetzt auch zu einer Einnahmequelle. Frauen lernen, ein Restaurant zu eröffnen und selber zu managen.

Marginalisierte Gruppen finden meist keine berufliche Chance. Wir organisieren erfolgreich Ausbildungskurse mit Taubstummen. Pygmäen erhalten in ihren Siedlungsgebieten die Möglichkeit, Lesen und Schreiben zu lernen und sich als Schreiner auszubilden. HIV-Infizierte, AIDS-Waisen und vergewaltigte Frauen und Mädchen, die oft von ihren Familien ausgestoßen werden, können im CAPA einen Beruf erlernen und ihren Lebensunterhalt in der Stadt selbst verdienen.

Die ersten Erfahrungen mit Ex-Kombattanten hatten gezeigt, dass sie schnell Geld verdienen wollen. Dafür eignet sich die Ziegelsteinproduktion besonders gut, vor allem für diejenigen mit geringer Schulbildung. Für diese findet die Ausbildung und Beratung direkt am Ort der Tongruben statt und umfasst neben den Arbeitskenntnissen auch Hygiene und Gesundheitsvorsorge gegen Malaria und HIV/AIDS, Selbstorganisation zur Vermarktung und Konfliktvermeidung."

Insgesamt haben von 1998 bis 2008 3.385 Männer und 1.184 Frauen aktiv an dem CAPA-Programm teilgenommen und eine Aus- und Fortbildung in dem Zentrum, bzw. in ihren eigenen Werkstätten erhalten. Von ihnen üben ca. 43 Prozent den erlernten Beruf als Selbständige aus, 42 Prozent als Selbständige mit einem anderen Zusatzerwerb. Jeweils ca. 5 Prozent arbeiteten im erlernten Beruf als Angestellte oder in einem anderen Beruf. Der Verbleib von ca. 5 Prozent war nicht zu ermitteln. Eine stichprobenartige Befragung bei ehemaligen Lehrlingen des CAPA ergab, dass jede und jeder der selbständigen Meisterinnen und Meister in 15 Jahren wiederum mehr als 30 Lehrlinge der 2. Generation ausbildet, und durch den Multiplikatoreffekt über die Jahre eine steigende Wirkung eintritt. Die befragten Männer und Frauen geben an, dass sie im Durchschnitt das Doppelte dessen verdienen, was sie ohne ihre Berufsausbildung erreichen konnten.

Was war wichtig für den Erfolg?

Mut – Beständigkeit – Kreativität

Dem Thema „Was führte zum Erfolg?“ haben der Direktor des CAPA und die externe Beraterin im gemeinsamen Buch „Gitarren, Ziegelsteine und Matrosen“ ein eigenes Kapitel gewidmet und gehen dabei auf innere und äußere Faktoren ein.

Fachlich kam es auf den Basisbezug, die Flexibilität und Beteiligung möglichst vieler Personen und Organisationen an:

- Die Bedürfnisse der Bevölkerung und die Nachfrage des Marktes zu kennen, garantiert, dass man keine Arbeitslosen produziert.
- Praktische Ausbildung nach Modulen und mit konkreten Lernzielen stellt die bessere Formel dar, in Krisenzeiten die einzig sinnvolle.
- Jugendliche, die eine Lehre im Betrieb machen und diese lediglich durch theoretische Ausbildung in einem Zentrum ergänzen, haben eine schnellere Auffassungsgabe und sind beruflich leichter zu integrieren.
- Eine aktive und partizipative Methodik ist die einzig angemessene für Erwachsene; das bedeutet, sie bei der Problemlösung einzubeziehen, sie verantwortlich sein zu lassen, Dialogbereitschaft und freie Meinungsäußerung zu entwickeln.
- Traumatisierte Zielgruppen wie junge Ex-Kämpfer oder vergewaltigte Frauen haben große Schwierigkeiten, in einer Ausbildung Fuß zu fassen. Es sind begleitende Maßnahmen psychosozialer Natur nötig.

- Will man, dass die Auszubildenden sich später selbständig machen, müssen diesbezügliche Strategien die gesamte Ausbildung durchziehen (S. 151 f).

Institutionell trug die Kirche als Projektträger mit ihrem Vertrauen auf Gott zum Durchhalten auch in turbulenten Zeiten bei. Andererseits bremste ihr Verharren am alten Konzept für eine gewisse Zeit die nötigen Innovationen. Die relative Autonomie des Ausbildungszentrums mit einem eigenen Aufsichtsrat brachte eine gute Lösung. Die vielfältigen Kontakte mit Selbsthilfegruppen, zivilgesellschaftlichen Organisationen, Provinzbehörden und internationalen Einrichtungen öffnete die Sicht für neue Aufgaben und Kooperationen.

Langer Atem, Zeit zum Wachsen, zur Entwicklung von innen heraus hat sich gerade in gewaltträchtigen Umbruchzeiten bewährt. Die Beständigkeit partnerschaftlicher Außenunterstützung und persönlicher Kontakte auch in schwierigen Phasen stabilisiert die Friedens- und Entwicklungsakteure im Krisengebiet. Sie ermöglicht es ihnen, mit armen und marginalisierten Gruppen zu arbeiten, die für einen dauerhaften Frieden ebenso wichtig sind, wie Verhandlungen zwischen den Kriegsparteien. Investitionen in die persönliche Entwicklung von Menschen und Investitionen in die lokale Produktion gehören zusammen. Frieden braucht Beschäftigung, ausgebildete Handwerker brauchen Aufträge. In Notzeiten können die Katastrophenhilfe und die Aufbauhilfe doppelt wirken, wenn sie Güter lokal produzieren lassen und dabei mit Ausbildungseinrichtungen zur Qualitätssicherung zusammenarbeiten.

Einheimische Projektverantwortung und internationale Beratung

Der wichtigste Schlüssel zum Erfolg des Berufsbildungsprojekts war und ist der Mut und die Kreativität der lokalen Programmleitung und aller Mitarbeitenden des CAPA sowie der externen Fachberaterinnen und -berater, die wiederholt für zwei bis vier Wochen nach Bukavu kamen. Die gesamte Projektverantwortung liegt bei der kongolesischen Kirche und ihren Mitarbeitenden. In akuten Gefahrensituationen mussten sie sich und das Zentrum mehrmals so gut es geht schützen. Einmal machte sich ein Mitarbeiter auf, ein konfisziertes Fahrzeug aus den Händen von Rebellen wiederzuerlangen. Zur Zeit der ethnischen Zuspitzung sah sich ein früherer Direktor sogar gezwungen, Bukavu zu verlassen. Das Programm wurde jedoch nicht eingestellt, sondern geordnet an den Nachfolger übergeben. Stellvertretend seien hier die Namen der Direktoren Fidèle Ndivito Makima und Vital Banywesize Mukuza sowie der Aufsichtsratvorsitzenden Frau Odile Bulubula genannt.

Der Direktor Vital Mukuza seinerseits stellt die Bedeutung der externen Beratungspersonen für die kreative Weiterentwicklung des Ausbildungskonzepts und die Ermutigung des einheimischen Mitarbeiterstabes heraus. Er nennt in chronologischer Reihenfolge den Entwicklungshelfer Walter Göller, der zwischen 1990 und 1993 die Neuorientierung der Arbeit anregte; dann das deutsche Consulting-Büro FAKT und insbesondere die freie Mitarbeiterin Maria G. Baier-D'Orazio, die das CAPA in der langen Kriegs- und Konfliktperiode konzeptionell begleitete; den Keramikingenieur Sylvain Kodjo Badohun aus Togo, der die Ziegelproduktion auf eine neuen Qualitätsstufe hebt; und den Schweizer Christian Grêt, der seine Erfahrungen aus der partizipativen Lehrerbildung mit den Ausbildenden im CAPA teilte und sie auf den Umgang mit traumatisierten Lehrlingen vorbereitete.

Die Friedensfachkräfte und Autoren des vorliegenden Textes

Rudolf Heinrichs-Drinhaus, geboren 1947, ist Diplom-Pädagoge und seit 2001 Entwicklungspolitischer Referent des EED. Während des Studiums der Erziehungswissenschaften und der Evangelischen Theologie in Berlin, Bonn und Wuppertal begann er 1969 mit seinem sozialpolitischen Engagement: Anstelle des Wehrersatzdienstes leistete er als junger Entwicklungshelfer mit dem Weltfriedensdienst (WFD) zwei Jahre lang Gemeinwesenarbeit in der Elfenbeinküste Côte d'Ivoire. Anfang bis Mitte der siebziger Jahre bereiste er intensiv Afrika (Senegal, Gambia, Kapverden) sowie Asien (Sri Lanka, Thailand und Laos). Von 1975 bis 1976 arbeitete er für den World University Service u. a. zu den Themenbereichen „Exilanten aus dem südlichen Afrika", „Studienpartnerschaften mit Süd- und Ostasien". Von 1980 bis 2000 war er als Referent für Westafrika und frankophone Länder in der Evangelischen Zentralstelle für Entwicklungshilfe (EZE) tätig und wechselte 2001 zum EED als Referent für die Region „Zentrales Afrika/Madagaskar und den Schwerpunktbereich „Bildungsförderung".

Maria G. Baier-D'Orazio ist Autorin und freiberufliche Expertin für non-formale berufliche Bildung. Sie lebte und arbeitete viele Jahre lang in und mit fremden Kulturen. Das Ausbildungszentrum CAPA im Ostkongo beriet und betreute sie fachlich – mit Unterbrechungen – über zwölf Jahre hinweg. Zentrale Themen ihrer Publikationen sind Transparenz und Ehrlichkeit in der Entwicklungszusammenarbeit sowie Persönlichkeitsentwicklung und Abbau von Vorurteilen.

Das Fazit

Berufsbildung und Beschäftigung – ein Friedensvektor im Ostkongo

Im Konzeptpapier von 2003 heißt das Fazit abschließend:

„Gewerbeförderung und Berufsbildung, die auf den ersten Blick so wenig mit dem Frieden zu tun zu haben scheinen, sind in Wirklichkeit wichtige Faktoren, um eben diesen Frieden zu stützen. So wichtig der Frieden von oben ist, er braucht dennoch zwei Beine, um tragfähig zu sein - er braucht das Gleichgewicht von unten, den kleinen Frieden des Alltags: das tägliche Brot." Maria G. Baier-D'Orazio

Heute, sieben Jahre später, bleibt die Wirkung trotz des guten Erfolges quantitativ immer noch begrenzt. Wir können die Arbeit des CAPA-Berufszentrums in Bukavu jedoch als einen Friedensvektor bezeichnen. Menschen geben mit ihrer individuellen und institutionellen Arbeit und Sozialkompetenz die Richtung einer friedlichen, selbst erarbeiteten Entwicklung an. Diese Erfahrungen stehen allen Interessierten offen. Andere können sich an diesen Wegweisern orientieren. Die weitere Ausweitung dieses Friedensvektors in Raum und Zeit, über Grenzen und Generationen hinweg hängt ganz vom aktiven Handeln der Menschen, der Familien, der Institutionen ab.

In seinem Grußwort zum CAPA-Buch zieht der Vize-Gouverneur der Provinz Süd-Kivu Jean-Claude Kibala N'Kolde folgendes Fazit:

„(...) Die berufliche Ausbildung von jungen Menschen für die Produktion von Gütern und für Dienstleistungen zum Nutzen der Bevölkerung erweist sich als eine Strategie zur Beschäftigung dieser Jugend und als bedeutender Beitrag für den dauerhaften Frieden, auf den wir in unserer Region hinarbeiten. (...) Dies regt uns dazu an, die Eröffnung

weiterer Ausbildungseinrichtungen vom gleichen Typ ins Auge zu fassen und dabei im ländlichen Raum anzufangen, der sonst keine Alternative hat. (...) In meiner Eigenschaft als Autorität der Provinz Süd-Kivu ersuche ich die deutsche Regierung um Unterstützung zur Eröffnung weiterer, dem CAPA vergleichbaren Zentren in der Provinz." (S. 5)

Rudolf Heinrichs-Drinhaus und Maria G. Baier-D'Orazio

Literaturhinweis:
Maria G. Baier D'Orazio und Vital Banywesize Mukuza, Gitarren, Ziegelsteine und Matrosen – Die ungewöhnliche Erfolgsgeschichte eines Ausbildungszentrums im Kongo, Horlemann Verlag, Bad Honnef, 2009, in deutscher und französischer Sprache erhältlich.

Maria G. Baier-D'Orazio, Aka, was würdest du tun, wenn plötzlich deine Schwiegermutter vor dir stünde?, Iko-Verlag für Interkulturelle Kommunikation, Berlin, 2004.

Maria G. Baier-D'Orazio, Auf der Suche nach Nimbao, Frick Verlag, Pforzheim, 2007.

Schutzräume zur Verfügung stellen

CAREA e. V.:

Schutz und Begleitung von bedrohten Gemeinden in Chiapas/Mexiko

Projektstandort:	Provinz Chiapas, Mexiko
Laufzeit:	seit 1998
Organisation:	CAREA e. V. www.carea-menschenrechte.de
Lokale Partnerorganisation:	Fray Bartolomé de las Casas (Frayba)
Ansprechpartner:	Felix Koltermann info@carea-menschenrechte.de
Finanzierung:	Spenden, institutionelle Förderung

Der Projekthintergrund

Im südlichsten mexikanischen Bundesstaat Chiapas kam es 1994 zu einem bewaffneten Aufstand des „Ejercito Zapatista de Liberación Nacional – Zapatistisches Heer der Nationalen Befreiung" (EZLN). Mit dem Slogan „Ya Basta – Es reicht" und unter Berufung auf den Führer der mexikanischen Revolution von 1910/17, Emiliano Zapata, forderten die Aufständischen Land und Freiheit, die Anerkennung ihrer Rechte als indigene Bevölkerung und eine Demokratisierung Mexikos. Die Besetzung von sieben Provinzstädten, darunter dem Hauptort San Cristóbal de las Casas, wurde von der mexikanischen Bundesarmee mit einer Militäroffensive beantwortet, die nur aufgrund großer landesweiter Proteste der Zivilgesellschaft zum Stoppen kam. Die Zapatisten zogen sich daraufhin in die Berge zurück. Seitdem widmen sie sich mit unterschiedlichen Initiativen dem Aufbau autonomer Strukturen wie einer eigenen Gerichtsbarkeit oder eines autonomen Schul- und Gesundheitswesens im Bundesstaat Chiapas sowie auf die Bevölkerung Mexikos abzielender politischer Initiativen, wie dem Congreso Nacional Indígena CNI (Nationaler Indigener Kongress), der Marcha Zapatista oder der Anderen Kampagne zur Sechsten Deklaration der EZLN.

In der Folge der Militäroffensiven von 1994 und 1995, des danach von der mexikanischen Bundesregierung geführten Krieges niederer Intensität und einer zunehmenden Paramilitarisierung des Bundesstaates kam es zu Vertreibungen und Bedrohungen gegenüber Gemeinden, die sich mit den Zapatisten oder anderen politischen Gruppierungen solidarisiert hatten. Bis heute ist Chiapas der Bundesstaat mit der größten Militärpräsenz in Mexiko. Es gibt weiterhin sehr aktive paramilitärische Gruppen. Durch gezielte Androhung von Gewalt und den manipulativen Einsatz staatlicher und nichtstaatlicher Entwicklungsprogramme versucht die Regierung, dem Widerstand der EZLN die Basis zu entziehen und eine unabhängige zivilgesellschaftliche Organisierung der Indigenen und der Kleinbauern zu verhindern. Neben den Bundesstaaten Oaxaca und Guerrero gehört Chiapas zu den ärmsten Landesteilen und weist den höchsten Anteil an indigener Bevölkerung auf.

Der Projektansatz

CAREA e. V. (Cadena para un Retorno Acompañado – Kette für eine begleitete Rückkehr) ist 1992 als bundesweites Projekt aus der Solidaritätsarbeit zu Guatemala entstanden. Auf der Grundlage des Rückkehrvertrages von 1992 zwischen guatemaltekischen Flüchtlingen und der guatemaltekischen Regierung entsandte CAREA e. V. ab Januar 1993 internationale Freiwillige, die die Flüchtlinge während ihrer Rückkehr aus Mexiko und ihrer Wiederansiedlung in Guatemala begleiteten. Erste Überlegungen, das Konzept der internationalen Begleitarbeit auszuweiten, entstanden im Herbst 1997 nach dem Vereinsbeschluss, diese Arbeit in Guatemala im Sommer 1998, eineinhalb Jahre nach Unterzeichnung des Friedensvertrages, einzustellen. Nach einer Anfrage durch das Menschenrechtszentrum Fray Bartolomé de las Casas (Frayba) der Diözese San Cristóbal/Chiapas wurde im Mai 1998 entschieden, bei CAREA e. V. ein bundesweites Projekt zur Menschenrechtsbeobachtung in Chiapas/Mexiko in bereits bestehenden zivilen Friedenscamps aufzubauen. Nach erneuten Anfragen von Menschenrechtsorganisationen aus Guatemala nahm CAREA e. V. 2005 im Rahmen des internationalen Projektes CAIG (Coordinación de Acompañamiento Internacional en Guatemala) auch die Begleitarbeit in Guatemala wieder auf.

Die ersten „Campamentos Civiles por la Paz – Zivile Friedenscamps" in indigenen Dörfern in Chiapas wurden 1995 vom Menschenrechtszentrum Fray Bartolomé de las Casas (Frayba), der lokalen Partnerorganisation von CAREA e. V., errichtet. Ziel der Arbeit von CAREA e. V. und seiner lokalen Partnerinnen und Partner ist es, die von Gewalt bedrohten oder vertriebenen Bevölkerungsteile in Chiapas und Guatemala durch Beobachtung und Begleitung im Sinne physischer Präsenz zu unterstützen. Über die Herstellung internationaler Öffentlichkeit hinaus dient die Anwesenheit internationaler Beobachterinnen und Beobachter sowie Begleiterinnen und Begleiter vor allem der Erweiterung von Handlungsspielräumen der Bevölkerung bei ihrer zivilgesellschaftlichen Organisierung. Durch das permanente Zugegensein nationaler und internationaler Menschenrechtsbeobachterinnen und -beobachter in den Dörfern soll das Risiko von Übergriffen auf die bedrohten Gemeinden vermindert werden. Die Freiwilligen sind für Zeiträume von jeweils zwei bis vier Wochen in den Gemeinden. Durch ein Rotationsprinzip ist zum einen eine ständige Präsenz garantiert, zum anderen ermöglicht es Freiwilligen die Arbeit im Projekt für kurze Zeiträume und ist damit attraktiv für Interessierte mit einem bestimmten Zeitlimit. Die Menschenrechtsbeobachterinnen und -beobachter fertigen während ihres Aufenthaltes Berichte über die Vorkommnisse in der Gemeinde an und geben diese an das Menschenrechtszentrum in San Cristóbal de las Casas sowie an CAREA e. V. weiter, die diese dann zur Öffentlichkeitsarbeit nutzen. Eine der zentralen Aufgaben der Freiwilligen vor und nach dem Aufenthalt ist die Öffentlichkeitsarbeit in Deutschland zur Situation in Chiapas und zur eigenen Arbeit dort.

Ein Transparent in einem zivilen Friedenscamp in Chiapas, das angesichts andauernder Menschenrechtsverletzungen eine Botschaft der Hoffnung übermittelt

Der Projektablauf

Nach einer Vorbereitung in zwei viertägigen Seminaren reisen die Beobachterinnen und Beobachter selbst organisiert nach Chiapas und nehmen dort Kontakt zum Menschenrechtszentrum Fray Bartolomé in San Cristóbal de las Casas auf. Einmal wöchentlich gibt es dort eine auf die aktuelle Situation und die konkrete Arbeit abgestimmte Vorbereitung, bevor es an die Ausreise in die Gemeinden geht. In Gruppen von mindestens zwei bis maximal sechs Personen sind die Freiwilligen für zwei bis vier Wochen in den zivilen Friedenscamps. Die Dauer des Aufenthaltes und das Rotationsprinzip wurden bewusst gewählt, um einerseits die Abhängigkeit von einzelnen Personen und deren Fähigkeiten zu verhindern und andererseits den Freiwilligen durch Besuche von Gemeinden in unterschiedlichen Regionen verschiedene Einblicke in den Konflikt zu gewähren. Nach jedem Aufenthalt gibt es ein Auswertungsgespräch mit dem Menschenrechtszentrum in San Cristóbal, wo auch die Berichte der Beobachterinnen und Beobachter übergeben werden.

In den Gemeinden selbst existieren als feste Infrastruktur eine Wohnhütte sowie eine Küche, in der sich die Freiwilligen während ihres Aufenthaltes selbst versorgen. Die Infrastruktur ist der Beitrag der Gemeinden zum Aufenthalt der Freiwilligen. Alle anderen Kosten ihres Aufenthaltes tragen die Freiwilligen selbst. In den Gemeinden gibt es je nach Region verschiedene Aufgaben. Dabei kann es sich sowohl um die Beobachtung von Militärbewegungen wie auch um die Dokumentation von Menschenrechtsverletzungen oder die Protokollierung der aktuellen politischen Situation handeln. Ein von den Gemeinden in Absprache mit dem Menschenrechtszentrum entwickeltes Regelwerk legt die Aufgaben genau fest und gibt Verhaltensanweisungen für den Aufenthalt. Die Akzeptanz dieser Regeln ist Grundvoraussetzung für die Arbeit in den Gemeinden.

Ein zentraler Aspekt der Präsenz vor Ort ist die Nichteinmischung in lokale Angelegenheiten und die Achtung der selbst gewählten Strukturen der Gemeinden. Es geht in der Menschenrechtsbeobachtung nicht darum, die Mediation zwischen verschiedenen Gruppierungen zu betreiben oder als Ratgeber für Projekte aufzutreten. Ein wichtiges Grundprinzip der Arbeit ist die Gewaltfreiheit, zum einen bezogen auf das Handeln der Menschenrechtsbeobachterinnen und -beobachter und zum anderen im Hinblick auf die ausschließliche Zusammenarbeit mit gewaltfrei handelnden Akteuren. Auch wenn die Menschenrechtsbeobachterinnen und -beobachter durch ihre Anwesenheit und durch die Anfrage nach Begleitung der Gemeinden nicht neutral sein können, bezieht CAREA e. V. im Sinne einer Allparteilichkeit keine Stellung im Konflikt, sondern setzt sich für Einhaltung der Menschenrechte aller am Konflikt beteiligten Akteure ein.

Die zivilen Friedenscamps und die Anwesenheit von Menschenrechtsbeobachterinnen und -beobachtern in den chiapanekischen Gemeinden tragen dazu bei, das Niveau der Bedrohungen gegen die Gemeinden zu senken und durch die internationale Präsenz tatsächliche Übergriffe zu verhindern. Bei den zivilen Friedenscamps handelt es sich um eine Begleitung auf kollektiver Ebene. Die Präsenz in den Gemeinden dient nicht dem Schutz einzelner bedrohter Akteure, sondern einer bedrohten Gemeinschaft.

Was ist wichtig für den Erfolg?

Freiwilliges Engagement zu fördern und auch Menschen in die Friedensarbeit einzubinden, die nicht als klassische Friedensfachkräfte ausgebildet sind, ist ein wichtiges Ziel für CAREA e. V.. In der Vorbereitung der Beobachterinnen und Beobachter legt CAREA e. V. den Schwerpunkt auf Selbsteinschätzung und Selbstreflexion im Gegensatz zu starren Auswahlkriterien. Alle, die die generellen Anforderungen an die Arbeit erfüllen, können als Menschenrechtsbeobachterinnen und -beobachter arbeiten, auch Menschen, die diese Arbeit nicht hauptberuflich über einen längeren Zeitraum ausüben wollen und können.

Das Mindestalter für die Arbeit in der Menschenrechtsbeobachtung beträgt 21 Jahre. Die Mehrzahl der Freiwilligen ist zwischen 21 und 35 Jahre alt. Es sind oft Studierende oder Menschen in beruflichen Umorientierungsphasen. Das Spektrum ist jedoch nach oben hin offen, sodass immer wieder auch Menschen in einem Sabbatjahr oder Renterinnen und Rentner in diesem Bereich tätig sind.

Da die Freiwilligen in Teams arbeiten, ist die psychische Belastung der Arbeit um einiges niedriger als in der persönlichen Einzelbegleitung. Aus diesem Grund können im Vergleich zur professionellen Begleitung oder zur Arbeit als Friedensfachkraft andere Voraussetzungen gelten. So beträgt der Mindestzeitraum für die Arbeit als Menschenrechtsbeobachterin oder -beobachter in den zivilen Friedenscamps sechs Wochen. Das bedeutet für die Freiwilligen, dass sie in zwei bis drei verschiedenen Gemeinden zum Einsatz kommen. Die Arbeit vor Ort erfolgt in direkter Abstimmung mit Vertreterinnen und Vertretern der jeweiligen Gemeinden, den *responsables*, die als Ansprechpartner für die Beobachterinnen und Beobachter fungieren.

Die zentralen Prinzipien in der Begleitarbeit von CAREA e. V. sind Gewaltfreiheit in den Handlungen, Achtung der selbst gewählten Strukturen in den Gemeinden, Nichteinmischung in interne Angelegenheiten und kein eingreifendes Handeln in Konfliktsituationen. Die Aufgabe der Beobachterinnen und Beobachter ist die temporäre Begleitung bedrohter Gemeinden, nicht die Lösung lokaler Konflikte und die Vermittlung zwischen verfeindeten Parteien. Von zentraler Bedeutung für die Beobachtung ist es, Informationen über Menschenrechtsverletzungen von allen Seiten an Frayba und CAREA e. V. weiterzugeben. Für die Bewältigung dieser Aufgaben in den indigenen Gemeinden ist vor allem eine hohe interkulturelle Sensibilität gefragt. Dieser Aspekt, wie auch das Verhalten in Bedrohungssituationen, wird in der Vorbereitung über Rollenspiele trainiert.

Auch wenn es bisher zu keinen nennenswerten Sicherheitsproblemen gekommen ist, verfügen alle Beobachterinnen und Beobachter über einen persönlichen Unterstützerkreis, der im Notfall alarmiert werden kann und immer wieder auch Abgeordnete aus Bund- und Länderparlamenten und andere Funktionsträger miteinschließt. Die Zusammenstellung eines solchen Kreises ist Voraussetzung für die Arbeit mit CAREA e. V. Darüber hinaus verfügen CAREA e. V. und Frayba über eigene Alarmnetzwerke, die bei Bedarf aktiviert werden können.

©Sonja Werner

Der Autor

Felix Koltermann ist freischaffender Fotojournalist und seit 2001 ehrenamtlicher Mitarbeiter bei CAREA e.V.. Nach Abschluss eines Aufbaustudiengangs in „Peace and Security Studies" promoviert er seit Anfang 2010 an der Universität Erfurt über fotojournalistische Krisen- und Kriegsberichterstattung. In den Jahren 2000/01 und 2003/04 war er jeweils für mehrere Monate für CAREA e.V. in Chiapas und Guatemala tätig. In Deutschland arbeitet er hauptsächlich in der Vor- und Nachbereitung der Freiwilligen und hat maßgeblich an der Entwicklung der Curricula für die Vorbereitung auf die Zeugenbegleitung in Guatemala mitgewirkt. CAREA e.V. arbeitet ohne festangestellte Mitarbeiterinnen und Mitarbeiter in einer dezentralen hierarchiefreien Vereinsstruktur, in der jedes Mitglied je nach Fähigkeiten und Ressourcen Aufgaben übernimmt.

Das Fazit

Das zentrale Anliegen der Arbeit von CAREA e. V. ist es, viele Menschen als Beobachterinnen und Beobachter für kurze Zeiträume in bedrohte Gemeinden in Chiapas zu schicken. Durch eine sehr flexible Struktur, in Form von wöchentlichen Vorbereitungen und Entsendungen in Gemeinden durch Frayba in San Cristóbal, kann eine Präsenz in vielen verschiedenen Regionen im Bundesstaat gewährleistet werden. Dabei arbeiten die von CAREA e. V. entsendeten Menschenrechtsbeobachterinnen und -beobachter vor Ort in internationalen Teams für Zeiträume zwischen sechs Wochen und drei Monaten und begleiten im Unterschied zur klassischen Schutzbegleitung, wie sie andere Organisationen anbieten, keine Individuen sondern Dorfgemeinschaften.
Die Methode von CAREA e. V. eignet sich in Konflikten, die sich noch im Eskalationsstadium befinden, in denen die Gewalt noch nicht offen ausgebrochen ist oder in denen offene Gewalthandlungen gerade erst beendet sind. Durch die Menschenrechtsbeobachtung können Vertreibungen auf kollektiver Ebene und gewalttätige Übergriffe auf Gemeinden verhindert werden. Damit werden Menschenrechtsverletzungen reduziert und den Gemeinden wird Raum gegeben, um sich selbst für die Bewältigung des Konfliktes einzusetzen. CAREA e. V. arbeitet nicht direkt an der Lösung

lokaler Konflikte und in der Vermittlung zwischen verfeindeten Gruppen – dies sind Arbeitsfelder, die andere Organisationen abdecken. Gleichwohl trägt die Öffentlichkeitsarbeit von CAREA e. V. in Deutschland und Frayba in Mexiko dazu bei, die internationale Aufmerksamkeit für den Konflikt nicht abschwächen zu lassen. Durch eine Vernetzung mit Gruppen der Chiapas-Solidarität, ein Engagement in der „Deutschen Menschenrechtskoordination Mexiko" und durch Kontakte zu europäischen Komitees erreicht CAREA e. V. eine Vielzahl von Menschen und politischen Handlungsträgern.

Felix Koltermann

Medienarbeit

pax christi Rottenburg-Stuttgart:

Radio-Talkshows über die Rückkehr der Flüchtlinge und Innervertriebenen ins Kosovo

Projektstandort:	Prizren, Kosovo
Laufzeit:	2003 - 2004
Organisation:	pax christi Rottenburg-Stuttgart und Forum Ziviler Friedensdienst (forumZFD)
Lokale Partnerorganisationen:	OSZE, UNHCR, Council for Defence of Human Rights and Freedoms
Ansprechpartnerin:	pax christi Rottenburg-Stuttgart, pc.rs@gaia.de forumZFD, kontakt@forumZFD.de
Finanzierung:	pax christi, UNHCR, OSZE, BMZ Gemeinsame Einigung mit den Geldgebern auf ein Medienprojekt, das durch die Friedensfachkraft von pax christi und forumZFD geleitet wurde.

Der Projekthintergrund

Der Kosovokrieg ließ auch nach der von vielen Staaten anerkannten Unabhängigkeitserklärung des Kosovo im Februar 2008 eine Region zurück, die gezeichnet war von ethnischer Spaltung, ökonomischem Stillstand und fehlendem Minderheitenschutz. Vor der Unabhängigkeitserklärung war

der völkerrechtliche Status des Kosovo lange ungeklärt. So gehörte das Kosovo rechtlich zu Serbien und Montenegro, wurde aber seit Ende des Krieges der NATO gegen die Bundesrepublik Jugoslawien im Sommer 1999 von der UNMIK-Mission der Vereinten Nationen verwaltet und von der Kosovo Force KFOR der NATO militärisch abgesichert.
Nach dem Krieg war ein großer Teil der ursprünglich zu 20 Prozent aus Serbinnen und Serben bestehenden Bevölkerung aus der Stadt Prizren und den umliegenden Gebieten geflohen, weil sie Repressionen für die Kriegsverbrechen an der albanischen Bevölkerung befürchteten. Etliche waren unter den Augen der NATO-Soldaten von albanischen Radikalen aus ihren Häusern vertrieben worden. Noch 2003 waren erst wenige Flüchtlinge wieder zurückgekehrt. Zwischen der albanischen Bevölkerungsmehrheit des Kosovo und der serbischen Minderheit gab bzw. gibt es erhebliche Spannungen. Für die meisten Serbinnen und Serben ist das Kosovo bis heute unveräußerlicher Teil Serbiens, während die albanische Bevölkerung für das Kosovo seit Anfang der 1990er-Jahre die Unabhängigkeit forderte. Nach dem Referendum für eine Unabhängigkeit des Kosovo 2006 wurde die Abtrennung des Gebietes zwei Jahre später Wirklichkeit.

Der Projektansatz

In den Jahren 1999 bis 2006 unterstützte pax christi Rottenburg-Stuttgart im Raum Prizren lokale Ansätze zur zivilen Konfliktbearbeitung und zur Versöhnung. Kees Wiebering war als projektverantwortliche Friedensfachkraft von Anfang 2000 bis Ende 2002 vor Ort. Er stellte fest, dass die verschiedenen Bevölkerungsgruppen sehr wenig voneinander wussten. Den Albanerinnen und Albanern war nicht bekannt, unter welchen Umständen die Binnenvertriebenen der serbischen und anderer Minderheiten lebten. Die Flüchtlinge und Binnenvertriebenen wiederum hatten keine Vorstellung von der neuen Lage in ihren Heimatorten. Ein runder Tisch mit den anderen im Flüchtlingsbereich tätigen Organisationen bestätigte den Bedarf an Aufklärungsarbeit. Das Radio als wichtigster Informationsträger sollte dazu beitragen, Informationen und ein facettenreicheres Bild des „Gegners" zu vermitteln. Vor allem ging es darum, die Situation, die Möglichkeiten und Rechte der Rückkehrer klar und deutlich zu schildern – und zwar auf ein Weise, die allen Beteiligten gerecht werden konnte. Es wurden Radio-Talkshows initiiert, um den Binnenvertriebenen die we-

sentlichen Informationen zur Rückkehr nach Prizren möglichst authentisch (und aus den unterschiedlichsten Perspektiven) anzubieten. Dabei konnte es um so unterschiedliche Fragen gehen wie die wirtschaftlichen Aussichten oder die Bedeutung einer Rückkehr für die Erziehung der Kinder. Ein besonders wichtiges Thema sollte die Politik der Behörden der ehemaligen Heimatgemeinden gegenüber den Flüchtlingen sein.
Da die im Kosovo existierenden Radiosender entweder mehr auf ein serbisches oder ein albanisches Publikum einwirkten, wurden jeweils zwei unterschiedlich ausgerichtete Rundfunkanstalten gewählt. Diese sollten Live-Talkshows mit Zielgruppen wie Binnenvertriebenen, Empfängerbevölkerung und Organisationen, die sich damit beschäftigten, ausstrahlen.

Der Projektablauf

Von 2003 bis 2004 wurden acht Live-Radiosendungen produziert, in denen Vertreterinnen und Vertreter der albanischen Mehrheit sowie der serbischen und Roma-Minderheit miteinander diskutierten. Ausgestrahlt wurden sie zeitgleich auf zwei serbischen und zwei albanischen Radiosendern im Raum Prizren. Die Albanerinnen und Albaner in den Heimatgemeinden sollten eine realistische Erwartungshaltung gegenüber den Rückkehrenden entwickeln. Denn es kamen in der Regel keine blutrünstigen Kriegsverbrecherinnen und -verbrecher, sondern normale Familien zurück, die aus Angst vor Gewalt und Kriegshandlungen geflüchtet waren. Im Interesse der Serbinnen und Serben wurde Aufklärung über den Zustand ihrer ehemaligen Wohnorte geleistet. Dort erwartete sie nicht mehr die idealisierte blühende Heimatstadt, sondern ein Ort, der unter Zerstörung und wirtschaftlichen Schwierigkeiten litt. Viele Serbinnen und Serben zweifelten daran, dass eine Rückkehr sicher sei: „Wohnen in den ehemaligen Häusern und ehemaligen Städten heute nur radikale Serben-Hasser oder auch gemäßigte und friedliche Menschen? Können wir als Serbinnen und Serben in dieser Stadt heute unbehelligt leben? Erhalten wir unsere Wohnungen ohne Kampf zurück?" Durch Berichte und Talkrunden sollten solche Ängste und Stereotype abgebaut werden, um Annäherung und Dialog zu fördern.
Zu allen Talkrunden waren jeweils drei serbische und albanische Vertreterinnen und Vertreter eingeladen. Im Radio begegneten sich albanische und serbische Politikerinnen und Politiker, Bürgermeisterinnen und

Bürgermeister, Priester, Jugendliche, NRO-Vertreterinnen und -Vertreter, Frauengruppen etc. Oft zum ersten Mal nach dem Krieg trafen sie sich persönlich und sprachen von ihren Lebensumständen, von ihren Befürchtungen und Hoffnungen. In fast allen Gesprächen wurde klar, dass beide Seiten sehr ähnliche Erwartungen an die Zukunft und sehr nahe beieinanderliegende Interessen und Bedürfnisse in Bezug auf ihre Heimatregion hatten.

Was war wichtig für den Erfolg?

Im Kosovo mangelte es 2003 nicht an Geldgebern für Friedensprojekte. Umso wichtiger war es, sich untereinander abzustimmen und gemeinsame Strategien zu planen. UNHCR, OSZE und pax christi Rottenburg-Stuttgart einigten sich auf eine gemeinsame Drittelfinanzierung für das Medienprojekt, das durch die Friedensfachkraft von pax christi geleitet wurde.
Es war schwierig, kooperationsbereite Medien zu finden, zunächst wurde von den Radiostationen sogar Geld für die Sendezeit verlangt. Die Redakteurinnen und Redakteure befürchteten, versöhnliche Gespräche mit dem „Gegner“ könnten auf Widerstand bei den Zuhörerinnen und Zuhörern stoßen oder gar zu Protesthandlungen gegen die Sender führen. Erst nachdem einige Sendungen sehr positive Rückmeldungen erreicht hatten, beteiligten sich die Radiostationen aktiver an der Produktion als zu Beginn. Einzelne Politikerinnen und Politiker oder Vertreterinnen und Vertreter von Nichtregierungsorganisationen ließen sich auch nur deshalb zu Live-Gesprächen einladen, weil die Friedensfachkraft über die Jahre im Kosovo ein persönliches Netzwerk aufgebaut hatte und sich im Konflikt frei zwischen den Parteien bewegen konnte.
Bei den Recherchen wurde immer wieder deutlich, dass das Schweigen über das Schicksal beider Seiten, vor allem die Unwissenheit über die Situation der Flüchtlinge, dazu beigetragen hatte, dass zum Teil sehr wirklichkeitsfremde Vorstellungen über die Lebensumstände der anderen Gruppen entstanden waren. Hier konnten die Radiosendungen Fantasiebildungen durch Fakten ersetzen. Die von albanischer Seite geäußerte Annahme: „Die Serbinnen und Serben leben mit unseren geraubten Reichtümern luxuriös im Ausland“, wurde durch die Erkenntnis berichtigt, dass viele Flüchtlinge seit Jahren in Auffanglagern ohne eigenes Einkommen mit ganzen Mehrgenerationenfamilien in einem kleinen Zimmern wohnen mussten.

Die Auffassung der Gegenseite: „Die Albanerinnen und Albaner haben unsere Häuser geraubt, unsere Firmen übernommen und unsere blühende Stadt besetzt“, wurde korrigiert durch die Wahrheit, dass sowohl die Häuser der Serbinnen und Serben als auch die vieler Albanerinnen und Albaner größtenteils zerstört oder beschädigt worden waren, die gesamte Wirtschaft am Boden lag und auch der Lebensstandard der albanischen Bevölkerung schwer unter den Kriegsfolgen zu leiden hatte.

„Es war wichtig, ein offenes Forum für alle Gruppierungen zu schaffen, in dem sie ihre Ansichten und Befürchtungen frei äußern konnten und gleichzeitig die Bevölkerung vor Ort daran teilhaben ließen. Die Rückkehr konnte nur dann funktionieren, wenn die aufnehmenden Gemeinden die Flüchtlinge nicht ablehnten, sondern akzeptierten. Daher waren Informationen und offene Diskussionen absolut unentbehrlich für den gesamten Prozess.“ Kees Wiebering

In den Absprachen mit den Menschen im Kosovo wurde von diesen immer wieder die Sorge geäußert, offene Diskussionen in Livesendungen könnten dazu führen, dass sich die Interviewpartnerinnen und Interviewpartner vor Publikum weiter anfeinden würden, und dies letztlich zu einer weiteren Konfliktverschärfung beitragen könne. In der Praxis war aber kaum ein steuerndes Eingreifen durch die Moderatorinnen und Moderatoren der Sendungen nötig.

„Sobald die serbischen und albanischen Vertreterinnen und Vertreter vor dem Mikrofon saßen und über die Umstände im Kosovo diskutierten, kamen sie fast in allen Fällen schnell darauf zu sprechen, was sie in Zukunft verändern wollten und wie sich die Wirtschaft, die Infrastruktur und die Gesellschaft entwickeln sollten. Sie waren meist selbst überrascht davon, dass sie so viele Gemeinsamkeiten und geteilte Interessen hatten. Das war immer wieder ein sehr befriedigendes Erlebnis, das viele der Sendungen prägte.“ Kees Wiebering

„Die Wahrnehmung, die beide Parteien von derselben Region hatten, war zum Teil sehr unterschiedlich: Die Serbinnen und Serben im Kosovo fühlten sich oft in Serbien, und der Rest der Bevölkerung lebte in einem unabhängigen Kosovo. Aber beide Realitäten entsprachen leider nicht der Wirklichkeit. In der Praxis war das Kosovo nicht unabhängig, aber auch kein Teil Serbiens. Es wurde und wird immer noch sehr viel in Wunschszenarien gedacht und wenig in klarer Betrachtung der Realität.

Mir war es immer besonders wichtig, den Zuhörerinnen und Zuhörern am Radio die persönlichen Ansichten, die Gefühle und die Erwartungen der Menschen zu übermitteln. Wir wollten mit den Radiosendungen auf Fragen eingehen, die sonst immer in der politischen Debatte unter der Oberfläche blieben. Also: Was hat es für die Serbinnen und Serben bedeutet, vertrieben und fern von ihrer Heimat zu sein? Was ist mit ihren ehemaligen Nachbarn passiert? Wie haben sie die Jahre verbracht? Wie sehen die alten Heimatstädte heute aus? Was erwartet sie dort vielleicht? Es wurden Ängste offenbar und auch die Sehnsucht nach einer verlorenen Heimat. Aber gleichzeitig haben die Radiosendungen auch verdeutlicht, dass beide Seiten einfach nur eine funktionierende Infrastruktur, Schulen, Strom, Straßen, Wasser und wirtschaftlichen Aufschwung in der Region haben wollten. Die Gemeinsamkeiten waren viel dominierender für die Alltagsgestaltung als die trennenden Elemente.“ Kees Wiebering

Der Projektleiter

Kees Wiebering hatte seit 1995 immer wieder in Serbien und im Kosovo gearbeitet. Von Herbst 2000 bis Ende 2003 lebte er in Prizren. Er war tätig für internationale Hilfsorganisationen wie pax christi Niederlande, HealthNet International und pax christi Rottenburg-Stuttgart. Nach seinem Studium der Philosophie und Physik beschäftigte er sich beruflich vor allem mit Konfliktbearbeitung und Mediation und arbeitete als Mediator in den Niederlanden wie auch in friedensfördernden Projekten im Balkangebiet. Seit Anfang 2004 lebt er in Frankfurt am Main und arbeitet freiberuflich als Consultant im Bereich Organisationsentwicklung und Mediation, wobei sein Fokus vor allem auf der Entwicklungszusammenarbeit und im Friedensaufbau liegt.

Das Fazit

Im Kosovo gab es zum Projektzeitpunkt eine große Anzahl von internationalen Geberorganisationen, die sich für die wirtschaftliche und politische Stabilisierung der Region einsetzten. In der Vorbereitungsphase des Projekts wendete pax christi deshalb viel Zeit dafür auf, sich mit diesen Organisationen am runden Tisch über den noch offenen (Förder-)Bedarf abzustimmen und koordiniert vorzugehen.

Die meisten Organisationen unterstützten vor allem Projekte im Bereich der Infrastruktur, der Wirtschaft und der staatlichen Strukturen. Die zwischenmenschliche Ebene, die für ein funktionierendes Zusammenleben der albanischen Mehrheit und der Minderheiten im Kosovo so unerlässlich war und ist, wurde kaum in den Blick genommen. Zwar waren die politischen Voraussetzungen für eine Rückkehr der Flüchtlinge in die alte Heimat geschaffen, doch weder für sie noch für die Albanerinnen und Albaner gab es Angebote, ihre Ängste, Hoffnungen, Befürchtungen und Informationsmängel zu besprechen. Das Medienprojekt gab dieser subjektiven Seite des Konfliktes ein Forum und ermöglichte es Interviewpartnerinnen und Interviewpartnern wie auch den Zuhörenden, stereotype Feindbilder abzubauen und realistische Vorstellungen von „den anderen" und einem gemeinsamen Leben im Kosovo zu entwickeln.

Ilona Auer-Frege

Deutscher Entwicklungsdienst:

Gacaca – Versuch einer juristischen und psychosozialen Aufarbeitung des Völkermordes

Projektstandort:	Ruanda
Laufzeit:	2005 - 2007
Organisation:	Deutscher Entwicklungsdienst (DED), www.ded.de
Lokale Partner:	Ibuka (Association des rescapés du Génocide) und Kanyarwanda
Ansprechpartner:	Kathrin Groninger, Fachgruppe Zivile Konfliktbearbeitung und Friedensförderung, f1@ded.de
Finanzierung:	Bundesministerium für wirtschaftliche Zusammenarbeit und Entwicklung (BMZ)/Ziviler Friedensdienst (ZFD)

Der Projekthintergrund

Schon in der Kolonialzeit waren die Bevölkerungsgruppen Hutu und Tutsi politisch gegeneinander instrumentalisiert und agitiert worden. Nach einer innenpolitischen Krise im April 1994 eskalierte der kontinuierlich geschürte Hass und innerhalb von weniger als drei Monaten wurde die rund

10 Prozent der Bevölkerung ausmachende Tutsi-Minderheit von den Hutu fast komplett ausgelöscht – ohne dass die Weltöffentlichkeit oder die UN eingriffen. Der Völkermord in Ruanda kostete fast 800.000 Menschen das Leben, auch moderate oppositionelle Hutu zählten zu den Opfern.

Seit 2004 versucht die ruandische Gesellschaft, den Spagat zwischen Friedenssicherung und Aufarbeitung des Völkermordes zu bewältigen, und sie will dabei eine Generalamnestie für die Täter vermeiden. Auf Dorf- und Bezirksebene wurden deshalb „Gacacas"[1] (Dorfgerichte) einberufen, in denen ehrenamtliche Laienrichterinnen und -richter aus den Dorfgemeinschaften über die Verbrechen urteilen sollten. Auch wenn die Prozesse juristisch und verfahrenstechnisch nicht immer korrekt abliefen, trugen sie dazu bei, dass die Wahrheit gefunden wurde und Verbrecher nicht straflos davonkamen. Täter, die mit den Gerichten kooperierten und über ihre Taten aussagten, konnten mit milderen Strafen rechnen. Die Gacaca-Prozesse hatten eine beachtliche Aufgabe zu erfüllen: Das Sammeln und Dokumentieren von Aussagen sollte der Aufarbeitung der Geschichte dienen und gleichzeitig einen individuellen Beitrag zur Traumabewältigung für die Überlebenden leisten. In Anbetracht der ungeheuerlichen Verbrechen, der großen Anzahl von Täterinnen und Tätern und der politischen Interessen wurden die Gacacas von der Bevölkerung selten als gerecht und objektiv beurteilt. Ob die Gacaca-Gerichte ihre Aufgabe erfüllt haben, ist noch offen. Die Prozesse sollten 2008 abgeschlossen werden.

Der Projektansatz

Die Friedensfachkraft des Deutschen Entwicklungsdienstes verfügte seit 2005 über ein Büro in der Menschenrechtsorganisation Kanyarwanda in Kigali. Unter anderem leitete sie von dort aus das Projekt zur psychosozialen Betreuung von Traumaopfern während der Gacaca-Prozesse. Sie unterstützte die ruandische Menschenrechtsorganisation Kanyarwanda und die Partnerorganisation Ibuka dabei, ein landesweites Netzwerk für die Gewaltopfer des Genozids aufzubauen.

Für ihre gemeinsamen Projektaktivitäten hatten Kanyarwanda und Ibuka

[1] *Gacaca*, aus dem Kinyarwanda, wird „Gatschàtscha" ausgesprochen und bedeutet Wiese oder Versammlungsort.

18 professionelle Traumaberaterinnen und Traumaberater (TB) eingesetzt und ihnen fast ebenso viele Assistentinnen und Assistenten zur Seite gestellt. Alle TB hatten zuvor eine einjährige Ausbildung im Institut für Traumaberatung in Ruanda (ARCT, Association Rwandaise des Conseillers en Traumatisme) erhalten. Die meisten von ihnen verfügten bereits über langjährige Erfahrung im Bereich der Traumaberatung, sodass sie in der Lage waren, ihre Assistentinnen und Assistenten selbst auszubilden. In jedem der 18 Distrikte Ruandas konnte nun mindestens eine oder ein TB mit Assistenz eingesetzt werden. Es ging darum, den Menschen, die während oder nach den Gacacas in eine psychische Krise gerieten, Hilfe anzubieten – sie bei ihrer Vergangenheitsbewältigung umfassend zu betreuen. Außerhalb der Gacacas stand das Team in Krisenfällen jederzeit auf Abruf bereit, um den Traumaopfern beizustehen. Häufig wurden sie von Angehörigen, von Behörden oder auch Schulen und Kirchengemeinden angefordert, wenn Menschen eine akute Krise oder Zeichen schwerer psychischer Störungen zeigten.

Der Projektablauf

Ibuka ist als Vereinigung aller ruandischen Überlebendenorganisationen eine landesweit tätige NRO. Sie bietet juristische Unterstützung für Überlebende des Genozids an und kümmert sich um den Aufbau von Gedenkstätten und die Organisation von Gedenkfeierlichkeiten. Des Weiteren übernimmt Ibuka die psychosoziale Betreuung für die überlebenden Opfer von Verbrechen, die während des Völkermordes begangen wurden, insbesondere für Menschen mit psychischen Störungen.

Seit die Regierung im Jahr 2000 beschlossen hatte, die Täter von 1994 vor „Dorfgerichte" zu stellen, war Ibuka mit einem Team von psychologisch (und juristisch) ausgebildeten Fachkräften dabei, wenn die Konfliktparteien ihre Verfahren vor den Gacaca-Gerichten austrugen. In der Arbeit von Ibuka ging es darum, die traumatisierten Opfer so weit zu stabilisieren, dass sie diese unwiederbringliche Chance auf Rehabilitation auch nutzen konnten. Viele der sogenannten *rescapés* (Überlebenden) wissen bis heute nicht, was genau mit ihren Angehörigen passiert ist, geschweige denn, wo sich deren Leichen befinden. Sie haben ein Bedürfnis danach, die Wahrheit über die Tathergänge und die Namen der Mörderinnen und Mörder zu erfahren, wenn sie die Vergangenheit aufarbeiten wollen.

Die Gacacas sollten Einzelfälle aufklären und Details über den Genozid rekonstruieren, um diese später in einem nationalen Gedenkzentrum zu einer Faktensammlung vereinen und historisch auswerten zu können.
Nach den Taten von 1994 hatten viele der Zeuginnen und Zeugen, die in den Gacacas aussagten, ihr Leben alleine, ohne ihre Angehörigen, wieder aufgebaut und dabei über das Erlebte geschwiegen. Der Alltag auf den „tausend Hügeln" in Ruanda bedeutet oft, in direkter Nachbarschaft mit den Täterinnen und Tätern oder deren Angehörigen zu leben – sich täglich zu begegnen. Darum haben viele dieser Überlebenden eine Haltung von scheinbar gleichgültiger Akzeptanz gegenüber ihrem Schicksal aufgebaut. Sie leben sozial abgrenzt und isoliert. Dennoch leiden fast alle Überlebenden, die überaus grausame Mord- und Gewaltszenen erlebt haben und meist auch körperlich verwundet wurden, unter den psychischen Spätfolgen der Taten – unter „Posttraumatischen Belastungsstörungen", wie sie die psychologische Diagnostik nennt.

Posttraumatische Belastungsstörung (PTBS)/Post-traumatic Stress Disorder (PTSD) ist der Fachbegriff für eine Reihe von psychischen Krankheitserscheinungen, unter denen Opfer von extremen Gewalterfahrungen lebenslang leiden können. Sie haben Schlafstörungen, Albträume, Ängste, Aggressionen, Depressionen, körperliche Schmerzen, Gedächtnisstörungen, gestörtes Sozialverhalten, unvermittelte Erinnerungen, die sie nicht abstellen können (Flashbacks) und eine große Zahl weiterer Symptome, die ihr Alltagsleben schwer belasten und sie oft an den Rand der Gemeinschaft drängen.

Wenn sie sich bereit erklärten, über die Vorgänge von April bis Juni 1994 auszusagen oder die tendenziösen Berichte der Angeklagten hörten, brachen alte Wunden wieder auf und die Prozessteilnehmerinnen und -teilnehmer erlitten oft schwere psychische Krisen. Aus Furcht vor der belastenden Erinnerung verweigerten etliche sehr wichtige Zeuginnen und Zeugen die Teilnahme an den Gacacas. Abgesehen davon haben auch viele Täterinnen und Täter, die 1994 nicht immer freiwillig in diese Rolle gerieten, bis heute Schwierigkeiten damit, das Erlebte und ihre eigene Schuld zu verarbeiten. Das Team beriet und unterstützte auch diese Menschen, wenn sie aufgrund der Teilnahme an den Gacacas Hilfe benötigten.
Die Friedensfachkraft des Deutschen Entwicklungsdienstes begleitete die mitunter sehr stark belastende Arbeit der Traumaberaterinnen und Traumaberater von Ibuka und Kanyarwanda durch Supervisionen. Die Mitarbeiterinnen und Mitarbeiter dieser Organisationen wiederum betreuten ihre Assistentinnen und Assistenten in Supervisionsgruppen.

Was war wichtig für den Erfolg?

Die Gacacas boten, wie auch die Wahrheitskommission in Südafrika, eine Chance für die Gesellschaft, die Vergangenheit aktiv zu bewältigen, sich über die gesammelten Fakten ein realistisches Bild von den Taten zu machen. Auch wenn die Urteile nicht immer „gerecht" ausfielen und individuelle Verfahren für viele Parteien ungelöst blieben, so leisteten die beteiligten Personen doch einen entscheidenden Beitrag zu einer möglichen oder zumindest wünschenswerten Aussöhnung – eine Aufgabe, die die Gesellschaft sicher noch einige Generationen beschäftigen wird.

Doch zunächst müssten sich die Opfer und die Täterinnen und Täter offen begegnen, was enormen Stress bedeutet und schwere Krisen auslösen kann. An dieser Stelle setzt die Arbeit der Traumaberaterinnen und Traumaberater an.

„Viele der ‚rescapés', die traumatisiert sind, meiden soziale Kontakte und sind nicht in der Lage, über das Erlebte auszusagen – schon gar nicht während der Gacacas. Sie werden aber als Zeuginnen oder Zeugen vorgeladen, was große innere Konflikte in ihnen auslöst. Oftmals suchen sie in diesen Fällen Hilfe und wenden sich an die TB oder deren Assistentinnen und Assistenten, die mit ihnen die Bedeutung der Gacaca-Prozesse erarbeiten.

Auf diese Weise können sie eine Haltung und Position gegenüber den Gerichtsverfahren entwickeln und sich mit dem Erlebten auseinandersetzen. Dies geschieht sowohl in Einzel- als auch Gruppengesprächen, wo die ‚rescapés' oft zum ersten Mal über das Erlebte sprechen und jemanden finden, der ihnen zuhört. Wenn sie dann auch noch die Entscheidung getroffen haben, vor der Gacaca auszusagen, kann es vorkommen, dass neben den Assistentinnen und Assistenten auch die Mitglieder aus der Gruppe die Person begleiten, um sie mit ihrer Anwesenheit zu unterstützen. Sich zu überwinden und trotz der eigenen Ängste auszusagen, holt sie dann einen Schritt aus ihrer Isolation und aus der Opferhaltung heraus. Das ist für sie schon ein kleiner Schritt zur Bewältigung des Erlebten." Kathrin Groninger

„Während der Prozesse beobachten die TB und die Assistentinnen und Assistenten die Personen genau und greifen unterstützend ein, wo es nötig ist. Es geht darum, eine psychische Krise zu verhindern, indem, wenn nötig, auch der Prozess unterbrochen und die Person von der Gruppe isoliert wird, um sie zu beruhigen und zu stabilisieren. Das ist übrigens im Falle eines psychischen Zusammenbruchs auch ganz zentral. Dann ist es Aufgabe der Mitarbeiterinnen und Mitarbeiter, die Betroffenen wieder in das Hier und Jetzt zurückzuführen. Es kann auch vorkommen, dass die Person ins Krankenhaus eingewiesen werden muss, wenn es nicht gelingt, sie aus dem Angstzustand herauszuholen. Die TB und deren Assistentinnen und Assistenten erklären den Beteiligten, was Traumatisierung und die Spätfolgen bedeuten, um ihr Gesprächsverhalten und den Umgang mit traumatisierten Menschen positiv zu beeinflussen. Viele ‚rescapés' und ihre Angehörigen sind sehr erleichtert, wenn sie erfahren, dass sie nicht ‚verrückt' sind, sondern unter normalen Folgen ihrer unnormalen Erfahrungen leiden. Allein dieses Wissen kann schon viel Leid mindern." Kathrin Groninger

Für die Traumaberaterinnen und -berater war es oftmals nicht einfach, ihrer Rolle als unabhängige Unterstützungsgruppe gerecht zu werden. Vor allem, wenn es darum ging, den Täterinnen und Tätern professionelle Hilfe im Umgang mit ihren psychischen Traumata anzubieten. Auch sie verdienten eine Chance zur Resozialisierung. Es war angestrebt, die Konfliktlinien zu entschärfen und eine generelle Täter-Opfer-Dichotomisierung zu vermeiden. Ibuka versuchte dieser Gefahr zu entgehen, indem sie Assistentinnen und Assistenten mit unterschiedlichem Betroffenheitshintergrund ins Team aufnahm.

Die Betreuung der Täterseite führte zu Konflikten mit den *rescapés*, die kein Verständnis dafür zeigten, dass Mörderinnen und Mörder von früher im Nachhinein ebenfalls litten und deswegen psychosoziale Betreuung erhalten sollten. Aus diesem Grunde gingen die Teammitglieder mit Vorsicht vor. Sie wollten im Fall eines Konfliktes loyale Aufklärungsarbeit leisten, deshalb diskutierten sie ihre Haltungen untereinander so lange, bis sie sich möglichst vorurteilsfrei der Diskussion stellen konnten. Generell war die Betreuung der *rescapés* für das Team eine zweischneidige Angelegenheit. Die überlebenden Opfer sollten als besonders bedürftige Gruppe natürlich auch besondere Aufmerksamkeit und Aufwertung erhalten. Allerdings könnte sie die ausschließliche Bewertung als Opfer noch weiter zu gesellschaftlichen Außenseitern machen und stigmatisieren. Anstatt Gegensätze zwischen Hutu und Tutsi abzubauen, verschärft die Kategorie „Opfer/Täter" die Spaltung.

„Hier liegt unsere größte Herausforderung: Wie können wir die Menschen bei den Gacacas darüber aufklären, dass es um Solidarität mit einzelnen Personen geht und nicht um kollektive Opfergruppen? Auch die Mörderinnen und Mörder werden als individuelle Personen verurteilt, sie dürfen sich nicht hinter dem Gruppenzwang verstecken. Sie müssen ihre eigene Verantwortung auf sich nehmen. Darüber sprechen wir immer in den Beratungen und versuchen, den Blick auf Einzelpersonen zu lenken. Vielleicht war ja eine Nachbarin da, die geholfen hat, und sie war Hutu. Oder sie war mit einem Tutsi verheiratet und wurde selbst verfolgt und Opfer sexueller Gewalt. Der Blick auf das Detail sprengt die starren Kategorien und lenkt auf eine Realität und das Konkrete. Nur das lässt sich im Übrigen bearbeiten und schrittweise bewältigen." Kathrin Groninger

Es bleibt also eine äußerst schwierige Aufgabe, eine neue ruandische Gesellschaft zu fördern, in der die Aufspaltung in Hutu und Tutsi nicht das Hauptmerkmal für die Identität ist und die Kategorien „Opfer" und „Täter" nicht mehr den Fokus im Zusammenleben bilden.

Ein wichtiger Punkt in der Arbeit der Traumaberaterinnen und Traumaberater und ihrer Teams ist die Zusammenführung von psychologischer Betreuung, Sozialarbeit und Entwicklungsprojekten. Viele der Überlebenden sind schwer traumatisiert, sodass sie durch Traumaberatung allein nicht geheilt werden können. Sie können Linderung erfahren, müssen generell aber mit ihren Verwundungen leben lernen. Dazu brauchen sie ein soziales und wirtschaftliches Netzwerk, das sie unterstützt. Die Mitarbeiterinnen und Mitarbeiter von Ibuka und Kanyarwanda versuchten Maßnahmen zur Einkommensförderung und zur sozialen Sicherung vor allem in die Gebiete zu vermitteln, in denen besonders viele Traumatisierte davon profitieren konnten. Die Vernetzung des Projektes mit anderen ökonomischen und medizinischen Programmen half den Betroffenen über die psychologische Betreuung hinaus.

Die Friedensfachkraft

Kathrin Groninger ist Diplompsychologin. Sie befand sich während des Projektes in der Ausbildung zur Psychotherapeutin. Ihr beruflicher Ausgangspunkt, in dem sie seit 2000 tätig ist, liegt in der psychosozialen Beratung und Betreuung traumatisierter Kriegsflüchtlinge. Seit 2005 arbeitet sie für den Deutschen Entwicklungsdienst (DED) als Friedensfachkraft in Ruanda mit Überlebenden des Genozids und unterstützt einheimische Organisationen beim Aufbau psychosozialer Beratung. 2007 realisierte sie mit dem Abiyubaka-Frauen-Forum den Film „Nkundira umwana!", der die Problematik der Kinder des Krieges aufgreift und auf dem dritten Rwanda Film Festival erstmals öffentlich diskutiert wurde.

„Aus meiner Sicht sind die Gacacas, bei aller Unvollkommenheit, ein ganz wichtiger Prozess für das Land. Hutu und Tutsi sind ja gar keine unterschiedlichen Ethnien, sondern waren früher nur unterschiedliche Statusgruppen, wie etwa Viehbesitzer und Ackerbauern oder wie Adelige und Bauern in Europa. Aber sie haben dieselbe Kultur, dieselbe Sprache, dieselben Traditionen. Sie wurden durch Kolonialherren und Politiker gegeneinander aufgebracht. Heute müssen sie gemeinsam die Folgen der Eskalation tragen, denn ohneeinander können sie in ihrer Heimat nicht leben. Ein Bewusstwerden, wie es historisch zu dieser Spaltung kam, kann vielleicht dazu beitragen, dass die Ruander langfristig ihre Zukunft gemeinsam gestalten. Dies hängt allerdings sehr vom politischen Willen der Machthabenden ab.

Das Team der Traumaberatung und die deutsche Friedensfachkraft Kathrin Groninger (unten, zweite von rechts)

Es ist schwierig für mich, allgemeine Aussagen zu treffen, was die Gacacas für Wirkungen in der Bevölkerung erzeugen. Als Weiße wird man ja oftmals nicht in alle Diskurse eingeweiht. In den Gesprächen mit Überlebendengruppen kann ich feststellen, dass die Gacacas Tabus und die Schutzstarre, die sich manche nach dem Genozid zugelegt haben, z. T. aufbrechen. Da werden unheimlich viele Gefühle geweckt, was zu großen Konflikten führt. Das ist zwar sehr schmerzhaft, aber das hat eine andere Dynamik in die Verarbeitung der Vergangenheit gebracht. Diese Konflikte standen oftmals im Zentrum meiner Gespräche mit ihnen. Ich finde, die Menschen sprechen heute wieder etwas rationaler mitein-

ander. Ich habe den Eindruck, dass auf den Hügeln durch Gacaca ganz anders mit den Verbrechen der Vergangenheit umgegangen wird.
Wenn sich die Menschen an den Gacacas beteiligen, dann erkennen sie oft die ganz persönlichen Anteile eines und einer jeden an der Geschichte. Und es geht dann weniger um die großen Gruppen Hutu und Tutsi, sondern um einzelne Personen. Hier kann ein Anfang sein, der die alte Spaltung zwischen diesen beiden Gruppen aufhebt und den Blick auf das Individuum schärft. Das wollen wir mit unserer Arbeit auch erreichen. Je nach Ort und Verantwortlichen kann es auch vorkommen, dass durch Gacaca Spaltungen und Klischees in der Bevölkerung gefestigt werden. Aber man muss sehen, was für eine Rolle sie historisch und politisch im Friedensprozess des Landes einnehmen werden. Man darf nicht vergessen, dass neben der juristischen Aufarbeitung mit Gacaca auch gezielt politische Interessen verfolgt werden, die oftmals im Hintergrund bleiben.
Als Friedensfachkraft kann ich diese innergesellschaftlichen Prozesse kaum beeinflussen. Aber ich merke, dass Ibuka und Kanyarwanda von mir profitieren, wenn es darum geht, Ideen zu entwickeln und ihre Interessen professionell umzusetzen. Ich kann Fachwissen über psychologische Prozesse vermitteln und vor allem auch beim Management der Abläufe helfen, ohne die das Projekt eben nicht funktionieren würde."
Kathrin Groninger

Das Fazit

Mit dem Gacaca-Projekt in Ruanda hatte der Deutsche Entwicklungsdienst im Rahmen des Förderprogramms des ZFD eine große aktuelle Herausforderung der ruandischen Gesellschaft aufgegriffen. Er nahm sich der Aufgabe an, besonders die schwächsten Gruppen im Aufarbeitungsprozess des Genozids zu begleiten. Durch die Arbeit mit Traumaopfern sollte verhindert werden, dass die Gerichtsprozesse retraumatisierendes Ausmaß erreichten. Die Unterstützung der Zeuginnen und Zeugen trug wesentlich zur individuellen, juristischen und gesellschaftlichen Bewältigung des Völkermordes bei. Ohne die Verurteilung der Täterinnen und Täter und die Sammlung und Präsentation der geschichtlichen Fakten wäre ein Ansatz zur Versöhnung kaum denkbar. Dabei war sich die Friedensfachkraft ihrer besonderen Rolle im Konflikt bewusst: Die Dichotomie zwischen Hutu und Tutsi sollte überwunden werden, der Blick von den großen Kategorien hin auf das individuelle Schicksal und die persönliche Verantwortung gelenkt werden. Auch wenn viele *rescapés* es problematisch fanden, wurden auch die Täterinnen und Täter psychologisch betreut, wenn sie individuellen Bedarf zeigten. Hier unterstrich das Projekt seinen Anspruch auf Allparteilichkeit und die Ablehnung von pauschalen Verurteilungen. Durch die Einbettung der psychologischen Maßnahmen in einen Rahmen aus Sozialarbeit und allgemeiner Entwicklungsförderung und in den kollektiven juristischen Prozess der Strafverfolgung der Täter wurde das Projekt effektiver und konnte sehr umfassende und nachhaltige Ergebnisse erzielen.

Ilona Auer-Frege

Traumabearbeitung

KURVE Wustrow:

Werkstatt zur Erkundung von Wegen zur gewaltfreien Begegnung, Verständigung und Aktion

Ausbildung von Überlebenden von extremer Gewalt zu Konflikthelferinnen und Konflikthelfern

Projektstandorte:	Berlin-Brandenburg
Laufzeit:	August - Dezember 2006
Organisation:	KURVE Wustrow Bildungs- und Begegnungsstätte für gewaltfreie Aktion e. V.
Ansprechpartner:	Jochen Neumann info@kurvewustrow.org
Finanzierung:	Institut für Auslandsbeziehungen (ifa) aus Mitteln des Auswärtigen Amtes, Aktionsgemeinschaft Dienst für den Frieden (AGDF)

Der Projekthintergrund

Friedensfachkräfte benötigen für ihren Einsatz in der Konfliktbearbeitung ein großes Repertoire an fachlichen und persönlichen Kompetenzen, um glaubhaft zwischen Konfliktparteien vermitteln zu können. Dazu gehören Kenntnisse über den Verlauf und die Dynamik von Konflikten, sprich die einzelnen Phasen von Eskalation und Befriedung, und die Techniken zur Einbindung von Kontrahenten in Verhandlungen. Sie müssen die

Methoden kennen und die Konfliktparteien vom Sinn der Gewaltfreiheit überzeugen können. Das Handwerkszeug ist in verschiedenen Ausbildungsgängen erlernbar. Es kann aber nur dann wirkungsvoll angewendet werden, wenn die künftige Fachkraft auch über Persönlichkeit und Ausstrahlung verfügt, die sie als Vermittlerin glaubwürdig macht. Nur wenn sie empathisch, offen und innerlich stabil wirkt, kann das Vertrauen entstehen, das die Voraussetzung für die Arbeit der Fachkraft mit den Konfliktparteien darstellt. Erfolgreiche Friedensarbeit hängt in großem Maße davon ab, ob es den Konflikthelferinnen und -helfern gelingt, die Betroffenen persönlich zu erreichen und sie zu langfristigen Verhaltensänderungen zu motivieren.

Gruppenbild des Ausbildungsgangs zur Konflikthelferin/zum Konflikthelfer

Doch Fachkräfte zu finden, die sowohl über Sachkenntnisse als auch über persönliche Überzeugungskraft, Integrität oder sogar Charisma verfügen, ist nicht einfach. Zudem ist die Ausbildung langwierig und aufwendig.

Der Projektansatz

Die Fähigkeit, sich in die Akteure von Konflikten hineinzuversetzen und sie nicht nur zu „bearbeiten", sondern sie in ihrer Betroffenheit wirklich zu verstehen, kann dann besonders ausgebildet sein, wenn die Friedensfach kraft selbst schon einmal traumatisierenden Erlebnissen ausgesetzt war und sich bewusst mit der eigenen Gewaltgeschichte auseinandergesetzt hat. Wer die emotionalen Zustände eines Traumas selbst durchlebt hat, weiß mitunter besser, wo seine Hilfe im Konflikt angezeigt ist.

Solche oder ähnliche Vorüberlegungen hatten dazu geführt, dass die KURVE Wustrow einen neuen Ausbildungsgang konzipierte, mit dem Ziel, diesen besonderen Personenkreis anzusprechen. Im Rahmen eines Pilotprojektes wählte die KURVE Wustrow dazu 14 Migrantinnen und Migranten aus, die früher selbst Opfer von Gewalterfahrungen geworden waren, um sie zu Konflikthelferinnen und Konflikthelfern auszubilden.

Ihre traumatischen Erlebnisse wurden nicht als Hindernis, sondern als Kraftquelle für die Friedensarbeit verstanden. Die Zielgruppe bestand aus Überlebenden von politischer Verfolgung, Menschenrechtsverletzungen und kriegerischen Auseinandersetzungen, die als Flüchtlinge aus Palästina, Serbien und Kurdistan oder Westafrika nach Deutschland gekommen waren. Die Teilnehmenden des 12-wöchigen Fortbildungskurses waren durch ihre Konflikt- und Gewalterfahrungen existenziell schwer getroffen, die meisten waren sogar mehrfach traumatisiert. Alle hatten zuvor in Therapiemaßnahmen bewusst am Umgang mit ihren Erlebnissen gearbeitet und fühlten sich in der Lage, reflektiert und ohne ihre eigene Befindlichkeit zu sehr in den Vordergrund zu stellen, auf die Konflikte anderer Menschen einzugehen. Da sie Kriegs-, Folter- und Gewalterlebnissen am eigenen Leib erfahren hatten, brachten sie eine besondere Ressource mit in die Ausbildung, die ihnen über ihre methodischen Kompetenzen hinaus Glaubwürdigkeit verschaffte.

Ziele der Ausbildung:

Zunächst wurden den Teilnehmenden die methodischen Kenntnisse in ziviler, gewaltfreier Konflikttransformation vermittelt. Sie sollten die Analysewerkzeuge und Instrumente kennen lernen, die in der Friedensarbeit eingesetzt werden, um auf gewaltfreiem Wege einen sozialen und politischen Wandel herbeizuführen. Dazu bedurfte es eines besseren Verständnisses von Gewaltfreiheit in Bewusstsein, Denken und Handeln. Erst einmal sollten die Teilnehmenden die alternativen Konfliktlösungsmethoden innerhalb der eigenen Ausbildungsgruppe erproben und über ihre dabei gewonnenen Erfahrungen reflektieren.

Es ging darum, sie zu befähigen, mit Konflikten konstruktiv umzugehen und einen Konsens zu erlangen. Es zeigte sich schnell, dass die Teilnehmenden viele unbearbeitete Vorurteile in sich trugen und bisweilen vorschnell ablehnend reagierten. Die Begegnung und gemeinsame Arbeit in einer Gruppe mit z. B. türkischen, kurdischen und irakischen Mitgliedern sollte dazu beitragen, dass die Teilnehmenden negative Einstellungen abbauten und ihre (stereotype) Wahrnehmung veränderten. In dieser Phase des gruppendynamischen Prozesses sollten die Teilnehmenden sensibel für die persönlichen Stärken und Schwächen werden und eigene Prioritäten in der Arbeit zum Zweck gewaltfreier, ziviler Konflikttransformation setzen. Schließlich sollten sich alle nach dem Abschluss der Ausbildung – mit einem gestärkten Selbstbewusstsein – neue Aufgabenbereiche in der zivilen Konfliktbearbeitung erschließen können.

Der Projektablauf

Die 12-wöchige Kursphase bot für die Teilnehmenden genug Zeit, um theoretische Lerninhalte wie methodische Ansätze gewaltfreier Konfliktbearbeitung mit praktischen Übungen zu verknüpfen und mit persönlichen Erfahrungen zu bereichern. Das Trainerteam hatte sich darauf verständigt, alle Ansätze zur Konfliktintervention systematisch zu erarbeiten und, zunächst ohne die Zuhilfenahme von Theorie, allein von den Teilnehmenden zusammentragen zu lassen. Anhand von Fallbeispielen entwickelten die Fachkräfte im Team Strategien zur Konfliktbewältigung und erprobten sie in psychodramatisch nachgespielten Situationen. Danach wurden die Herangehensweisen an Konflikte analysiert und mit den Erfahrungen der Teilnehmenden verknüpft. Erst in einem dritten Lernschritt ergänzten die Trainerinnen und Trainer die gewonnenen praktischen Erfahrungswerte mit dem dazugehörigen theoretischen Fachwissen und brachten die Teilnehmenden auf den neuesten Stand der Konfliktforschung.
Inhaltliche Schwerpunktthemen der Ausbildung waren:

- Konfliktverständnis und Konfliktbearbeitung
- Konfliktanalyse
- Auseinandersetzung mit Aspekten von Konfliktintervention wie Parteilichkeit, Nichtparteilichkeit, Allparteilichkeit
- Methoden und Instrumente der Friedensarbeit und ziviler Konfliktbearbeitung
- Konzepte und Haltungen der Gewaltfreiheit
- interkulturelle Konfliktarbeit
- persönliche Ressourcenaktivierung

Im Laufe der Module wurden positive Eigenschaften und zuträgliche Verhaltensweisen für Konflikthelferinnen und -helfer zusammengetragen und fortlaufend ergänzt. Die Teilnehmenden konnten sich in der Rolle als Konflikthelferin oder -helfer erleben oder eigene Erlebnisse nachspielen lassen. Die Erfahrung, selbstständig oder auch im Team aktiv und in einer allparteilichen Haltung mit Kontrahenten umzugehen, setzte bei allen eine

Veränderung der Einstellungen in Gang. Anhand der szenischen Übungsbeispiele wurden im nächsten Schritt grundsätzliche Fragen zu Auseinandersetzungsformen und der Anwendung von Gewalt diskutiert, wobei sich die Einschätzung eigener und fremder Konflikte teilweise noch tiefgreifender veränderte. Diese „Identitätsveränderungen“ wiederum waren Ausgangspunkte dafür, vergangene Ereignisse neu zu bewerten. Im letzten Modul wurde der Umgang mit Trauer und posttraumatischem Stress mit eigenen Übungen erprobt, und es wurden die möglichen Auswirkungen dieser emotionalen Stressfaktoren auf die Tätigkeit als Konflikthelferin und Konflikthelfer thematisiert.

In allen Ausbildungsphasen wurde großer Wert darauf gelegt, die Bearbeitung gruppeninterner Konflikte vorrangig zur reinen Wissensvermittlung zu behandeln. Da der Teilnehmerkreis sehr heterogen war und viele Personen aufgrund ihrer Gewalterfahrungen unter posttraumatischen Belastungsstörungen litten, traten innerhalb der Seminargruppe immer wieder Spannungen auf. Die Diskussion und die Bewältigung gruppeninterner Konflikte oder individueller Krisengefühle dienten nicht nur der Stärkung des Gruppenzusammenhalts, sondern unterstützten den aktiven Lernprozess aller Teilnehmerinnen und Teilnehmer maßgeblich. Insgesamt herrschte in der Gruppe ein positives Klima aus Toleranz und Mitgefühl, und auch bei jedem Einzelnen zeigte sich eine relativ konstante Empathiefähigkeit. Die Ausbildung baute eine stabile Grundlage für die professionelle Bearbeitung von Konflikten auf. Außerdem gelang es, die interkulturellen Kompetenzen, die Migrantinnen und Migranten als Minderheit in Deutschland entwickeln und erwerben sollen, innerhalb der Gruppe anzusprechen.

Was war wichtig für den Erfolg?

Dieser neue Ausbildungsgang unterschied sich von den gängigen Seminaren für Friedensfachkräfte durch seine besondere Teilnehmerstruktur und die damit verbundene Konsequenz, dass er im Grenzbereich zwischen therapeutischer Arbeit und ziviler Konfliktbearbeitung angesiedelt war. Daher war es wichtig, herauszufinden, wie in dieser kritischen und konfliktanfälligen Zusammensetzung zum gegenseitigen Nutzen gearbeitet werden konnte. Es stellte sich heraus, dass die diagnostische Abklärung in den Vorgesprächen sehr bedeutsam für einen erfolgreichen Projektverlauf war. Die Auswahl geeigneter Kandidatinnen und Kandidaten für einen Ausbildungsgang zur Konflikthelferin bzw. zum Kontakthelfer musste umsichtig und sorgfältig betrieben werden. Kann die Person tatsächlich ihre persönlichen Erfahrungen auf positive Weise in die Arbeit einbringen oder besteht die Gefahr einer gravierenden posttraumatischen Reaktionsbildung oder der Aktualisierung einer solchen? Können die einzelnen Teammitglieder tatsächlich das Potenzial ihrer Erfahrungen behutsam erforschen, ohne unmittelbar mit den biografischen Erlebnissen zu arbeiten? Haben alle die eigenen traumatischen Erfahrungen zur Genüge bewältigt, um sich einen Einsatz in einer der eigenen Geschichte vergleichbaren Situation, womöglich noch in der gleichen Region zuzutrauen? Und hat jeder genug andere Berufserfahrungen oder verfügt über ausreichende Sprachkenntnisse, um den Kursinhalt zu bewältigen und die nötige Sachkompetenz in die spätere Tätigkeit einzubringen?

Auch pragmatische Erfordernisse waren bei der Auswahl der Teilnehmerinnen und Teilnehmer bedeutsam, wie z. B. ein geklärter Aufenthaltsstatus in Deutschland oder eine EU-Bürgerschaft, ohne die eine Anstellung bei einer deutschen Friedensorganisation im Rahmen des Zivilen Friedensdienstes später nicht möglich wäre.

Die Gruppenarbeit an der Grenzlinie zwischen Training und Therapie erfordert ein hoch qualifiziertes und motiviertes Trainerteam, denn es besteht grundsätzlich die Gefahr, dass Trainerinnen und Trainer hilflos reagieren, wenn sie konkret mit traumatischen Erlebnissen konfrontiert sind. Nicht alle können eine solche Herausforderung annehmen. Es wäre kontraproduktiv, wenn die Betroffenen wieder an psychotherapeutische Hilfsangebote zurückverwiesen werden müssten. Auch die Teilnehmenden sollten sich vorab darüber im Klaren sein, dass sie selbst ihre Grenzen wahrnehmen und sich gegebenenfalls schützen müssen – der Ausbildungsgang kann keine persönlichen Therapiemaßnahmen ersetzen.

Insgesamt bewährte es sich, die Störungen in der Gruppe vorrangig vor den Inhalten zu behandeln, denn mit diesem Verfahren wurde gleichzeitig das Thema Konflikte bearbeitet. Ganz zentral war die Arbeit am Gruppenaufbau, an der Kohärenz und Stabilität der Gruppe, die Auseinandersetzung mit der Gruppendynamik sowie die Herstellung und Bewahrung der Gruppe als einen geschützten Raum.

„Es war eine Gratwanderung, einerseits über Gewalt zu kommunizieren, den eigenen Erfahrungen der Teilnehmenden in gewisser Weise Raum zu geben und gleichzeitig ein Containment[1] zu betreiben. Da, wo das Erinnern an unverarbeitete, schmerzhafte Erfahrungen heranreichte, war es nötig, dass die Werkstattleitung bremsend und regulierend in den Prozess eingriff. Dies war auch dann erforderlich, wenn erkennbar wurde, dass das Erzählen oder Handeln einer Person bei einer oder einem der anderen Teilnehmenden beispielsweise posttraumatische Belastungsreaktionen auslöste." Dorothea Giesche

Das Team

Frank Merkord ist Diplom-Sozialpädagoge, Therapeut, Supervisor, Tiefenökologe, ausgebildet u. a. in Psychodrama und Projektmanagement. Er ist langjähriger Mitarbeiter des Behandlungszentrums für Folteropfer in Berlin. Er brachte nicht nur die Projektidee auf, sondern entwickelte auch das Konzept und setzte es mit den beiden Kolleginnen um.

Dorothea Giesche ist Trainerin mit den Schwerpunkten Konfliktbearbeitung, interkulturelle Kompetenz mit langjährigem Arbeitsaufenthalt in Afrika. Sie ist ausgebildete Mediatorin und Evaluatorin.

Mehrangiz Maki ist Diplom-Sozialpädagogin, ausgebildet u. a. in systemischer Familientherapie. Sie brachte berufliche Erfahrungen und Qualifikationen als Sozialarbeiterin und Therapeutin in der Mädchenarbeit ein. Zudem hat sie selbst viele Jahre im Gefängnis im Iran verbracht, somit den Entwicklungsprozess vom eigenen Erleiden über die Aufarbeitung der Gewalterfahrungen bis hin zur Qualifikation als Therapeutin selbst durchlebt.

Ein Beispiel:

Die Gruppe begann mit einer Einstiegsrunde. Dazu wurde ein „Sprechstein" herumgereicht. Ein Teilnehmer nahm den Stein in die Hand, betrachtete ihn und sagte, „da fehlt etwas, der Zünder". Er begann zu erklären, warum ihn dieser Stein sofort an eine Handgranate erinnert habe und was man im Lager damit gemacht habe. Bei den Teilnehmenden in der Runde zeichneten sich Unbehagen, Erregung und dissoziatives Verhalten ab. Die Leitung stoppte ihn und bat ihn zu realisieren und zu benennen, dass er den Sprechstein in der Hand halte. Die nächste Teilnehmerin war bereits von der assoziativen Verknüpfung und der Dynamik ergriffen. Sie wollte ihrem Vorredner beipflichten und ihre Erfahrung aus Bosnien ergänzen. Die Leitung musste hier schnell und vehement intervenieren, um den Prozess wieder ins Hier und Jetzt zurückzubringen. Die beschriebene Situation zeigte, dass sich bei Teilnehmerinnen und Teilnehmern, die selbst über einschneidende Kriegserfahrungen verfügen, in einer Art Spiralbewegung unter bestimmten Umständen eine kollektive Reaktion entwickeln kann.

[1] Eingrenzung, Beruhigung

Das Bearbeiten traumatischer Erfahrungen oder Dynamiken war aber nicht Gegenstand der Werkstatt. Im gemeinsamen Gespräch wurde ein neues Symbol für das Rederecht in den Morgenrunden gesucht und erst mit einer Feder und später mit einem Kristall gefunden.
In diesem Ausbildungstraining ging es nicht darum, einander konkrete Gewalterfahrungen mitzuteilen, vielmehr sollten die Teilnehmenden mit den damit verbundenen negativen Gefühlen auf einer abstrakten Ebene umgehen lernen. Soweit wie möglich ins Positive gewendet, sollten sie ihnen als Ressource für das aktive Arbeiten dienen. Dazu gehörten, wie bereits erwähnt, die Distanz zur individuellen Gewaltgeschichte und die Fähigkeit, den eigenen Schmerz zu bewältigen.

Das Fazit

Menschen mit Gewalterfahrungen und traumatischen Erlebnissen als Friedensfachkräfte auszubilden und in Projekten einzusetzen, liegt sehr nahe, birgt allerdings auch einige Risiken. Um ihre eigenen Erfahrungen als positive Quelle für die Friedensarbeit wahrnehmen zu können, müssen die potenziellen Fachkräfte schon vorab einen sehr intensiven therapeutischen und kurativen Prozess durchlaufen haben und in der Folge eine enorme Reflexionsarbeit auf sich nehmen wollen und können. Es ist trotz allem nicht vorhersehbar, ob die Betroffenen die Stressbelastung einer Tätigkeit mit Konfliktgruppen aushalten und die Distanz zu ihrer eigenen Verwundbarkeit bewahren können.
In diesem Projekt wurde mit hoher Professionalität versucht, genau diese Bruchstellen in der Arbeit mit einer so besonderen Zielgruppe wahrzunehmen und zu beherrschen. Die Tatsache, dass alle 14 Teilnehmerinnen und Teilnehmer den Kurs ohne psychische Komplikationen oder sogar Regressionen zu Ende führten und trotz aller Unterschiede zu einer Gruppe mit starkem Gemeinschaftsgefühl zusammenwuchsen, zeigte, dass das Werkstatt-Team diese Herausforderungen sehr effektiv mit allen Beteiligten bewältigen konnte.

Ilona Auer-Frege

Heinrich-Böll-Stiftung:
Dialogserie zu Scharia und Menschenrechten in Nigeria

Projektstandort:	Lagos, Nigeria
Laufzeit:	2002 - 2003
Organisation:	Heinrich-Böll-Stiftung
Lokale Partnerorganisationen:	Women's Advocates Research and Documentation Centre, Lagos; Women's Aid Collective, Enugu
Ansprechpartner:	Axel Harneit-Sievers axel@hbfha.com
Finanzierung:	Heinrich-Böll-Stiftung, Bundesministerium für wirtschaftliche Zusammenarbeit und Entwicklung (BMZ)

Der Projekthintergrund

Die internationale Wahrnehmung Nigerias schwankt zwischen zwei Extremen: Einerseits ist Nigeria aufgrund seiner Erdölvorkommen der mit Abstand bedeutendste westafrikanische Staat. Mit seinem Förder- und Exportvolumen belegt Nigeria im weltweiten Vergleich der Erdöl exportierenden Länder sogar eine Spitzenposition. Andererseits betrachten viele Beobachterinnen und Beobachter Nigeria als ein Land in der Dauerkrise. Seit Jahrzehnten leidet seine Bevölkerung unter dem Missmanagement korrupter (meist militärisch geführter) Regierungen, unter Armut und tiefen ethnischen und religiösen Spaltungen. Trotz des Ölreichtums lebt die Mehrheit der 138 Millionen Nigerianer (Zensus 2008) unterhalb der Armutsgrenze. Nigeria, dessen Bevölkerung etwa zur Hälfte aus christlichen und muslimischen Menschen besteht, hat religiös und ethnisch motivierte Gewalt größten Ausmaßes erlebt, wobei Tausende von Menschen ums Leben kamen.

Dennoch hat das Land seit der Rückkehr zur zivilen Regierungsform im Jahr 1999 Ansätze einer demokratischen Transformation sowie wirtschaftliche Reformen mit beachtlichen Fortschritten erlebt. Auch wenn Nigeria nach wie vor als fragiler Staat gilt, kann man sicher nicht von Staatszerfall sprechen: Regierungsinstitutionen in Nigeria üben die Hoheit über das Staatsgebiet aus – in den Sumpf- und Flussgebieten im ölreichen Nigerdelta allerdings nur mit Einschränkungen. Dort beanspruchen militante ethnische Selbstbestimmungsbewegungen die Ressourcenkontrolle.

Bis zu einem 2009 erreichten Waffenstillstand im Nigerdelta brachten sie die nigerianischen Sicherheitskräfte ernsthaft in Bedrängnis: Aufgrund von hoher politischer Mobilisierung und Erdöldiebstahl im großen Stil war in dieser Region eine regelrechte Kriegswirtschaft entstanden. Aber auch außerhalb dieser Krisenregion waren und sind die meisten staatlichen Institutionen Nigerias schwach, ineffizient und von Korruption durchsetzt. Bei der Bereitstellung von Dienstleistungen versagt der Staat in beinahe allen Bereichen, sodass mehr oder weniger funktionierende Alternativen in Form privater Krankenhäuser und Schulen oder Bürgerwehren, die Sicherheitsdienste leisten, entstanden sind.

Die Menschenrechtssituation hat sich seit 1999 deutlich verbessert, insbesondere grundlegende politische Rechte, wie das Recht auf freie Meinungsäußerung, sind fest verankert. Allerdings geschehen seitens der Polizei und des Justizvollzugs weiterhin massive Übergriffe im Alltag. Dies wird von einer Regierung geduldet, die unfähig ist, das Verhalten ihrer eigenen Sicherheitsbehörden zu kontrollieren. Die Wahlen im Frühjahr 2007 brachten zwar einen neuen Präsidenten ins Amt, doch blieb ihre Legitimität aufgrund massiver Wahlfälschungen zweifelhaft.

Der Projektansatz

Die den Grünen nahestehende Heinrich-Böll-Stiftung (hbs) ist in Nigeria seit 2002 mit einem Landesbüro in Lagos vertreten. Zumeist arbeitet sie eng mit nigerianischen Nichtregierungsorganisationen zusammen.

Die Heinrich-Böll-Stiftung Nigeria unterstützt den fortschreitenden Demokratisierungsprozess des Landes. In der Zeit von 2002 bis 2008 verfolgte sie drei Programmschwerpunkte, die staatsbürgerliche Initiativen steuern und fördern sollten:

1. Das Programm „Regierungsführung und ökonomisch-ökologische Bildung" förderte die kritisch-konstruktive Teilhabe der Zivilgesellschaft in den Kernbereichen aktueller Reformprozesse.

2. Das Programm „Frauen- und Menschenrechte" förderte Projekte sowohl an der Basis (z. B. Frauenrechtsschulungen, Rechtsberatung) als auch auf politischer Gestaltungsebene (z. B. Projekte zur Einbringung einer Gender-Dimension in die Politik).

3. Das Programm „Konfliktmanagement“ versuchte einige der politisch, ethnisch und religiös bedingten Brüche innerhalb der nigerianischen Gesellschaft zu überwinden. Die hbs Nigeria verband hier die klassische Rolle einer politischen Stiftung, die Dialoge und Bildungsprogramme organisiert, mit einer mitunter experimentellen Dimension. Auf lokaler Ebene unterstützte sie Konfliktmanagement-Aktivitäten, insbesondere in instabilen, ethnisch und religiös heterogenen städtischen Zentren.

Als die Heinrich-Böll-Stiftung ihr Nigeria-Büro in Lagos einrichtete, sorgte der „Scharia-Konflikt“ schon eine geraume Zeit lang für Schlagzeilen in nationalen und internationalen Medien. Die Einführung des islamischen Scharia-Strafrechts Anfang 2000 hatte in zwölf Bundesstaaten Nordnigerias heftige Konflikte ausgelöst – die massivsten Ende Februar 2000 in Kaduna, in dessen Südhälfte indigene Christen leben. Die Kämpfe forderten Hunderte von Todesopfern und führten zu einer „Beirutisierung“ Kadunas, der gleichnamigen Hauptstadt des Bundesstaates.
Im November 2002 führte die öffentliche Empörung gegen die Abhaltung des „Miss World“-Wettbewerbes in Nigeria zu einem weiteren massiven Ausbruch von Gewalt in Kaduna (und in geringerem Ausmaß auch in Abuja). Wieder stand Nigeria im Mittelpunkt des Medieninteresses. Zugleich debattierte die nigerianische Öffentlichkeit intensiv über das Verhältnis von Scharia-Recht und nigerianischer Verfassung – insbesondere nachdem Scharia-Gerichte niederer Instanz mehrere „Hudud“-Todesurteile gegen Frauen wegen „Zina“ (Ehebruch) verhängt hatten. Die schuldig gesprochenen Frauen sollten durch öffentliche Steinigung hingerichtet werden. Dies führte nicht nur zu scharfen Protesten in ganz (Süd-)Nigeria und weltweit, sondern warf auch drängende Fragen über den Charakter Nigerias als säkularer Staat auf.
Vor diesem Hintergrund beschloss die Heinrich-Böll-Stiftung 2002, den Themenkomplex „Scharia und Menschen-/Frauenrechte in Nigeria“ in einer Reihe von Dialogveranstaltungen zu behandeln. Es ging darum, weitere gewaltsame Eskalationen zwischen islamischen und christlichen Gruppen zu verhindern und darüber hinaus zur Verbesserung der Situation von Frauen unter dem Scharia-Recht beizutragen.

Der Projektablauf

Ziel war es, auf der politischen Entscheidungsebene, in regionalen Behörden, mit den Religionsgemeinschaften und mit Organisationen der Zivilgesellschaft einen intensiven Dialog über die Bedeutung der Scharia für die nigerianische Gesellschaft anzuregen. Sowohl Muslime wie auch christliche Bürgerinnen und Bürger sollten sich angesprochen fühlen. Angesichts der schweren Spannungen und der heftigen Debatten über die Rolle der Religion (insbesondere des Islams) im öffentlichen Leben Nigerias konzipierte die Heinrich-Böll-Stiftung Nigeria eine Reihe von Dialogveranstaltungen für Vertreterinnen und Vertreter wichtiger Frauen- und Menschenrechtsorganisationen und Scharia-Expertinnen und -Experten – darunter Richterinnen und Richter, Fachwissenschaftlerinnen und Fachwissenschaftler, Vertreterinnen und Vertreter der Justizministerien der Staaten des Nordens. Es fanden drei zentrale Veranstaltungen mit jeweils etwa 30 bis 60 sorgsam ausgewählten Teilnehmerinnen und Teilnehmern statt.

Im Oktober 2002 wurden auf einer Strategiekonferenz Möglichkeiten ausgelotet, Menschenrechts- und insbesondere Frauenrechtsfragen zu thematisieren, die sich aus der Einführung des Scharia-Strafrechts ergeben hatten, ohne dadurch den landesweiten politischen Konflikt um die Gesetzgebung noch weiter eskalieren zu lassen. Im Februar 2003 fand eine größere Konferenz statt, bei der Wege zur Sicherung der Menschenrechte unter dem Scharia-Recht vorgestellt und erläutert wurden. Bei diesem „Dialog" wurden solche Verfahrensregelungen besonders hervorgehoben, die es einem qualifizierten Richter des Scharia-Gerichts in der Praxis erschwerten, eine „Hudud"-Verurteilung wegen Ehebruchs auszusprechen. Denn nach liberalerem Verständnis des Scharia-Rechts sind die schweren Strafen, die das Gesetz verlangt, eher als Abschreckung anzusehen denn als Sanktionen, die buchstabengetreu verhängt werden sollen.

Ein weiteres inhaltliches Ziel der Konferenz war es, die Dimension „sozialer Gerechtigkeit" innerhalb des Scharia-Rechts zu betonen, selbst ein ständiger Streitpunkt in islamischen Rechtskreisen. Nicht wenige islamische Rechtsexperten wiesen darauf hin, dass die Scharia als Gesetz für eine muslimische Idealgesellschaft gedacht gewesen sei. Sie könne und solle nicht mit letzter Konsequenz in einer Gesellschaft angewendet werden, die, wie gegenwärtig der Norden Nigerias, von Massenarmut und schwerer sozialer Ungerechtigkeit gekennzeichnet sei. Anders als die ersten beiden Veranstaltungen, die auf „neutralem Boden" in der Hauptstadt Abuja stattfanden, wurde die dritte und letzte Veranstaltung der Reihe Anfang Dezember 2003 in Kaduna abgehalten – einem Brennpunkt der Gewalt in der jüngeren Vergangenheit, in dem sich die Lage zu diesem Zeitpunkt jedoch bereits beruhigt hatte. Diesmal wurden insbesondere die Richterinnen und Richter der höheren Scharia-Gerichte sowie die Vertreter derjenigen Institutionen angesprochen, die das Scharia-Recht in den Staaten des Nordens implementierten. Die Botschaft ähnelte der des zweiten Dialogs, richtete sich aber ausdrücklich an Funktionsträger innerhalb des islamischen Rechtssystems. In den Dialogen wurde auch die Möglichkeit aufgezeigt und propagiert, Frauen- und Menschenrechte direkt aus dem Koran und weiteren islamischen Texten „abzuleiten".

Alle Ergebnisse fanden nachweislich eine weite Verbreitung in Nigeria. Sie wurden in Buchform veröffentlicht und als downloadbarer Volltext auf der Website der Heinrich-Böll-Stiftung Nigeria bereitgestellt.

Was war wichtig für den Erfolg?

Zu Beginn der Dialogreihe wurden zwei schwierige Grundsatzentscheidungen getroffen, die damals auch innerhalb der Heinrich-Böll-Stiftung umstritten waren. Erstens vermieden es die Projektverantwortlichen bewusst, den Grundkonflikt um die Legitimität des Scharia-Rechts gegenüber der nigerianischen Verfassung direkt und ausdrücklich anzusprechen. Zwischen 2000 und 2003 wurde diese Frage häufig öffentlich diskutiert, aber die beiden Positionen – auf der einen Seite uneingeschränkter Vorrang der nigerianischen Verfassung, auf der anderen die Wahrnehmung der Scharia als „gottgegebenes Gesetz" für Muslime – waren unvereinbar (und sind es bis heute geblieben). Jede dogmatische Diskussion über diese Thematik hätte nur zu weiterer Eskalation geführt. Stattdessen trafen die Organisatorinnen und Organisatoren die Entscheidung, die Diskussion strategisch auszurichten und Methoden aufzuzeigen, wie sich Menschrechtsstandards in die islamische Rechtsprechung einbringen ließen. Ihre eigenen Beiträge zielten darauf ab, praktikable Möglichkeiten herauszustellen, wie die schwerwiegenden Rechtsfolgen abzuwenden seien – Folgen, die auch vielen Befürwortern des Scharia-Rechts in Nigeria zu weit gingen.

Zweitens war die hbs Nigeria im Rahmen des Projektes bereit, mit Repräsentantinnen und Repräsentanten eines Rechtssystems zusammenzuarbeiten, das – jedenfalls in bestimmten Bereichen – massiv gegen national und international anerkannte Frauenrechte verstieß. Wie weit konnte eine Kooperation mit Repräsentantinnen und Repräsentanten eines solchen Rechtssystems gehen? Würde die Heinrich-Böll-Stiftung im Zuge des Dialogs mit dieser Gruppe nicht eigentlich eine Schulung der ausführenden Organe eines derartigen Rechtssystems unterstützen und damit (wenn auch indirekt) zu seiner Durchsetzung beitragen? Antworten auf diese Fragen bedeuteten für die Heinrich-Böll-Stiftung politische Entscheidungen im Grenzbereich; so wurden alle Aktivitäten in der Form eines Dialogprogramms angelegt und nicht als formale Ausbildung im technischen Sinne betrachtet.

Der Erfolg des Projektes war zu einem großen Teil das Ergebnis intensiver Vorbereitung, hervorragender Zusammenarbeit und organisatorischer Unterstützung durch angesehene Frauenrechtsorganisationen. Von allen Projektverantwortlichen wurde ein in Bezug auf wesentliche Menschenrechtsgrundsätze gemäßigter Ansatz mitgetragen und in einem vertretbaren Rahmen gestaltet. Dies trug dazu bei, die Rolle der Heinrich-Böll-Stiftung in diesem Prozess zu legitimieren. Die Heinrich-Böll-Stiftung trat nicht als eine westliche bzw. christliche Partei in einem „Kampf der Kulturen" auf, sondern betonte ihre neutrale Rolle als Institution, die einen Dialog anregen will, um dadurch einen fundamentalen Konflikt zu deeskalieren. Der Erfolg – im Sinne eines fruchtbaren Dialogs – war der Entscheidung zu verdanken, die Konfrontation bei heiklen Themen, wie der Legitimität des Scharia-Rechts, zu vermeiden. Mit dieser Haltung erkannte die hbs Nigeria an, dass bestimmte grundlegende Konfliktthemen in Nigeria weder durch einen Konsens noch durch eine Mehrheitsentscheidung beigelegt werden konnten.
Die politische Wirkung und die Reichweite von Dialogprogrammen im konfliktiven Umfeld lassen sich nicht präzise messen. Sicher konnte die Dialogserie der hbs Nigeria nicht zu einer generellen Deeskalation der Scharia-Problematik beitragen, doch der Anteil an der sachlichen und atmosphärischen Verbesserung in der damaligen Diskussion in Nigeria bleibt unbestritten.

Der Projektleiter

Axel Harneit-Sievers, geboren 1957, ist habilitierter Historiker und Politikwissenschaftler mit dem Schwerpunkt Afrika. Er war ab 1990 als wissenschaftlicher Mitarbeiter zunächst am „Historischen Seminar" der Universität Hannover und später am „Zentrum Moderner Orient" in Berlin tätig. Seit 2002 arbeitet er in der Heinrich-Böll-Stiftung, baute zunächst das Länderbüro Nigeria (in Lagos) auf und übernahm Ende 2006 die Leitung des Regionalbüros für Ostafrika/Horn von Afrika (in Nairobi, Kenia).

„Gute lokale Partnerinnen und Partner, ein Gespür für lokale Sensibilitäten sowie eine unabhängige eigene politische Positionierung sind zentral für das Gelingen eines Dialogprogramms in einem hochgradig konfliktiven Umfeld. Wie in vielen anderen Ländern Afrikas gehören Frauenrechtsorganisationen auch in Nigeria zu den stärksten NRO überhaupt. Oft von profilierten Juristinnen geleitet, gelingt gerade ihnen der Brückenschlag auch zu eher konservativen Juristenkreisen, zumal sie ihre Kontakte zu den moderat liberalen Vertretern der ‚anderen Seite' nutzen, die es praktisch überall gibt. So wünschenswert eine klare Positionierung in grundlegenden Menschenrechtsfragen auch erscheint – ohne Rücksichtnahme auf lokale Sensibilitäten, ohne eine gute Analyse der Konfliktdynamik vor Ort und ohne die Bereitschaft, Kompromisse einzugehen (und sich dieser bewusst zu sein, statt sie zu unterschlagen) bleibt externe Intervention wirkungslos oder droht gar, den Konflikt zu verhärten. Auch wenn die Summe der Gemeinsamkeiten klein sein mag, schafft sie einen Ausgangspunkt für Vertrauensbildung, der Verhaltensänderungen ermöglicht. In Situationen schweren religiös-politischen Konfliktes mit internationalen Dimensionen, wie dies der Konflikt um die Scharia in Nigeria in den ersten Jahren des neuen Millenniums war, sind politische Stiftungen aufgrund ihres unabhängigen Status oft eher als staatliche oder kirchliche Akteure geeignet, solche Vermittlungsprozesse einzuleiten." Axel Harneit-Sievers

Das Fazit

Die von der Heinrich-Böll-Stiftung in Nigeria 2002 bis 2003 initiierte Veranstaltungsserie war einer der ersten Versuche, die verbal wie physisch mit großer Militanz geführte Auseinandersetzung um das islamische Strafrecht im Norden des Landes zu entschärfen. Zu diesem Zweck wurde mit hochrangigen Repräsentantinnen und Repräsentanten des islamischen Rechtssystems ein auf praktische Fragen – wie die bessere Absicherung von Menschenrechten – konzentrierter Dialog geführt. Vereinzelt unternahmen andere externeAkteure ähnliche Anstrengungen. Der British Council ging so weit, Trainingsmaterialien zu einer menschenrechtsorientierten Scharia-Interpretation für Scharia-Richter zu entwickeln. Im Vergleich dazu zeigte sich, dass im akademischen Umfeld geführte Dialoge, die darauf abzielten, nordnigerianische Rechtsexpertinnen und Rechtsexperten zur Akzeptanz liberalerer Scharia-Interpretation aus anderen islamischen Ländern zu bewegen, zwar intellektuell anregend waren, aber wenig Resonanz fanden und bisweilen sogar heftigen Widerstand provozierten.

Es ist nicht möglich, den spezifischen Beitrag der hier beschriebenen Dialogveranstaltungen zur Deeskalation des Scharia-Konfliktes in Nigeria zu messen. Klar ist aber, dass der Konflikt ab 2003 an nationaler Bedeutung verlor, nicht zuletzt, weil die politischen Eliten ihn nicht weiter forciert hatten. Alle Steinigungsurteile wurden in höherer Instanz aufgehoben; die Zahl anderer „Hudud"-Urteile ist seither gering geblieben. In jedem Fall haben die Dialogprogramme zu Kontakten und zur Vertrauensbildung zwischen Handelnden beigetragen, die ansonsten kaum direkt miteinander kommuniziert hätten. Die im Verlauf des Dialogprogramms gewonnenen Erfahrungen und Kontakte schufen darüber hinaus Ansätze für den Ausbau der Frauenrechtsarbeit in Nordnigeria sowie für die Einrichtung einiger lokaler Initiativen zur Konfliktbearbeitung in ethnisch-religiös heterogenen städtischen Gemeinden Nigerias. *Ilona Auer-Frege*

InWent:

Ausbildung von Mediatorinnen und Mediatoren

Mediation als neuen Weg zur Konfliktbewältigung bekannt machen (Algerien)

Projektstandort:	Oran, Algerien
Laufzeit:	2002 - 2007
Organisation:	Internationale Weiterbildung und Entwicklung GmbH (InWent), Abt. 5.03 Umwelt, Energie und Wasser, Berlin info@inwent.org, www.inwent.org
Lokale Partnerorganisation:	Centre de Recherche en Anthropologie Sociale et Culturelle (CRASC), www.crasc.org
Finanzierung:	Bundesministerium für wirtschaftliche Zusammenarbeit und Entwicklung (BMZ), Institut für Auslandsbeziehungen (ifa) aus Mitteln des Auswärtigen Amtes

Der Projekthintergrund

Algerien leidet noch heute unter den Folgen des Bürgerkrieges, der von 1991 bis circa 2001 andauerte und über 150.000 Menschen das Leben kostete. Seit der Wahl des amtierenden Präsidenten Abdelaziz Bouteflika 1999 scheinen in Algerien stabilere Verhältnisse eingekehrt zu sein. Tatsächlich kommt es zu weniger bewaffneten Auseinandersetzungen zwischen der Armee und islamistischen Terroristen als früher. Dennoch gibt es in der algerischen Gesellschaft weiterhin massive politische und soziale Konflikte. Islamistische Gruppierungen gewinnen immer noch Einfluss und stellen eine terroristische Bedrohung nicht nur für das Land, sondern auch für die anderen Staaten des Maghreb und der Sahelzone (z. B. Mali, Mauretanien, Niger) aber auch für Teile Europas dar. Überdies führt die Förderung des Erdöls in Algerien zu weit reichenden Verteilungskonflikten. Die Bevölkerung erwartet, an dem Erlös aus den Ölexporten beteiligt zu werden; die als zu langsam empfundene Teilhabe am Wachstum im Land führt immer wieder zu Spannungen, die sich in Protesten entladen. Nach einer Volksabstimmung wurde im Jahr 2005 eine „Charta des Friedens und der Versöhnung" erlassen, die den Tätern des Bürgerkrieges Amnestie gewährt. Damit sollten weitere Gewalteskalationen verhindert werden, doch für große Teile der Bevölkerung bedeutete dies ein

„Stillhalteabkommen": Die Gewalttaten, die ihnen und ihren Familien widerfuhren, bleiben unaufgearbeitet, die Täter kommen ungestraft davon, wenn sie die Waffen ablegen. Kritik an der „Charta des Friedens und der Versöhnung" darf nicht öffentlich geäußert werden. Die Presse wird so stark eingeschränkt, dass sie unter Strafandrohung steht, wenn sie die Positionen der Charta kritisch hinterfragt. Dies schürt Unzufriedenheit und das Gefühl von Unterdrückung und der Widerstand dagegen wächst weiter an.

Der Projektansatz

InWent hatte vor Projektbeginn Gespräche mit Institutionen wie CRASC, FOREM, dem Umweltministerium, dem Industrieministerium, der Wasserbehörde, der algerischen Industrie- und Handelskammer und dem Finanzministerium geführt und dabei einen hohen Bedarf an Fachwissen zu gewaltfreien Methoden der Konfliktlösung festgestellt. Auf der mittleren Entscheidungsebene von Wirtschaftsunternehmen, in Behörden, in Bildungseinrichtungen, in der Polizei herrschte Unzufriedenheit darüber, dass Konflikte entweder in langwierigen juristischen Auseinandersetzungen oder gewaltsam geklärt werden. In Algerien gibt es außer den „Arbitres" (Vermittlern bei Arbeitskonflikten) jedoch keine Instanzen oder Organisationen, die bei einer friedlichen Beilegung von Konflikten behilflich sind. Traditionelle islamische Vermittlungsmethoden sind in Großstadten verloren gegangen und werden selbst in ländlichen Gebieten nur hin und wieder bei Familien- bzw. Nachbarschaftsstreiten sowie Erbschaftsstreitigkeiten angewandt – meistens nur in Gegenden wie im Mzab, in der Kabylei und in der Sahara bei den Touaregs, bei denen die Traditionen noch lebendig sind.

InWent und CRASC ging es darum, den Grundstein für die Bildung eines Netzwerks mit nach europäischen Standards ausgebildeten Mediatorinnen und Mediatoren zu legen, mit dem Ziel, Methoden der Gewaltfreiheit auch in die Alltagskultur Algeriens einzubinden. Durch die Ausbildung von 16 Mediatorinnen und Mediatoren, die jeweils 200 Trainingsstunden erhielten, sollte eine erste Gruppe von engagierten Multiplikatorinnen und Multiplikatoren entstehen, um das Konzept von Gewaltfreiheit, Mediation und Versöhnung für zivile Konfliktregulierung in der Gesellschaft zu verbreiten.

Der Projektablauf

Zunächst verwendeten die aus Deutschland agierende Projektkoordinatorin und CRASC erhebliche Ressourcen auf die Auswahl und die Vorbereitung der Teilnehmenden für den Ausbildungsgang Mediation. Die Absolventinnen und Absolventen hatten Pionierarbeit zu leisten, da sie einen neuen Beruf etablieren und eine neue „Kultur der Gewaltfreiheit“ in ihrem Land verbreiten sollten. Es war deshalb wichtig, dass nur motivierte und belastbare Kandidatinnen und Kandidaten ausgewählt wurden. Schließlich wurden 20 geeignete Personen gefunden, darunter mehrere Juristinnen und Juristen, Ärztinnen und Ärzte, Mitarbeiterinnen und Mitarbeiter von Behörden und Ministerien, ein Universitätsdozent, eine Psychologin und einige Journalistinnen und Journalisten. Alle Teilnehmenden hatten einen akademischen Grad, waren berufstätig und engagierten sich bereits ehrenamtlich in NRO oder für soziale Projekte.

InWent übernahm (aus Mitteln des BMZ und später von zivik) die Durchführung der vier Trainingsstufen, sodass zunächst ein Grundlagenkurs zu den Themen Konflikte, Gewaltfreiheit und Bewältigungstechniken angeboten werden konnte. Darauf bauten zwei Vertiefungskurse auf, bevor die Teilnehmenden in einem letzten Kurs ein zweiwöchiges Abschlusstraining erhielten und damit eine auch in Deutschland gängige Mediationsausbildung abgeschlossen hatten.

Die Ausbildungsinhalte wurden durch deutsche und französische Trainerinnen und Trainer und durch die Projektkoordinatorin Fatiha Ben Naoum vermittelt. Als Beraterin und Coach leistete sie wichtige Unterstützungsarbeit. Es spielte eine große Rolle, dass sie in Algerien geboren und aufgewachsen war und ihr ein algerischstämmiger Trainer, der in Frankreich lebte, zur Seite stand. Beiden gelang es, eine Brücke zwischen traditionellen algerischen Methoden zur Konfliktlösung und dem europäischen Konzept von Mediation zu schlagen und die neuen Inhalte für die Teilnehmenden leichter greifbar zu machen.

Fatiha Ben Naoum fungierte während der Projektlaufzeit auch als Ansprechpartnerin und Beraterin für InWent und CRASC. Ihr erschien es nicht nur wichtig, bekannte algerische Verhandlungsmuster in den Kurs einfließen zu lassen, sondern sie setzte sich beim Partner CRASC auch dafür ein, die traditionellen Konfliktlösungsmodelle zum Gegenstand eines Forschungsprojektes zu machen. Die überlieferten Schlichtungsmethoden wurden von Imamen oder anderen islamischen anerkannten Autoritätspersonen (darunter auch Frauen) durchgeführt. Viele Teilnehmerinnen und Teilnehmer empfanden diese Methoden als unzeitgemäß und nicht geeignet, die Konflikte im heutigen Algerien zu lösen, bei denen es sich insbesondere um politische bzw. soziale Konflikte und Arbeitskonflikte handelt. Die traditionellen Methoden wurden von einigen als zu patriarchalisch, dominierend und unterdrückend erlebt. Es zeigte sich, dass ihnen die Grundhaltungen der modernen Mediation wie Neutralität, Allparteilichkeit und Wertfreiheit des Schlichters deutlich mehr zusagten.

„Die Teilnehmenden formulierten im Verlauf der Kurse immer wieder, dass sie neue, demokratische und partizipative Methoden, die den Dialog, eine offene Kommunikation und eine größere Teilhabe an Entscheidungsprozessen fördern, kennen lernen wollten. Gerade die Erfahrung mit Terrorismus, noch unzureichender Demokratie und mangelnder Partizipation der Zivilgesellschaft sowie die wachsende Kluft zwischen Arm und Reich, führte dazu, dass sie erfahren wollten, wie man einen Konflikt lösen kann, ohne Druck auszuüben oder Schuldige zu benennen. Der traditionelle Schlichter leistet viel Überzeugungsarbeit bei den Konfliktparteien und nimmt Rückgriff auf Moral, Weisheit und Ehre der Familie. Er bedient sich der Prinzipien der in der Gesellschaft geltenden Moral und der Religion, indem er auch Suren aus dem Koran als Referenzen zitiert. Oft wird eine für schuldig empfundene Konfliktpartei zur Schuldanerkennung und zur Demut aufgefordert. Von diesem Lösungsmodell wollten sich viele Teilnehmerinnen und Teilnehmer distanzieren – oft noch radikaler als wir im Team."
Fatiha Ben Naoum

Die Einführung der Teilnehmenden in das Handlungsrepertoire der Mediation erfolgte schrittweise: mit vielen theoretischen Inputs, durch französischsprachige Lehrbücher und aus dem Deutschen übersetzte Fachliteratur, in Rollenspielen sowie durch gemeinsam absolvierte Übungsmediationen.

„Ich möchte mich besser verhalten können und besser mit meinem Umfeld kommunizieren. Durch den Kurs kann ich meine eigenen Konflikte besser bewältigen und auch komplizierte Situationen ruhig angehen. Was mir noch wichtig ist, ist, dass ich eine ernsthafte und überzeugende Haltung der Empathie vermitteln kann, die offen für das Gegenüber

ist. Wenn man sich selbst besser versteht, kann man auch den anderen verstehen, und das ist ein wichtiger Grundstein für die Bearbeitung von Konflikten, davon bin ich überzeugt."
Ali Him, Teilnehmer der Mediationsausbildung

Die Rolle und Aufgabe von Mediatorinnen und Mediatoren wurde in allen Facetten diskutiert, die Wichtigkeit von Transparenz, Allparteilichkeit, Gleichberechtigung und Dialogbereitschaft unterstrichen. Bereits während der letzten Ausbildungsphase führten die Teilnehmenden erste eigene Mediationen durch, z. B. bei Familienkonflikten wie in Erbschaftsfragen und im beruflichen Kontext zwischen Arbeitgebern und Arbeitnehmern. Außerdem hielten sie erste Trainings zu gewaltfreier Konfliktlösung an Schulen, an der Universität und für Lehrerinnen und Lehrer, Gewerkschaften und für Vereine ab. Zudem haben die Kursteilnehmerinnen und Kursteilnehmer ein Netzwerk aufgebaut und sind dabei, einen Mediatorenverein auf nationaler Ebene zu gründen. Auf dieser organisatorischen Basis wollen sie verstärkt Trainings zu Konfliktmanagement und Mediationen anbieten, verschiedene Gruppen (vor allem Kinder und Jugendliche) für Gewaltfreiheit sensibilisieren, ihre Mitglieder fachlich unterstützen und Öffentlichkeitsarbeit betreiben. Letztlich soll das Arbeitsfeld für Mediatorinnen und Mediatoren in Algerien geschaffen und deren Ausbildung schrittweise gefördert werden – mit dem Ziel, Mediation als anerkanntes Berufsbild in Algerien zu verankern.

Was war wichtig für den Erfolg?

Alle Teilnehmenden ließen sich bewusst auf ein Angebot ein, das in einer solchen Form in Algerien bislang nicht existiert hatte.

„Uns wunderte immer wieder, mit welcher Offenheit und Akzeptanz nicht nur die deutschen und französischen Trainerinnen und Trainer, sondern auch die neuen Inhalte und die neuen Lehrmethoden von den Teilnehmenden aufgenommen wurden. Es war, als hätte der zehnjährige Bürgerkrieg in ihnen eine unheimliche Sehnsucht nach neuen Wegen und nach einer Zukunft ohne Gewalt und Repression hervorgerufen. Viele bedauerten es, dass dieser Bürgerkrieg ihr Land mindestens um 20 Jahre zurückgeworfen hatte, und waren davon überzeugt, dass sie nun viel mehr tun müssten, um den Anschluss an die Welt nicht zu verpassen.

Ich glaube, in vielen hat die Ausbildung eine Sehnsucht nach einer Zukunft ausgelöst, in der nicht nur sie selbst, sondern auch die Menschen in ihrem Umfeld anders miteinander umgehen. Es gab eine Welle der Begeisterung, und manchmal mussten wir überhöhte Erwartungen auch dämpfen und wieder auf realistische Ziele lenken." Fatiha Ben Naoum

Eine Grundvoraussetzung für den reibungslosen Ablauf der Mediationsausbildung war, dass die algerischen Behörden von Anfang an informiert waren und lokale Partner (zuerst FOREM, später CRASC) in das Projekt integriert werden konnten. Die Projektkoordinatorin führte vor Projektbeginn viele Gespräche mit lokalen Ministerien und Behörden, dies sollte den Mediatorinnen und Mediatoren später ein ungehindertes Arbeiten ermöglichen. Von Anfang an unterstützte die deutsche Botschaft in Algier das Projekt. Auch die Teilnehmenden selbst sprachen mit wichtigen Entscheidungsträgerinnen und Entscheidungsträgern, bis das Projekt vonseiten unterschiedlicher Ministerien positiv aufgenommen wurde. Es war von Nutzen, dass InWent und Fatiha Ben Naoum in Algier bereits zwei Workshops zum Umgang mit Konflikten im öffentlichen Trinkwasserversorgungs- und dem Müllentsorgungssektor veranstaltet hatten. Wesentliche Instrumente der konstruktiven Konfliktlösung konnten damit schon vor Projektbeginn erfolgreich im öffentlichen institutionellen Rahmen vermittelt und zuständige Mitarbeiterinnen und Mitarbeiter sensibilisiert werden. Dies weckte Vertrauen in die Personen und die Kompetenzen von InWent. Der lange Projektvorlauf war wichtig, um Mediation in Algerien etablieren zu können, die Widerstände der Behörden kleinzuhalten und durch überzeugende Projektarbeit im Vorfeld zu regulieren.

Das Netzwerk REMA (Netzwerk der algerischen Mediatoren) wurde als inoffizieller Träger und Promotor für die Nachhaltigkeit des Projektes immer bedeutender. Ab September 2005 arbeiteten die meisten Kursteilnehmenden als Trainerinnen und Trainer sowie Mediatorinnen und Mediatoren innerhalb dieses Netzwerks zusammen und unterstützen sich gegenseitig. Für Mediation und Training in Konfliktmanagement in Schulen wurde in Oran zusätzlich der lokale Verein MEDIOR gegründet. Gespräche mit Medienleuten und ein Workshop für Journalistinnen und Journalisten trugen dazu bei, die Idee der gewaltfreien Kommunikation noch besser zu verbreiten und den Umgang der Medien mit Konflikten zu reflektieren. Die Medien spielen eine Schlüsselrolle in der Meinungsbildung der algerischen Bevölkerung. Auch wenn die Pressefreiheit bei politisch sensiblen Themen eingeschränkt bleibt, sind Journalistinnen und Journalisten eine wichtige Zielgruppe für das Projekt. Nach den Fortbildungsmaßnahmen 2004 wurden zwei Journalistinnen bzw. Journalisten in Konfliktmanagement und Mediation ausgebildet. Mit weiteren Medienleuten wird ein enger Kontakt gepflegt und es herrscht ein ständiger Austausch von Informationen. In algerischen Tageszeitungen wurde mehrmals ausführlich über die Ausbildung berichtet. Dadurch wird das Projekt einer breiteren Öffentlichkeit bekannt. Der Nutzen dieser Kooperation liegt auf der Hand: Nur wenn die Mediatorinnen und Mediatoren nach ihrer Ausbildung auch Aufträge und Einladungen zu Trainings und Vorträgen erhalten, können sie positive Impulse für eine Kultur der Gewaltfreiheit in Algerien setzen.

Teilnehmer des Seminars Konfliktmanagement und Mediation

Die Projektkoordinatorin

Fatiha Ben Naoum stammt aus Algerien und lebt seit 1979 in Deutschland. In Berlin studierte sie Soziologie mit dem Schwerpunkt Entwicklungssoziologie. Darüber hinaus absolvierte sie eine Ausbildung in Public Relations. Sie arbeitete zunächst in einem Berliner Frauenprojekt und danach in wichtigen deutschen Organisationen der Entwicklungszusammenarbeit. In den letzten Jahren führte sie mehrere Workshops in Konfliktmanagement und Mediation für InWent und die GTZ in Algerien durch. Da sie sich immer mehr für das Thema begeisterte, entschloss sie sich, nach einer Ausbildung beim Institut Inmedio in Berlin und einer Reihe von Fachkursen, als Mediatorin und Trainerin zu arbeiten.

„Unsere jungen Mediatorinnen und Mediatoren sind sehr motiviert. Sie haben bereits eine Reihe von Einzelfällen betreut und arbeiten oft in einer Schule, einer Behörde oder mit Vereinen als Trainerinnen und Trainer für Gewaltfreiheit. Das ist ein schöner Erfolg und zeigt, dass die Methode und die Inhalte langsam im Land bekannter werden. Die Gründung eines Vereins hat uns allerdings viele organisatorische Mühen gekostet. Wir müssen noch etwas aufpassen, dass sich die Teilnehmerinnen und Teilnehmer nicht überschätzen. Es fehlt ihnen noch

viel an praktischer Erfahrung, und ohne Coaching, Supervision und weitere Trainings kommen sie mit größeren und komplizierteren Fällen noch nicht zurecht. Ich hoffe, dass wir das Projekt noch einige Zeit begleiten können. Dass sich aus dem Teilnehmerkreis schon mehrere eigene Projekte gegründet haben, die in einem Netzwerk zusammenarbeiten, ist für uns ein großer Erfolg."
Fatiha Ben Naoum (Fatiha.Bennaoum@online.de)

Das Fazit

In einem Konfliktland von außen eine neue, in der Kultur nicht verankerte Methode zur Konfliktbewältigung einzuführen, birgt einige Risiken. Es kann passieren, dass die Zielgruppen die neuen Inhalte nicht ausreichend verstehen oder nicht anwenden können, weil das Umfeld ablehnend eingestellt ist. In Algerien ist es InWent gelungen, ein solches Vorhaben mit einer kleinen, gut vorbereiteten Gruppe erfolgreich in die Tat umzusetzen: Mediation als Methode der gewaltfreien Konfliktverarbeitung konnte dank einer langfristigen Vorarbeit und mithilfe der Aktionen und Initiativen der Teilnehmenden und des lokalen Partners CRASC eingeführt werden – ohne dabei an Verständnis- oder Akzeptanzhürden zu scheitern. Es ist der in beiden Kulturen verankerten Koordinatorin und den engagierten Trainern zu verdanken, dass sich dieser westliche methodische Ansatz nach Algerien transferieren ließ. InWent legte großen Wert darauf, die komplizierten Arbeitsschritte der Mediation analytisch präzise darzustellen. Als Zielgruppe wurden Menschen mit Einfluss und Engagement ausgewählt, die bereit waren, ehrenamtlich zu arbeiten und die Ausbildung in ihrer Freizeit zu durchlaufen. Es wurden nur so viele Schlüsselpersonen angesprochen, wie das Projekt auch in hoher Qualität ausbilden konnte. Damit wurde zwar zunächst keine breite Massenbewegung in der Bevölkerung ausgelöst, dafür wurde aber eine belastbare und sehr aktive Gruppe von Fachexpertinnen und -experten geschaffen, die sich für eine Werteveränderung in ihrem Umfeld effizient einsetzen kann. Im Auftrag von Zivik hat die Koordinatorin als Bevollmächtigte des algerischen Mediationsvereins MEDIAL, dem neuen algerischen Projektpartner, zusammen mit einem deutschen Trainerstab eine zweite Gruppe algerischer Mediatorinnen und Mediatoren nach deutschem Standard erfolgreich ausgebildet. *Ilona Auer-Frege*

Dialog e. V.:

„Training of Trainers" für Mediatorinnen und Mediatoren

Ein Kaskadenmodell für gewaltfreie Konfliktlösung (Äthiopien)

Projektstandort:	Addis Abeba, Äthiopien
Laufzeit:	2005 - 2006
Organisation:	Dialog e. V.
Ansprechpartnerin:	Gabriele Reichenbach kontakt@dialog-netzwerk.net
Finanzierung:	Gesellschaft für Technische Zusammenarbeit (GTZ)

Der Projekthintergrund

Äthiopien stand als einziges afrikanisches Land nie unter kolonialer Herrschaft. Der Versuch Italiens, Äthiopien zu besetzen und zum Kolonialland zu machen, wurde durch eine siegreiche Schlacht 1896 verhindert. Auf diese erfolgreiche Abwehr der Besetzungsansprüche gründet sich bis heute das nationale Einheitsgefühl, das in Äthiopien die Vielzahl an Ethnien, Sprachgruppierungen, Clans und Familien zusammenhält. Das nach außen gekehrte Bild des friedlichen Miteinanders kann aber nicht darüber hinwegtäuschen, dass die kulturellen und wirtschaftlichen Unterschiede, die innerhalb der Bevölkerung deutlich zutage treten, immer wieder zu massiven Konflikten führen.

Traditionell gibt es Konflikte zwischen den Pastoralisten (Viehzüchtern/Nomaden) und den sesshaften Bauern, die auch mit Waffengewalt ausgetragen werden. Der Staat reagiert oft viel zu spät auf Konflikte in den Regionen und findet meist keinen anderen Ausweg mehr, als Militär und Polizei einzusetzen. Auch die politischen Probleme der Nachbarstaaten werden immer wieder als Bedrohung für die nationale Einheit und innere Stabilität erfahren. So ist der Umgang mit der Unabhängigkeit Eritreas sehr problematisch und führt immer wieder zu Kriegen oder Kriegsdrohungen. Im Sommer 2006 wirkte sich die innenpolitische Situation in Somalia als bedrohlich für Äthiopien aus. Die Stärkung des extremen Islams in Somalia und die damit verbundene Ablösung einer von Äthiopien bis dahin tolerierten Regierung ließ Äthiopien befürchten, dass sich diese krisenhafte Entwicklung auch auf die somalischen Völker innerhalb der äthiopischen Landesgrenzen ausdehnen könne. Deshalb wurde das äthiopische Militär auch in Somalia aktiv und marschierte dort ein.

Der Projektansatz

Dialog führte im Auftrag der GTZ ein klassisches „Training of Trainers"-Modell (ToT) in Äthiopien durch: Zunächst wurden Trainerinnen und Trainer, die ihr Wissen später an Multiplikatorinnen und Multiplikatoren weitergeben sollten, in umfangreichen Kursen ausgebildet. Ähnlich einer Brunnenkaskade sollte sich das Know-how auf immer weitere Empfängerkreise verteilen, mit dem Ziel, gewaltfreie Konfliktlösung durch die Methodik der Mediation in der Bevölkerung immer bekannter zu machen. Auf der Grundlage einer gründlichen Konflikt- und Bedarfsanalyse wurde vorab ermittelt, welche Zielgruppen für die Trainings geeignet waren und mit welchen Methoden die Trainerinnen und Trainer vorgehen konnten. In den ersten Qualifizierungskursen stellten die Teilnehmerinnen und Teilnehmer das Trainingsmaterial, das sie in der Rolle als Ausbilderinnen und Ausbilder später benutzen wollten, selbst her, denn es sollte ihren Bedürfnissen genau entsprechen.

Der Projektablauf

1. Gründliche Vorab-Studie des Konfliktumfeldes, der Akteure und der Bedarfslage

Dialog und GTZ legten großen Wert darauf, vor Projektbeginn viele Interviews mit Friedensinitiativen, Ministerien, NRO und religiösen Gruppierungen zu führen, um genau abzuschätzen, in welchen Konfliktszenarien und mit welchen Zielgruppen das Projekt arbeiten sollte. Erst nach einer genauen Analyse der Ausgangslage wurde entschieden, wo die Mediatorinnen und Mediatoren später die besten Chancen für ihren Einsatz haben könnten und wie sie ihre Ressourcen am effektivsten einbringen könnten.

2. Auswahl der ersten Trainingsgruppe

Auf die erste Gruppe des Qualifizierungskurses kam eine verantwortungsvolle Aufgabe zu. Denn diese 18 Männer und Frauen sollten später ihr Wissen an viele andere Gruppen weitergeben – den Grundstock für den Berufsstand der Mediation im ganzen Land legen. Deshalb wurden nach langer Beratung sechs Mitarbeiterinnen und Mitarbeiter aus Ministerien ausgewählt, sechs NRO-Mitarbeiterinnen und -Mitarbeiter und sechs Personen aus der Wirtschaft, der Politik oder religiösen Führung. Alle mussten über ihren Beruf hinaus hohes soziales Engagement, eine akademische Vorbildung und die Motivation, Mediation in ihr persönliches Umfeld hineinzutragen, nachweisen.

3. Vier Trainingskurse

In einem ersten Schritt wurde die Trainingsgruppe über fünf Monate hinweg in den fachlichen Kompetenzschwerpunkten unterrichtet. Die Auszubildenden wurden vertraut gemacht mit: Konflikterkennung und -bearbeitung, mit Kommunikations- und Moderationstechniken, mit den Grundlagen der Mediation und den notwendigen Fertigkeiten, um als Trainerin oder Trainer zu arbeiten. Diese Aufgabe übernahmen international ausgebildete Trainerinnen und Trainer aus Deutschland, die zu diesem Zweck nach Addis Abeba kamen und in den Trainings mit afrikanischen Kolleginnen und Kollegen zusammenarbeiteten.

Die Äthiopierinnen und Äthiopier sollten nach ihrer Ausbildung, je nach Möglichkeit in ihrem beruflichen Umfeld oder neben dem Beruf, weitere Trainerinnen und Trainer ausbilden, passende Trainingsmaterialien entwickeln, Mediation als Konfliktbearbeitungsform publik machen. Natürlich sollten sie auch selbst eigenständig oder im Team Mediationen durchführen.

Neben den Teilnehmenden wurden in der Anfangsphase auch zwei lokale Fachkräfte ausgebildet und für das Projekt fest angestellt. Ihre Aufgabe bestand darin, die Konfliktbearbeitungszentren zu leiten, die Mediatorinnen und Mediatoren zu betreuen, ihnen Supervision anzubieten und die Verbands- und Lobbyarbeit zu übernehmen.

4. Toolbox für die ausgebildeten Trainerinnen und Trainer

Während der Ausbildungskurse erstellten die Teilnehmenden gemeinsam mit den deutschen Trainerinnen und Trainern Arbeitsmaterialien, Anleitungen für Mediationsübungen, Rollenspiele, theoretische Lernmaterialien und praktische Anleitungen für eine sogenannte „Toolbox". Diese Materialsammlung wurde so präzise wie möglich auf den Bedarf der Teilnehmerinnen und Teilnehmer der ToT-Kurse zugeschnitten und immer wieder verbessert, damit sie für die späteren Nutzer möglichst umfangreiche Anregungen und Arbeitserleichterungen bieten konnte.

5. Weitere Multiplikatorinnen und Multiplikatoren werden von den Trainern ausgebildet

In der zweiten Stufe der Ausbildungskaskade übernahmen die 18 Mediatorinnen und Mediatoren und die beiden lokalen Fachkräfte erste eigene Trainingsaufgaben, indem sie 115 lokale Konfliktvermittlerinnen und Konfliktvermittler ausbildeten.

6. Aufbau von drei Kompetenzzentren

In einem nächsten Schritt schlossen sich die ausgebildeten Mediatorinnen und Mediatoren in drei lokalen bzw. regionalen Konfliktbearbeitungszentren in den Verwaltungsregionen SNNPR, Afar und Somali zusammen, die nach dem Vorbild europäischer Nachbarschaftsmediationszentren aufgebaut waren. Ehrenamtlich und meist neben ihrer beruflichen Tätigkeit bearbeiteten sie Nachbarschafts- und Familienkonflikte, Konflikte zwischen Pastoralisten und Bauern, Landkonflikte, kleinere regionale Grenzkonflikte und mit wachsender persönlicher Kompetenz auch solche Konflikte, die einen ethnischen, religiösen oder politischen Hintergrund hatten – diese allerdings nur unter Supervision ihrer Ausbilderinnen und Ausbilder.

Warum werden keine traditionellen Konfliktbearbeitungsmethoden eingesetzt?

Aufgrund der ethnischen Vielfalt Äthiopiens gibt es eine Fülle von traditionellen Methoden der Konfliktbearbeitung. Beispielhaft sind das „Gada"-Tribunal bei den Oromo, das „Yajoka"-Verfahren bei den Gurage oder das Madaa bei den Afar. Doch diese Traditionen gelten meist nur intern für die Familie, den Clan, den Stamm, die Ethnie, die Nationalität – selten für Konflikte und Streite zwischen den Gruppen. Dafür gibt es keine Verfahren, keine Regelungen. Durch die Vielfalt der Entwicklungsprozesse in Äthiopien und das Einwirken von außen, den Waffenschmuggel und den Drogenhandel sowie die Fremdbestimmung und Neuorientierung der Jugend ist die notwendige Akzeptanz für traditionelle Bearbeitungsformen nicht mehr gegeben. Das neue Gemeinsame könnte die Mediation sein. Mediation als modernes Verfahren trägt eine Reihe von traditionellen Elementen in sich. Auch in den traditionellen Praktiken war und ist es akzeptiert, dass bei Problemen und Konflikten eine dritte unabhängige Autorität angerufen wird. Das kann der Clan-/Familienführer sein, ein religiöser Führer, das sind in einigen Kulturen ältere Personen, in anderen Frauen. Diese ausgewählten Personen führen das Schlichtungsgespräch an einem neutralen Ort, meist im Schatten eines großen Baumes. Sie hören sich die jeweiligen

Parteien an. In den meisten Verfahren gibt der oder die Gesprächsführende eine Lösung oder er berät die Parteien. Dieser Spruch wird dann von allen Konfliktparteien anerkannt und respektiert.
Die Ähnlichkeit von traditionellen Formen und Mediation ist groß. Ein entscheidender Unterschied liegt jedoch in der gemeinschaftlichen, partizipativen Lösungsfindung und im Verzicht auf die Suche nach „Schuldigen" – Grundsätze, durch die sich die Mediation von den althergebrachten Konfliktbearbeitungsmethoden deutlich abhebt. Für die Menschen ist Mediation also nichts Neues, sondern als Verfahren der Konfliktbearbeitung bekannt und vertraut. Leider hat in vielen Gesellschaften das Alte keinen Wert mehr und wird nicht fortentwickelt. Etwas Neues soll es dann sein. Und das Neue kann ja auch Mediation sein. So schließt sich der Kreis. Zudem ist Mediation etwas „Westliches", dies hat für viele einen positiven Beigeschmack.

Was war wichtig für den Erfolg?

Der Ausbilder und Mediator Roland Schüler betont, dass das Projekt ohne eine präzise Vorab-Studie niemals so erfolgreich verlaufen wäre. Man musste die örtliche Konfliktkultur und die traditionellen Lösungsmechanismen kennen, bevor man akzeptable neue Angebote machen konnte. Dazu waren einheimische Mitarbeiterinnen und Mitarbeiter, die in der Region über Verbindungen, Akzeptanz und Integrität verfügten, unersetzlich.

„Bei der großen Vielfalt in Äthiopien ist es notwendig, eine Kultur der Anerkennung und des Respekts zu gestalten. Dies ist wichtig für das Zusammenleben in einer Gemeinschaft. In einem Land wie Äthiopien mit einer solch ungeheuren Menge von Unterschiedlichkeiten ist Mediation ein gutes Verfahren der Konfliktbearbeitung. Es legt Wert auf die gemeinsame Zukunft und stärkt somit die Gesellschaft und das Gemeinwesen. Aber man muss die Menschen und ihre Konflikte gut kennen, bevor man sie berät." Roland Schüler

Daher hatten die Projektträger Dialog und GTZ darauf verzichtet, westliche Friedensfachkräfte langfristig im Projekt zu beschäftigen. Stattdessen wurden zwei Äthiopier gezielt als Projektleiter qualifiziert und betreut. Selbstentwicklung und Empowerment der lokalen Fachkräfte zu fördern, wurde als oberstes Ziel angesehen, um die Verantwortung und die Identifikation mit dem Projekt so fest wie möglich bei den Beteiligten vor Ort zu verankern.

„Die Aufgabe der westlichen Experten sehe ich weniger im Projektmanagement, als in der gezielten Ausbildung und vor allem in der

Umfeldarbeit: Hier können wir den Respekt für westliches Expertentum nutzen, um Werbung zu machen und die Akzeptanz für die neue Methode zu fördern. Wir konnten bei den Arbeitgebern der ausgebildeten Mediatorinnen und Mediatoren dafür werben, dass diese ihr neu erlerntes Wissen auch umfangreich anwenden konnten. Und wir konnten in den Ministerien, in den lokalen Medien und auf Veranstaltungen als westliche Autoritäten für die Mediation eintreten. Aber die Projektverantwortung, die sollte bei den Äthiopiern bleiben." Roland Schüler

In den Seminaren förderten die deutschen Trainerinnen und Trainer daher auch die Fähigkeit der Teilnehmenden, selbstständig zu arbeiten und eigene Lösungen zu finden. In allen Rollenspielen, Übungen und nachgestellten Mediationen wurde betont, dass die Teilnehmerinnen und Teilnehmer im Team Auswege finden und bei Bedarf eigene Trainingsmaterialien entwickeln sollten.

Damit sich Mediation als niedrigschwelliges Angebot für breite Bevölkerungskreise etablieren konnte, war es wichtig, dass die ersten ausgebildeten Mediatorinnen und Mediatoren sofort Netzwerke aufbauten und die Arbeit in den drei eingerichteten Kompetenzzentren langfristig und koordiniert aufgenommen werden konnte. Dieser Meilenstein im Projekt ließ sich schnell in die Tat umsetzen. In den lokalen Kompetenzzentren für Mediation erhielten alle interessierten Anwohnerinnen und Anwohner binnen kurzer Zeit kostenlose Beratung im Konfliktfall. Gleichzeitig konnten sich die Mediatorinnen und Mediatoren untereinander austauschen, fortbilden und als Verband auftreten.

Der Autor

Roland Schüler ist Mediator und anerkannter Ausbilder für Mediation des Bundesverbandes Mediation e. V. (BM). Er leitet seit 1989 das Friedensbildungswerk Köln, eine staatlich anerkannte Einrichtung der Erwachsenenweiterbildung, die in der politischen Bildungsarbeit und der Konfliktbearbeitung aktiv ist. Seit 1993 ist Roland Schüler im Bereich der Mediation tätig. Seine Schwerpunkte sind Mediation bei „Planen und Bauen", Mediation von und mit Menschen mit geistiger Behinderung und die Mediation in der zivilen Konfliktbearbeitung.

„Mir ist es wichtig, dass Konflikte in einem frühen Stadium geschlichtet werden, bevor sie auf einer viel umfassenderen gesellschaftlichen Ebene ausgetragen werden. Wenn wir frühzeitig intervenieren, können wir schwerwiegende Eskalationsketten bald unterbinden. Es beginnt mit einem Streit zwischen zwei Bauern, weil die Kühe des einen auf das Feld des anderen laufen. Und dann kommen die Familien hinzu, vielleicht sind es zwei verschiedene Ethnien. Und plötzlich erhält der Konflikt eine Dynamik, die kaum noch aufzuhalten ist, und eskaliert. Gerade in Äthiopien bestimmen die Unterschiede in der persönlichen Herkunft den Alltag der Menschen sehr, das spielt oft in scheinbar banale Alltagskonflikte hinein. Wenn es uns gelingt, mit allseitig respektierten, allparteilichen Mediatorinnen und Mediatoren frühzeitig einzugreifen, können wir viele Konflikte auch auf der Alltagsebene belassen, wo sie eigentlich hingehören. Und Menschen, die ihre Konflikte vor Ort selbst regeln können, lassen sich auch nicht so schnell manipulieren oder im Interesse anderer gegeneinander aufhetzen und instrumentalisieren. Es ist einer der wichtigsten Bausteine jeder Konfliktarbeit, dass die Menschen vor Ort im Alltag miteinander auskommen und sich einigen. Dann folgen sie auch Extremisten nicht so schnell, weil sich das friedliche Zusammenleben für sie viel mehr lohnt." Roland Schüler

Das Fazit

„Training of Trainers" ist in der Friedensarbeit ein üblicher Ansatz, um Kenntnisse über Gewaltfreiheit und friedliche Konfliktlösung zu verbreiten. Dialog und GTZ setzten bei Zielgruppen an, die als Autoritätspersonen sowohl zur breiten Bevölkerung als auch zu höheren Entscheidungsebenen Zugang hatten. Damit konnten sie die neu gelernten Methoden auf allen relevanten Gesellschaftsebenen verankern. Der strategische Ansatz des Kaskadenmodells war Erfolg versprechend. Allerdings benötigt ein solches Projekt viel Zeit, bis es sich nachhaltig in der Region etabliert hat und Wirkungen erzielen kann. Es müssen dauerhafte Investitionen in die Zukunft des Projektes geleistet werden, bis sich eine ausreichende Zahl von Mediatorinnen und Mediatoren mit einem gefestigten Ausbildungsstand etabliert hat und Mediation sich als alternative Streitschlichtungsmethode durchsetzen kann. Auch die Umfeldarbeit, die den Boden für die Methode bereitet, dauert in der Regel mehrere Jahre. Nachhaltigkeit in der Ausbildung und weitere Supervisionsbesuche sind unerlässlich, damit das Projekt langfristig positive Wirkungen zeigen kann. *Roland Schüler*

Evangelischer Entwicklungsdienst:
Trainings in gewaltfreier Kommunikation für Multiplikatorinnen und Multiplikatoren

Projektstandort:	Sierra Leone
Laufzeit:	2002 - 2005
Organisation:	Evangelischer Entwicklungsdienst (EED)
Lokale Partnerorganisation:	Sierra Leone Adult Education Association (SLADEA)
Ansprechpartner:	Jürgen Deile juergen.deile@eed.de
Finanzierung:	Bundesministerium für wirtschaftliche Zusammenarbeit und Entwicklung (BMZ)/Ziviler Friedensdienst (ZFD)

Der Projekthintergrund

Das westafrikanische Land Sierra Leone ist sehr reich an Bodenschätzen (Bauxit, Rutil, Diamanten) und natürlichen Ressourcen (Tropenholz, Fisch), von deren Gewinnen auch nach der Unabhängigkeit im Jahre 1961 nur die herrschende Minderheit und ausländische Konzerne und Nationen profitierten.

Von 1991 bis 2002 herrschte in Sierra Leone ein Bürgerkrieg, der mehr als 50.000 Menschen das Leben kostete, über zwei Millionen zu Flüchtlingen machte und der Mehrheit der Bevölkerung physischen und/oder psychischen Schaden zufügte. Nach Schätzungen war ein Drittel der ehemaligen Bevölkerung während der Kriegsjahre intern oder extern vertrieben. Große Teile des Landes waren buchstäblich entvölkert, während Freetown und die westliche Provinz mit der Zuwanderung heimatloser Menschen völlig überfordert waren. Tausende lebten in Flüchtlingslagern, wo sie von der Unterstützung humanitärer Organisationen oder dem guten Willen von Familienmitgliedern abhängig waren.

Mittlerweile sind die meisten Menschen zurückgekehrt und konnten sich mit internationaler Hilfe wieder ein bescheidenes Zuhause aufbauen. Im Jahr 2002 wurden 72.000 Exkombattanten entmilitarisiert und der stufenweise Abbau der 17.500 UN-Truppen war im Januar 2006 abgeschlossen. Fünf Jahre nach Bürgerkriegsende herrschten in Sierra Leone weiterhin extrem hohe Arbeitslosigkeit, Drogenmissbrauch, Analphabetentum und Militarisierung mit einhergehender Verbreitung von Kleinwaffen. Laut „Human Development Report" (2005) rangierte Sierra Leone auf Platz 176 von 177 der am wenigsten entwickelten Länder der Welt. Soziale Einrichtungen, Krankenstationen oder Bildungseinrichtungen sind völlig unzureichend ausgestattet: Für je 100.000 Menschen gibt es nur sieben Ärzte, 284 von 1.000 Kindern sterben bevor sie das fünfte Lebensjahr erreicht haben und ungefähr jede fünfzigste schwangere Frau stirbt während der Schwangerschaft oder bei der Geburt ihres Kindes. Über 60 Prozent der arbeitsfähigen Bevölkerung sind arbeitslos, etwa 65 Prozent der Bevölkerung können weder lesen noch schreiben, für etwa 70 Prozent der Einwohner liegt der Durchschnittsverdienst bei 1 bis 2 US$ pro Tag. Die aus diesen Missständen resultierende Frustration der benachteiligten Bevölkerungsschichten, insbesondere die Perspektiv- und Orientierungslosigkeit von Jugendlichen, schürt ein gesellschaftliches Klima der alltäglichen Gewalt und Rechtlosigkeit.

Der Projektansatz

Die lokale Partnerorganisation „Sierra Leone Adult Education Association" (SLADEA) bietet seit 1978 nonformale Bildungsprogramme mit den Schwerpunkten Alphabetisierung, Gesundheit, Hygiene, Umwelt- und Ressourcenschutz sowie die Vermittlung handwerklich-beruflicher Fertigkeiten an. Die NRO ist eine landesweit bekannte Institution der Erwachsenenbildung, die vor allem die Menschen erreicht, die von formalen Bildungsangeboten ausgeschlossen sind, und ihnen einen Bildungsabschluss ermöglicht.

Die 2002 eingesetzte Friedensfachkraft konnte sich den Bekanntheitsgrad und das Vertrauen, das SLADEA in der Bevölkerung genießt, von Anfang an für ihr Projektvorhaben zunutze machen, um innerhalb der etablierten Strukturen neue Wege zur Friedenserziehung zu beschreiten. Heute bietet SLADEA neben den genannten Bildungsprogrammen immer mehr gemeinwesenorientierte Projekte an, die sich gezielt mit der Nachkriegssituation und Konfliktprävention beschäftigen. An Bildung interessierte Exkombattanten und ehemalige Kindersoldaten werden nicht als spezielle Zielgruppen „gehandelt", sondern in die bestehende Gruppe integriert.

Gewaltfreiheit und Chancengleichheit sind als Werte in der sierra leonischen Alltagskultur kaum verbreitet. Die Jahrzehnte des Krieges haben stets diejenigen überleben lassen, die sich besonders energisch durchsetzen konnten, sodass eine umfassende Kultur der Gewalt und die Beschränkung auf das Wohl der eigenen Familie verankert wurde. Hier setzte die Friedensfachkraft an und versuchte, ein Netzwerk von engagierten Multiplikatorinnen und Multiplikatoren zu schaffen, die sich in ihrem Umkreis für gewaltfreie Wege der Konfliktlösung und die Entwicklung einer Zivilgesellschaft einsetzen sollten.

In jeweils zweiwöchigen Workshops bildete sie vor allem sogenannte „Facilitatoren" aus. Insgesamt 154 Personen erhielten in drei Jahren eine Basisausbildung, circa 64 Personen wurden in Aufbauseminaren noch weiter trainiert, um in ihrem persönlichen Umfeld noch effektiver für einen gewaltfreien Umgang eintreten zu können und ihre Fertigkeiten ehrenamtlich weiterzugeben. Alle 154 Personen waren aktiv daran beteiligt, in Schulen, in Vereinen, in Dörfern und an ihren Arbeitsplätzen selbstständig Seminare zu organisieren, kleine Projekte anzustoßen oder in Konflikten vermittelnd zu wirken. So konnte das erlernte Wissen an etwa 2.000 bis 3.000 junge Erwachsene, Mitarbeiterinnen und Mitarbeiter in Behörden, Sozialarbeiterinnen und Sozialarbeiter sowie an andere Schlüsselpersonen in den Gemeinden weitergegeben werden.

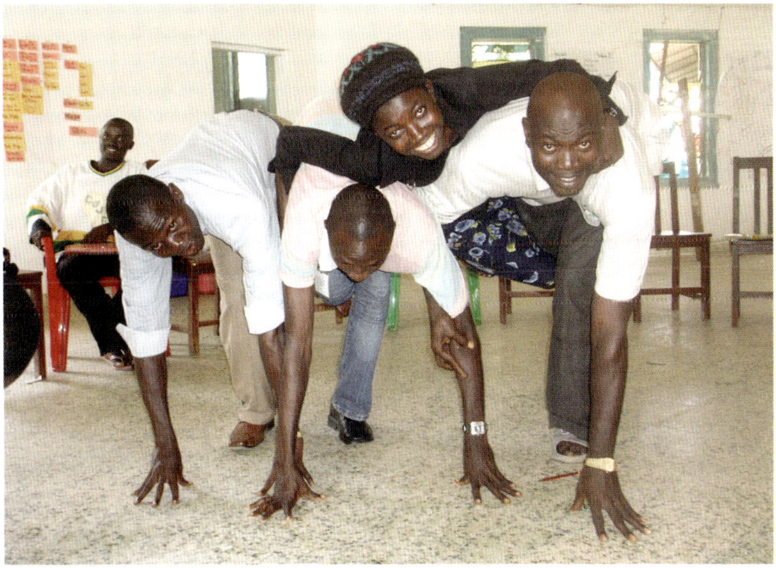

Mitglieder des Trainingsteams während eines Workshops

Der Projektablauf

Bei ihrer Ankunft in der Partnerorganisation SLADEA fand die Friedensfachkraft ein sehr motiviertes Team vor, das in seinen Bildungsangeboten gerade für die ländliche Bevölkerung schon immer auch Werte wie Solidarität und soziale Verantwortung vermittelt hatte. Aber es fehlte an Fachwissen und Lehr- bzw. Lernmaterialien für einen qualifizierten Unterricht im Bereich Konflikttransformation. In der vom Krieg geprägten Gesellschaft war der Bedarf an neuen methodischen Ansätzen offensichtlich, doch es gab im Land kaum Vorbilder oder praktische Anleitung, um dieses Thema weiterzuverbreiten. So nutzte die Friedensfachkraft zunächst die eigenen Teammitglieder als erste potenzielle Zielgruppe, um gemeinsam mit ihnen ein Programm auszuarbeiten und Unterrichtsmaterialien über zivile Konflikttransformation herzustellen. Ausgewählte Mitarbeiterinnen und Mitarbeiter der 13 SLADEA-Zweigstellen wurden in Basistrainings als Multiplikatorinnen und Multiplikatoren in gewaltfreier Kommunikation und Konfliktmediation fortgebildet. Es entstanden die ersten Fassungen der Lehr- und Lernmaterialien, die später in den Workshops mit den eigentlichen Zielgruppen (SLADEA-Mitglieder und Lernende, Lehrerinnen und Lehrer und Schülerinnen und Schüler, Studierende, Mitglieder von Vereinen und Clubs, Gemeindevorsteher, Polizisten, Repräsentanten von Organisationen etc.) verwendet, überarbeitet und verbessert wurden.
Da die Teilnehmerinnen und Teilnehmer der Basistrainings zwar aufgeschlossen und sozial engagiert waren, zumeist aber keine Vorbildung im Bereich der Gewaltfreiheit mitbrachten, mussten die Workshopinhalte bei einem sehr grundlegenden Niveau ansetzen, um allmählich eine höhere Kognitionsstufe zu erreichen: Was ist ein Konflikt? Warum gibt es Konflikte und welche Formen der Konfliktaustragung kennen wir? Auf welche Weise kann ich kommunizieren? Wie wirkt mein Verhalten auf andere? Wie eskaliert ein Konflikt? Welche Interventionsmöglichkeiten habe ich persönlich oder in der Gruppe?

Darauf aufbauend wurden einfache Methoden der gewaltfreien Kommunikation eingeübt. Zuletzt standen Techniken der Vermittlung, der Mediation und Ansätze zur Konflikttransformation auf dem Plan. In den Basistrainings wählte die Friedensfachkraft jeweils zwei besonders geeignete Teilnehmerinnen und Teilnehmer aus, die dann in den nächsten Workshops als Co-Trainerinnen und Co-Trainer mitwirkten und so die Gelegenheit erhielten, weitere Praxiserfahrung zu sammeln. Im letzten Projektjahr erhielten 64 ehemals Teilnehmende, die besonderes Interesse, Verständnis für die Thematik und pädagogisches Geschick zeigten, weitere Aufbaukurse. Die 26 Besten wurden in Teams zusammengestellt und agieren seither als „Trainer of Trainers", die entweder mit der Unterstützung ihrer Kolleginnen und Kollegen oder selbstständig Seminare anbieten, wenn sie von Schulen, von Behörden, Organisationen oder von Gemeinden angefordert werden. Die wachsende Nachfrage von lokalen und internationalen NRO in der Region, die Friedensarbeit in ihre Entwicklungsprojekte integrieren möchten, kann damit bedient werden. Bis zum Ende des Projektes wurden diese Teams von der Friedensfachkraft begleitet und unterstützt.

Was war wichtig für den Erfolg?

Der Ansatz der Gewaltfreiheit war in dem Nachkriegsland Sierra Leone völlig neu. Es zeigte sich, dass bereits die Auseinandersetzung mit dem Thema bei den Auszubildenden großes Unverständnis auslöste.

„Für Menschen, die damit beschäftigt sind, irgendwie und auf jedem Weg, das Nötigste zum Überleben zu beschaffen, weil es keine bezahlte Arbeit, zu wenig Lebensmittel und keine Unterstützung gibt, sind unsere Aufrufe zur Gewaltfreiheit zunächst fast eine Provokation. Aber wenn sie sich darauf einlassen, merken sie, welche Kraft in der gewaltfreien Kommunikation steckt. Man eröffnet keinen ermüdenden Kampf von Aggression und Gegenaggression mehr, sondern man spricht über den Inhalt der Konflikte, ohne den anderen dabei zu verletzen. In unseren Trainings konnten die Teilnehmenden ganz praktisch erproben, wie gut dieser Ansatz gerade in ihrem Alltagsleben funktioniert. Das hat sie unheimlich stolz gemacht." Katharina Schilling

Zunächst gab es auch Vorbehalte. Es stellte sich die Frage, ob eine so „westliche" und der lokalen Kultur fremde Methode für die Menschen in Sierra Leone überhaupt nachvollziehbar sei. Aber in den Seminaren erkannten die Teilnehmerinnen und Teilnehmer immer wieder Analogien zu traditionellen Methoden der Konfliktbearbeitung. Auch diese legten Wert auf Ausgleich, auf Fairness und auf Toleranz; die Teilnehmenden konnten die angebotenen Inhalte ohne gravierende Widersprüche auf ihren eigenen Bedarf übertragen. Die Friedensfachkraft betont, dass die intensive Zusammenarbeit in der Entwicklungsphase der Lehrmaterialien sehr wertvoll war, auch wenn diese während dieser Zeit nie ganz abgeschlossen wurden.

Katharina Schilling (rechts) beim Abschied

Die Friedensfachkraft

Katharina Schilling entschied sich nach der Ausbildung und einigen Jahren Berufspraxis als Krankenschwester dafür, noch einmal die Schulbank zu drücken. Nach dem Studium an der Hochschule für Wirtschaft und Politik in Hamburg arbeitete sie bei Plan International Deutschland. Ausgerüstet mit theoretischem und praktischem Fachwissen in der Entwicklungszusammenarbeit und sozialem Engagement sollte ihr lebenslanger Traum, in einem afrikanischen Land zu leben und zu arbeiten, damit in Erfüllung gehen. Für den Evangelischen Entwicklungsdienst arbeitete sie von 2002 bis 2007 als Friedensfachkraft bei SLADEA.

„Es war unheimlich wichtig, nicht mit vorgefertigten Konzepten auf die Menschen zuzugehen, sondern das Unterrichtsmaterial gemeinsam mit den Zielgruppen zu erstellen. Wir mussten uns immer wieder darauf besinnen, die Menschen bei ihrem Bedarf abzuholen. Warum nehmen sie an dem Training teil? Was erhoffen sie sich? Was wollen und können sie ändern? Hier mussten unsere Trainingsmaterialien ansetzen, sie durften nicht aus Lehrbüchern kopiert sein. Die Menschen selbst haben die besten Ideen, wie die theoretischen Konzepte für sie umsetzbar werden. Das haben wir immer wieder in die Papiere aufgenommen, um sie weiter zu verbessern.“ Katharina Schilling

Heute liegt ein Trainingshandbuch vor, das sich in der Praxis vielfach bewährt hat und das auch anderen Organisationen, Schulen oder in der Erwachsenenbildung wertvolle Anregungen bieten kann. Darüber hinaus arbeitete die Friedensfachkraft gemeinsam mit Multiplikatorinnen und Multiplikatoren daran, das Thema „Gewaltfreie Kommunikation und Konflikttransformation“ in lehrreichen Alltagsgeschichten und Gedichten zu verarbeiten, die in Buchform erschienen sind.

Die Auswahl der Teilnehmerinnen und Teilnehmer war und blieb eine ständige Herausforderung. Das Interesse an einer Qualifizierung, die kostenlos war, bei einer bedeutenden Organisation stattfand und durch eine internationale Trainerin erfolgte, war enorm groß. Allerdings erfüllten nur wenige Kandidatinnen und Kandidaten die Auswahlkriterien. Wer teilnehmen wollte, musste einen ausreichend hohen Bildungsstand nachweisen, im beruflichen und persönlichen Umfeld tatsächlich über Einfluss und Integrität verfügen, zudem noch aufgeschlossen und lernbereit sein. Es sollte ein bestimmter Qualifikationsstandard gewährleistet sein, ohne Ressourcen zu verschwenden. Deshalb wurden im letzten Jahr nur qualifizierte und engagierte Teilnehmerinnen und Teilnehmer zu den Aufbaukursen eingeladen, nachdem im Rahmen von Projektbesuchen und in ausführlichen Gesprächen überprüft worden war, dass sie den Lernstoff tatsächlich an einen weiten Personenkreis weitergegeben hatten.

Die Unterrichtsmethoden in den Workshops waren dann besonders erfolgreich, wenn sie den Teilnehmenden viel Freiraum zum Üben und Erproben boten. Durch Rollenspiele und inszenierte Konflikte lernten sie, wie sie Auseinandersetzungen schrittweise bewältigen und Formen gewaltfreier Kommunikation anwenden konnten. Im geschützten Seminarraum wurden die eigenen Fähigkeiten erprobt, wobei auch misslungene Versuche als wertvolle Erfahrungen verstanden wurden.

Ein Grundprinzip der Projektarbeit war es, bewusst in kleinen Schritten zu denken und die Kräfte der Teammitglieder und der auszubildenden Teilnehmerinnen und Teilnehmer realistisch einzuschätzen. Das Projekt hatte sich das Ziel gesetzt, die Teilnehmenden in den Seminaren mit methodischem Handwerkszeug auszustatten, mit dem sie ihr Alltagsleben und ihr persönliches Umfeld positiv beeinflussen konnten. Die politische Ebene, die verfeindeten Parteien und die bewaffneten Gruppierungen wurden nicht direkt adressiert, weil diese Zielgruppen außerhalb der Einflusssphäre von SLADEA lagen.

Gruppenbild während eines Trainings mit Katharina Schilling, dritte von rechts

Dessen ungeachtet wächst durch den Aufbau von Wissen und Erfahrung, über Selbstbehauptung und durch das Netzwerk von engagierten Einzelpersonen eine Infrastruktur heran, die langfristig die Voraussetzungen für umfassendere Friedensprozesse in der Region schaffen kann.

„Zu Beginn der Trainings waren manche Teilnehmerinnen und Teilnehmer geradezu schockiert, dass es keine scharfe Trennung zwischen Gut und Böse gibt und Rache deshalb sinnlos ist. Aber mittlerweile sind sie – ebenso wie viele andere Mitarbeitende – überzeugt davon, dass dies die einzige Möglichkeit für ein friedliches Miteinander in Sierra Leone ist. Das Interesse und die Offenheit für einen gewaltfreien Umgang mit Konflikten ist geweckt und setzt sich immer mehr durch. Die Teilnehmenden der Trainings sind oft zu überzeugten Verfechterinnen und Verfechtern der gewaltfreien Konfliktlösung geworden. Sie erproben im Alltag, wie weit sie den Ansatz der gewaltfreien Kommunikation anwenden können und sie sind immer wieder überrascht, dass es doch noch einen Schritt weiter gehen kann. Dass auch in der Familie oder bei der Arbeit, wenn ein Streit ausweglos erschien, plötzlich wieder ein wenig Spielraum für Diskussion entsteht, wo vorher nur Ablehnung war. Ich finde es wirklich beeindruckend, dass selbst in einer so zerstörten Gesellschaft wie in Sierra Leone die Prinzipien der Gewaltfreiheit funktionieren und uns Recht geben.“
Shecku Kawusu Mansaray, Executive Secretary, SLADEA

Das Fazit

In einer Gesellschaft, die so sehr von Gewalt, Krieg und Zerstörung geprägt ist wie in Sierra Leone, muss ein Friedensprojekt beim angestrebten Transformationsprozess Pionierarbeit leisten. Zunächst geht es darum, den Menschen erste Grundkenntnisse über Wege der gewaltfreien Konfliktbewältigung zu vermitteln, um einen Grundstein für Veränderungen zu legen, die vermutlich mehrere Jahrzehnte benötigen. Das Projekt von SLADEA hatte sich Menschen als Zielgruppe ausgewählt, die in ihrem Umfeld als Multiplikatorinnen und Multiplikatoren wirken und ihre Kenntnisse auf breiter Ebene und vor allem an der Basis der Bevölkerung im ländlichen wie im städtischen Raum weitervermitteln konnten. Bewusst wurde darauf verzichtet, eine komplexe Infrastruktur vorauszusetzen oder nur bestimmte Fachorganisationen in den Städten anzusprechen. Stattdessen setzte das Projekt darauf, eine genügend große Menge von engagierten Einzelpersonen zu motivieren und mit dem nötigen Rüstzeug auszustatten, um kleine Schritte in Richtung Frieden zu gehen. Viele dieser ausgebildeten Einzelpersonen arbeiten seither ehrenamtlich. Ohne internationale Organisation im Rücken tragen sie ihr

Wissen selbstständig weiter. Das Trainingsprojekt hatte also einen wichtigen Bedarf in der Bevölkerung getroffen. Die vermittelten Inhalte erwiesen sich als praxistauglich und an die Lebenswelt der Betroffenen angepasst.

Ilona Auer-Frege

Berghof Forschungszentrum für konstruktive Konfliktbearbeitung:

Der georgisch-abchasische Dialogprozess

Projektstandorte:	Georgien, Abchasien
Laufzeit:	1997 - 2004/5
Organisation:	Berghof Forschungszentrum für konstruktive Konfliktbearbeitung
Lokale Partnerorganisation:	Media Club (Sukhumi) Caucasian Institute for Peace, Democracy and Development (CIPDD), Tiflis
Internationale Partnerorganisation:	Conciliation Resources, London
Ansprechpartner:	Dr. Oliver Wolleh, oliver.wolleh@berghof-center.org
Finanzierung:	Evangelischer Entwicklungsdienst (EED), Institut für Auslandsbeziehungen (ifa) aus Mitteln des Auswärtigen Amtes

Der Projekthintergrund

Der Artikel bezieht sich auf die Projektphase von 1997 bis 2004/5. Er berücksichtigt daher nicht die Entwicklungen seit dem georgisch südossetisch/russischen Krieg vom August 2008. Die Hintergründe und Ursachen, die in den Jahren 1991/92 zum georgisch-abchasischen Krieg geführt hatten, die seitherigen Entwicklungen und die zentralen Positionen der Parteien können hier nur kurz Erwähnung finden: Im Verlauf des Krieges 1991/92, den die georgische Seite unter dem damaligen Präsidenten Edward Schewardnaze eingeleitet hatte, der jedoch wider Erwarten von der deutlich kleineren abchasischen Gegenseite gewonnen wurde, kam es zur Massenflucht und fast vollständigen Vertreibung der georgischen Bevölkerung Abchasiens. Laut dem Zensus von 1989 machten Georgierinnen und Georgier immerhin 45 Prozent der Bevölkerung Abchasiens aus.

Eine durch den UNHCR (United Nations High Commissioner for Refugees) gesteuerte Rückkehr der rund 250.000 Binnenflüchtlinge (sogenannte Internaly Displaced Persons, IDP) hat es bislang nicht gegeben. 1999 hatte Abchasien nach einem Referendum seine staatliche Unabhängigkeit erklärt, die bislang von keinem Staat anerkannt wurde. Seit 1995 lassen die abchasischen Autoritäten die Rückkehr georgischer Flüchtlinge in die Grenzregion zu Georgien (Gali-Region) zu. Da es keine offiziellen Zahlen über die Anzahl der Rückkehrenden in diese Region gibt und die Menschenrechtsstandards immer wieder moniert werden, hat dieser informelle Rückkehrprozess nicht zu einer Vertrauensbildung oder Entspannung zwischen den Parteien geführt. Seit 1996 existiert ein GUS-Embargo gegenüber Abchasien, sodass keine legalen Wirtschaftsbeziehungen mit Abchasien möglich sind. Während Abchasien auf sein Selbstbestimmungsrecht insistiert und Georgien mit Verweis auf den Krieg als ein Sicherheitsrisiko wahrnimmt, betont die georgische Seite die „territoriale Integrität“ des Landes, fordert die bedingungslose Rückkehr der Binnenflüchtlinge und verweist darauf, Abchasien einen hohen Autonomiestatus im Rahmen einer Gesamtlösung zukommen zu lassen.

Der Projektansatz

Seit 1997 engagiert sich das Berghof Forschungszentrum für die Bearbeitung des georgisch-abchasischen Konfliktes, indem es informelle Dialog-Workshops gestaltet. Im Rahmen eines Dialog-Projektes wurden bis Ende 2004 zusammen mit der Partnerorganisation „Conciliation Resources“ 15 rund einwöchige Dialog-Workshops durchgeführt. Da der erste Workshop in Stadtschlaining (Österreich) stattfand, wurde dieser Prozess in der Region als „Schlaining-Prozess“ bekannt.

Ab Anfang des Jahres 2005 wurde das Projektdesign deutlich verändert. Darüber hinaus hatte sich die Konstellation der Partnerorganisationen verändert. Seither gestaltet die „Berghof Foundation for Peace Support“ den Dialogprozess ohne den bisherigen internationalen Partner.

Die Reflexion über die Herausforderungen, die sich dem „Schlaining-Prozess“-Konzept stellten, führte zu der Neukonfiguration des Dialogformates. Der neu gestaltete Dialogprozess konnte auch nach dem August-Krieg (2008) fortgesetzt werden und schließt heute neben dem georgisch-abchasischen auch ein georgisch-südossetisches Format ein.

Momentaufnahme während eines georgisch-abchasischen Workshops

Der Projektablauf

Die Gestaltung des georgisch-abchasischen Dialogprozesses (Phase 1997 bis 2004/5) steht in der Tradition der interaktiven Konfliktbearbeitung (*interactive conflict resolution*), die seit den 60er-Jahren vor allem für ethnopolitische Konflikte angewendet wird. Dieser Ansatz zielt darauf ab, eine kommunikative Atmosphäre zu schaffen, in der einflussreiche Vertreterinnen und Vertreter der Konfliktparteien alle Aspekte des Konfliktes, seine zugrunde liegenden Ursachen sowie seine Dynamiken in einem interaktiven Prozess analysieren.[1] Dabei wird die Gruppe von einem Team von sogenannten „Facilitatoren" betreut, deren primäre Aufgabe es ist, den Kommunikationsprozess unterstützend zu begleiten, ohne ihn zu dominieren oder die Richtung zu bestimmen.

Der Dialog basiert auf vier einfachen Prozessregeln (*ground rules*), die zu Beginn eines jeden Workshops vorgestellt werden und durch die Teilnehmenden bestätigt werden müssen. Diese sind:

1. Alle Personen nehmen in ihrer privaten Eigenschaft an den Treffen teil und nicht in ihrer offiziellen beruflichen Position (Informalität).
2. Die Teilnehmenden haben das Recht und werden dazu aufgefordert,

[1] Vgl. Kelman, Herbert C.: Negotiation as Interactive Problem Solving. In: International Negotiation 1, 1996, S. 99-123

über das im Prozess Gehörte und Erlebte sowohl innerhalb ihrer Organisationen als auch in der Öffentlichkeit zu berichten. Was unterlassen werden muss, ist eine namentliche Zuordnung zu den im Prozess gemachten Aussagen (Vertraulichkeit).

3. Das Treffen ist eine Dialog-Veranstaltung. Aus diesem Grund sind Respekt vor dem anderen und die Bereitschaft zuzuhören von essenzieller Bedeutung.
4. Die Treffen finden im Ausland statt und werden von den Veranstaltern facilitiert.

Facilitation umfasst die Aufgabe, die Konfliktparteien zusammenzubringen und Bedingungen für eine Diskussion herzustellen, in der gegenseitiges Zuhören möglich ist. Im Unterschied zur Mediation zielt die Facilitation nicht auf eine Übereinkunft zwischen den Verhandlungsparteien ab. Damit haben Facilitationsverfahren ein Verständnis von einem „guten Ergebnis", in dessen Zentrum der Abgleich der unterschiedlichen Wahrnehmungen eines Konfliktes steht. Meist haben die Parteien zunächst eine völlig unterschiedliche Interpretation von den Konfliktursachen und Mechanismen. Hier stehen die Einstellungen und Wahrnehmungen der Parteien, die emotionalen Grundhaltungen ihrer Einschätzungen sowie bestehende Kommunikationsmuster und ihre Wirkungen im Mittelpunkt. Facilitation zielt auf ein gemeinsames Problemverständnis, einen gemeinsamen Rahmen, innerhalb dessen später Lösungsmöglichkeiten erarbeitet werden können (Reframing).

Ziele im Prozess:

Um den Prozess besser strukturieren zu können und um eine Messlatte für die Qualität des Kontaktes und des Dialoges zu haben, orientierte sich das Facilitatoren-Team an den Ebenen des folgenden Schaubilds. Es verdeutlicht die unterschiedlichen Niveaus auf der Interaktionsebene, die mit dem persönlichen Kontakt zwischen den Teilnehmenden beginnt und über die Herbeiführung gegenseitiger Verständigung, die vertiefte Analyse ausgesuchter Themenfelder und die Entwicklung von Szenarien spekulativer Problemlösung schließlich mit der Verständigung über gemeinsame Aktionen enden soll. Die einzelnen Interaktionsformen beeinflussen sich gegenseitig und bauen aufeinander auf, weshalb sie im Rahmen der Workshops als eine Pyramide dargestellt wurden.

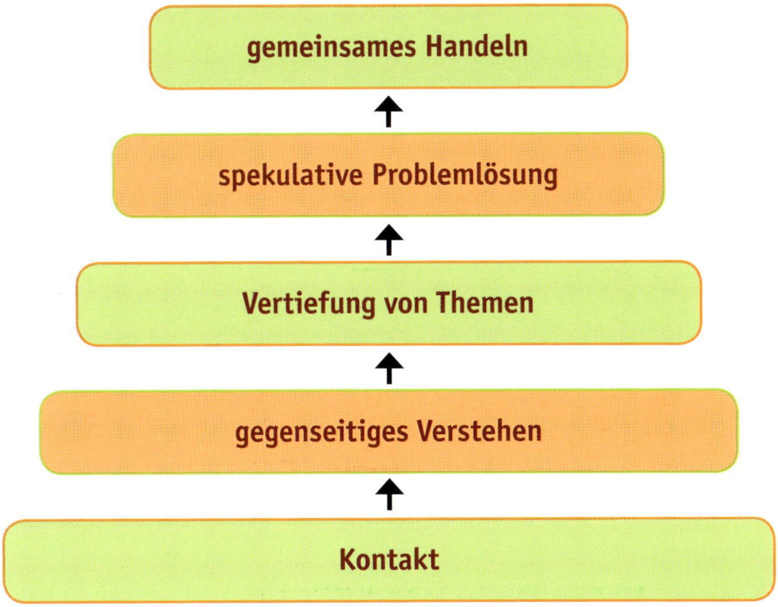

Niveaus der Interaktion und Kooperation[2]

Verallgemeinernd kann man sagen, dass es zwei zentrale Widerstandspunkte gab, die bei der Umsetzung des Projektes überwunden werden mussten: Der erste lag auf der untersten Ebene und manifestierte sich in Form von Vorbehalten gegenüber bestimmten Personengruppen, die nicht zum Dialog zugelassen werden sollten. Der zweite Widerstandspunkt trat auf, als die Diskussion sich in den Bereich der (spekulativen) Problemlösung bewegen sollte.

Konflikt-Prisma:

Ein wichtiges konzeptionelles Element bei der Ausgestaltung des Dialogprozesses in der Anfangsphase war das sogenannte „Konfliktprisma". Mithilfe des Konfliktprismas sollte den Teilnehmenden ein Konflikt vor gestellt werden, der in Verlauf und Struktur Analogien zu der georgisch-abchasischen Situation aufweist. Das Bild des Prismas wurde verwendet, um den Konflikt in dessen Grundstrukturen und Dynamiken aufzufächern, so wie ein Prisma das Licht in seine Spektralfarben spaltet.

Neben der didaktischen Funktion sollte das Prisma die politische Dimension der Veranstaltung relativieren. Auch wenn es sich bei dem georgisch-abchasischen Dialogprojekt um einen inoffiziellen Prozess handelte, der

[2] Die Grafik wird im Rahmen des Prozesses verwendet und basiert auf einer Veröffentlichung von Clem McCarthney. Vgl. McCarthney, Clem: Human Rights Education. In: 11th Annual Report. Standing Advisory Committee on Human Rights, London, HMSO, 1986

nach außen keine politischen Ansprüche formulierte, wurde er dennoch von den Teilnehmenden und ihren Regierungen als ein politischer Prozess wahrgenommen und interpretiert. Die durch das Prisma entfaltete „akademische Dynamik“ konnte, je nach Grad ihrer Betonung, die politische Dimension der Veranstaltung in den Hintergrund treten lassen. Dies galt sowohl für die Teilnehmenden beider Seiten als auch für die Organisatorinnen und Organisatoren, deren Aufgabe es war, die Teilnehmerinnen und Teilnehmer für die Veranstaltung zu rekrutieren und den Gesamtprozess politisch bei den jeweiligen Regierungen zu verankern.[3]

Das Konfliktprisma wie auch das Konzept der Informalität der Veranstaltung und der Aspekt der Vertraulichkeit leisteten einen Beitrag dazu, die politische Dimension der Veranstaltung zu relativieren und so den möglichen „Politisierungsdruck“, dem sich die Teilnehmenden ausgesetzt sahen, abzufedern. Dennoch blieb der Prozess nicht frei von Widerständen. Diese Widerstände prägten sich besonders stark aus, wenn die Teilnehmenden den jeweiligen Regierungen angehörten.

Die Teilnehmenden des georgisch-abchasischen Dialogprozesses setzten sich aus Mitarbeiterinnen und Mitarbeitern der Administration, Regierungsvertreterinnen und Regierungsvertretern, Parlamentarierinnen und Parlamentariern und aus Repräsentantinnen und Repräsentanten der Zivilgesellschaft zusammen, die jedoch alle in ihrer privaten Eigenschaft anwesend waren. Bei der Mischung von offiziellen Amtsinhaberinnen und Amtsinhabern und den Vertreterinnen der Zivilgesellschaft spricht man häufig in Anlehnung an die etablierte Unterteilung in „track“-Ebenen von „track-1/2“-Workshops – wobei „track 1“ die Regierungsebene und „track 2“ die organisierte Zivilgesellschaft bezeichnet.

Mit dieser Mischung, so eine Annahme, soll die vertikale Beziehungsstruktur innerhalb der Konfliktparteien und die horizontale zwischen den Parteien verdichtet werden. Durch die Einbindung staatlicher Vertreterinnen und Vertreter – noch dazu, wenn sie Teil der offiziellen Verhandlungsdelegationen sind – soll die Komplementarität zur offiziellen Verhandlungsebene gewährleistet sein. Die in diesem informellen Raum generierten Ideen und Anregungen sollen über diese, so eine weitere

[3] Vgl. Wolleh, Oliver: Schwierige Begegnung – Der informelle georgisch-abchasische Dialogprozess. In: Berghof Report Nr. 12, 2006, S. 47 ff.

Annahme, in den offiziellen Verhandlungsrahmen transportiert werden. Die Anwesenheit von Repräsentantinnen und Repräsentanten der jeweiligen Administrationen könnte bedeuten, dass der Prozess stärker in der Realität verankert ist und dass die konträren offiziellen Positionen der Parteien aktiver eingebracht werden. Gleichzeitig ist es die Anwesenheit dieser Regierungsvertreterinnen und Regierungsvertreter, die erkennbar zu beiden Widerstandspunkten beiträgt.
So wurde beispielsweise auf abchasischer Seite in der Anfangsphase des Prozesses die Anwesenheit abchasischer zivilgesellschaftlicher Vertreterinnen und Vertreter als eine potenzielle Bedrohung wahrgenommen. Es war daher anfangs nicht möglich, Personen mit einem Oppositionshintergrund in die Workshops einzubeziehen. Offensichtlich war die abchasische Regierung bemüht, die abchasische Gesellschaft im inoffiziellen Raum gegenüber der georgischen Delegation als möglichst homogen darzustellen. Erst mit wachsendem Vertrauen untereinander konnte die abchasische Delegation diese Maske ablegen und zulassen, dass auch bei ihr interne Differenzen und Untergruppierungen offenbar wurden und diese am Diskussionsprozess teilnahmen.

Was war wichtig für den Erfolg?

Die Anwesenheit staatlicher und zivilgesellschaftlicher Vertreterinnen und Vertreter ermöglichte es, innerhalb einer Gruppe unterschiedliche Meinungen zu thematisieren. Gleichzeitig wurde die Heterogenität dieser Gruppe für die jeweils andere Gruppe erkennbar. Die Erfahrbarkeit dieser Unterschiede war nicht allein auf das Plenum oder die Kleingruppenarbeit beschränkt. Persönliche Gespräche unter vier Augen im Rahmen des Freizeitprogramms waren ebenfalls Gelegenheiten für die Teilnehmenden, die politischen Nuancen der anderen Seite zu ergründen.
Die Anwesenheit oppositioneller Gruppen oder regierungskritischer Personen konnte jedoch auch regierungsnahe Positionen stärken. Auf georgischer Seite existierte beispielsweise die weitverbreitete Ansicht, dass die damalige abchasische Regierung in vielerlei Fragen des Konfliktes die eigene Bevölkerung nicht repräsentiere. Der Konflikt wurde und wird vielfach auch noch heute auf georgischer Seite eher als ein Konflikt der Machthabenden wahrgenommen, welche – gestützt von Moskau – ein hohes Eigeninteresse an der Fortführung desselben haben.

Zu erkennen, wie zerrüttet die Vertrauensbasis zu Georgien auch bei regierungskritischen Abchasen ist, kann eine fundamentale Erkenntnis sein. Die Konsequenzen des Krieges, der ausschließlich auf abchasischem Territorium geführt wurde, werden von vielen Georgierinnen und Georgiern immer noch unterschätzt. Letztlich geht es daher um die Frage, ob der momentane Konflikt in seiner Essenz ein von außen eingeführter Gegensatz ist, der von der politischen Elite der Gegenseite „künstlich" aufrechterhalten wird, oder ob der Gegensatz in der Bevölkerung verankert ist. Je nachdem, welchem Verständnis man anhängt, hat dies sehr weitreichende Konsequenzen für die Strategien, die angewendet werden, um die Situation zu transformieren. Es war daher sehr wichtig, wirklich alle am Konflikt beteiligten Akteursgruppen beider Seiten in den Prozess einzubinden. Die Mischung von Regierungsvertreterinnen und Regierungsvertretern und Zivilgesellschaft bot einen optimalen Rahmen, um derartig fundamentale Fragen zu erörtern. Hätte die Gruppe ausschließlich aus offiziellen Vertreterinnen und Vertretern bestanden, wäre die Glaubwürdigkeit der Aussage, dass im georgisch-abchasischen Verhältnis ernste Vertrauenslücken geschlossen werden müssten, äußerst gering gewesen.
Im Rahmen des „Schlaining-Prozesses" dauerte es rund eineinhalb Jahre, bis auch auf abchasischer Seite Oppositionspersönlichkeiten an dem Prozess teilnehmen konnten. Dies bedeutete, dass die Regierungen erst ab dem vierten Workshop so viel Vertrauen in das Dialog-Format gefasst hatten, dass sie sich den Bitten der Organisatorinnen und Organisatoren nach einem breiteren politischen Spektrum der Teilnehmenden nicht mehr entziehen konnten und wollten.
Die Teilnahme von Regierungsvertreterinnen und Regierungsvertretern kann auch Konsequenzen für die Zusammensetzung der jeweils anderen Teilnehmergruppe haben, da es vor allem diese sind, die bestimmte Personen – auch wenn es sich um ein informelles Treffen handelt – symbolisch nicht anerkennen oder aufwerten wollen. In der Anfangsphase des georgisch-abchasischen Dialogs bedeutete dies konkret, dass die abchasische Seite keine Vertreterinnen oder Vertreter der IDP-Gemeinschaft in dem Dialogprozess wissen wollte. Die nähere Analyse ergab, dass hiermit nicht Personen mit IDP-Status gemeint waren, sondern die sogenannte „Regierung im Exil", die als die Vertretung der IDP-Gemeinschaft in Tiflis agierte. Erst nach einigen Treffen gelang es, Personen in den Dialog

mit einzubeziehen, die auch mit der Regierung im Exil assoziiert waren. Diese Personen waren jedoch erkennbare Befürwortende einer friedlichen Konfliktlösung und trugen erheblich zur gemeinsamen Entwicklung von konstruktiven Zukunftsmodellen bei.

Unerlässlich für einen gelungenen Dialogprozess sind charismatische und überzeugende Einzelpersonen. Eine derartige „Eisbrecherperson" ist schwer zu finden und zu integrieren. Sie zeichnet sich i. d. R. trotz ihrer Zugehörigkeit zu der bislang ausgeschlossenen Gruppe durch eine positive Reputation aus, hat eine gewisse Form von Glaubwürdigkeit und verfügt über mehrere institutionelle Zugänge. Dadurch kann sie die gewonnenen Erkenntnisse auch in viele unterschiedliche Konfliktgruppen einbringen und breite Mehrheiten für Friedenslösungen initiieren. Der Auswahlprozess der Teilnehmenden, die zu den Workshops eingeladen wurden, war also besonders aufwendig und dauert lange. Besonders wenn man als Facilitator bemüht ist, ausgeschlossene Gruppen, die jedoch relevant für die Konfliktbearbeitung sind, einzubeziehen, bedeutet dies, dass man nicht nur über genaue Informationen über die persönlichen Hintergründe von potenziellen Teilnehmenden verfügen muss, sondern, dass man als facilitierende Drittpartei in der Lage sein muss, die Teilnehmenden selbst auszusuchen und nicht von den Konfliktparteien in dieser Frage kontrolliert wird.

Durch die Anwesenheit von Regierungsvertreterinnen und Regierungsvertretern war sichergestellt, dass die offiziellen Positionen der Parteien aktiv kommuniziert wurden. Dies führte verkürzt ausgedrückt dazu, dass es offensichtlich sehr schwer war, größere Übereinstimmung zwischen den Teilnehmenden als Gesamtgruppe zu erzielen. Selbst wenn Meinungsan näherungen zwischen einzelnen Personen bemerkbar waren, so konnte man i. d. R. kaum eine weitere Übereinkunft verzeichnen, auf deren Basis die Gesamtgruppe weiterarbeiten konnte.

Um die Teilnehmenden intellektuell weiter zu fordern, arbeitete das Facilitatoren-Team mit dem Konzept der spekulativen Problemlösung. Spekulative Problemlösung kann in gewisser Hinsicht als eine besondere Variante der vertieften Szenarioentwicklung betrachtet werden. In ihr diskutieren und bearbeiten die Teilnehmenden politische Themen außerhalb der bekannten offiziellen Positionen und durchbrechen rein spekulativ die fundamentalen Glaubenssätze ihrer jeweiligen Seiten. Konkret kann dies

bedeuten, dass Abchasinnen und Abchasen fiktive Lösungsszenarien erörtern sollen, die beispielsweise auf der Prämisse der „georgischen territorialen Integrität" basieren. Oder umgekehrt, dass Georgien eine mögliche, staatlich anerkannte Unabhängigkeit von Abchasien in Betracht zieht.
Die spekulative Problemlösung ist nicht ohne Weiteres umsetzbar, da die Teilnehmenden meist nicht bereit sind, Szenarien zu entwickeln, die, wenn auch nur spekulativ, auf Annahmen oder Ergebnissen beruhen, die nicht ihren politischen Zielen entsprechen. Gelingt es dennoch, diese in ein derartiges Szenario zu führen, wird dies i. d. R. als großer intellektueller Anreiz empfunden und die Gruppe fängt an, Probleme und Herausforderungen zu diskutieren, denen sie sich bislang nicht gestellt hat, da „man ja nicht jenes diskutieren muss, das nicht sein darf und nicht sein wird".

Der Autor

Dr. Oliver Wolleh ist assoziierter Forscher des Berghof Zentrums für konstruktive Konfliktbearbeitung und koordiniert für die Berghof Foundation for Peace Support den georgisch-abchasischen Dialog seit 2004 als Workshopleiter und Facilitator.
Seit 2001 lehrt er den Schwerpunktkurs „Konfliktmanagement" im Rahmen des Master-Programms „Intercultural Conflict Management" an der Alice-Salomon FH/Berlin und ist Dozent an der Tbilisi State University. Er ist auch als Trainer in den Bereichen Drittparteiinterventionen, systemische Konfliktanalyse, konfliktsensitive Projektplanung, Projektevaluation, Mediation und interkulturelle Kommunikation tätig.
Seine Schwerpunktgebiete sind Kaukasus (Georgien, Abchasien, Süd-Ossetien, Armenien, Aserbaidschan), östliches Mittelmeer (Zypern, Israel) und Aceh (Indonesien).

Das Fazit

Die Einbindung von offiziellen Regierungsvertreterinnen und Regierungsvertretern, die direkten Zugang zu Entscheidungsstrukturen in beiden Konfliktparteien hatten und/oder Teil der offiziellen Verhandlungsdelegation waren, hatte Konsequenzen auf die Dynamik des informellen und offiziellen Dialogprozesses. Es hatte sich gezeigt, dass Ausschlussmechanismen – sowohl innerhalb der eigenen Gemeinschaft als auch gegenüber der anderen Gemeinschaft – überwunden werden können.
Das informelle Setting konnte, wenn es durch weitere depolitisierende Konzepte, wie z. B. das Konflikt-Prisma, ergänzt wurde, die Bereitschaft auch politisch relativ exponierter Personen erhöhen, an solch einem Dialogprozess teilzunehmen. Die Mischung von Regierungsvertreterinnen und Regierungsvertretern und zivilgesellschaftlichen Persönlichkeiten stellte sich als besonders produktiv heraus. Innerparteiliche

Heterogenität wurde für die Gegenseite erkennbarer. Gleichzeitig konnte die Sorge um die Erkennbarkeit dieser Heterogenität Regierungen dazu verleiten, den Zugang zu dem Dialog-Format zu kontrollieren. Im Rahmen des „Schlaining-Prozesses“ war es gelungen, derartige Beschränkungen stark aufzulösen. Die regelmäßige Partizipation von Oppositionspersönlichkeiten hatte letztlich dazu geführt, dass der Prozess auch nach dem Regierungswechsel in Georgien und Abchasien innerhalb der politischen Elite bekannt und respektiert war und von den neuen Machthabern aktiv genutzt wurde.

Oliver Wolleh

Forum Ziviler Friedensdienst:

Wissen über Gewaltfreiheit an die Zivilgesellschaft vermitteln

Projektstandort:	Sesvete bei Zagreb/Kroatien
Laufzeit:	November 2004 - Februar 2009
Organisation:	Forum Ziviler Friedensdienst (forumZFD) und pax christi Deutsche Sektion
Lokale Partnerorganisation:	RAND (Regionale Adresse für gewaltfreies Handeln)
Ansprechpartner:	Otto Raffai, rand@rand.hr; forumZFD, kontakt@forumZFD.de
Finanzierung:	Bundesministerium für wirtschaftliche Zusammenarbeit und Entwicklung (BMZ)/Mittel des Zivilen Friedensdienstes (ZFD)

Der Projekthintergrund

In Kroatien sind die Folgen der Balkankriege noch immer präsent. Bis heute ringen im Land orthodoxe Serben, muslimische Bosniaken und katholische Kroaten um ein friedliches Zusammenleben. Vor allem in den ehemaligen Kriegsgebieten wie Ostslawonien und der ehemaligen Krajina, abseits der touristischen Reiseziele an der Adriaküste, sind die Zerstörungen des Krieges allgegenwärtig. Die Mehrheit der ehemaligen serbischen Bewohnerinnen und Bewohner wurde dort aus ihren Siedlungen vertrieben. Es finden heute keine offenen Pogrome oder Kriegshandlungen mehr statt, aber die Erfahrungen mit Gewalt und Vertreibung, die Kriegsverbrechen und die politischen Parteien mit ihrer ethnisch dominierten Programmatik stehen einer Versöhnung und Bewältigung der Vergangenheit im Wege. Außerdem entwickeln sich getrennt nach ethnischer Zugehörigkeit parallele gesellschaftliche Gruppen, zwischen denen kaum Kontakte bestehen. Die Stimmung zwischen diesen unterschiedlichen Bevölkerungsgruppen ist angespannt – ein Zustand, der hohes Gewaltpotenzial in sich birgt.

Da auch die Nachbarstaaten Bosnien-Herzegowina und Serbien politisch und gesellschaftlich gespalten sind, fehlt in Kroatien ein stabilisierendes Umfeld, in dem es sich sozial und wirtschaftlich entwickeln könnte. Die Zivilgesellschaft ist nur schwach ausgebildet und gruppiert sich weltanschaulich zumeist entlang mehr oder weniger radikaler Parteien und Strömungen. Es gibt wenige national einende und befriedende Themen, Veranstaltungen oder Gruppierungen, die einen Beitrag zur gesellschaftlichen Versöhnung leisten könnten. Die Auseinandersetzung um die Kriegsverbrechen der kroatischen Armee zeigt, wie tief gespalten und polarisiert die kroatische Gesellschaft ist. Es stehen sich Fraktionen gegenüber, die entweder eine schonungslose Abrechnung mit den Kriegstreibern der 90er-Jahre fordern oder weiterhin im Militär den Garanten für Würde, Verteidigung und nationale Machtansprüche verkörpert sehen.

Der Projektansatz

Das forumZFD und pax christi engagierten sich mit einer gemeinsamen Friedensfachkraft bei der lokalen kroatischen Friedensgruppe RAND („Regionalna Adresa za Nenasilno Djelovanje – Regionale Adresse für gewaltfreies Handeln").

Seit Jahren arbeitet RAND in Kroatien, Bosnien-Herzegowina und Serbien mit verschiedenen Organisationen und Einzelpersonen an der Aufarbeitung des Jugoslawienkrieges. In jüngster Zeit sind Kontakte in das Kosovo und nach Mazedonien hinzugekommen. Dabei bindet die Organisation muslimische, orthodoxe und katholische Gruppierungen ein und motiviert sie zum interethnischen Dialog und zur religionsübergreifenden Zusammenarbeit. Da die Konfliktlinien in Kroatien und den Nachbarländern stark entlang ethnischer und religiöser Gruppen verlaufen, ist es für den Friedensprozess wichtig, dass gerade diese sich mit ihrer

Rolle in den Kriegen und in der heutigen Gesellschaft auseinandersetzen. Die Religionsgemeinschaften wurden zu Kriegszeiten und werden auch heute noch von den politischen Parteien für deren Machtkämpfe instrumentalisiert. Es ist von entscheidender Bedeutung, diese Zielgruppen zu erreichen, um das weltanschaulich getriebene gesellschaftliche Konfliktpotenzial langfristig zu entschärfen. RAND möchte Gläubige der drei Religionen mit ihrem reichhaltigen Erfahrungsschatz und Kenntnissen über Versöhnung und Ausgleich stärker in den Friedensprozess einbinden. Zudem erreicht RAND in diesen Reihen eine große Anzahl von Menschen, die sich sonst von der „Friedensszene" nicht angesprochen fühlen. Weiterhin will RAND die Friedensfachkapazitäten in der Region durch Qualifizierung und Begleitung von Aktivistinnen und Aktivisten und NRO erhöhen. RAND bietet überdies Seminare und Fortbildungen zum konstruktiven Umgang mit Unterschieden in Konflikten an. In diesen Workshops wird vor allem der Respekt vor fremden Identitäten vermittelt. Das Oberziel ist der Aufbau einer Kultur und Infrastruktur für den Frieden, in der alle friedensbereiten Personen und Gruppierungen in einem Netzwerk für den Frieden einen konstruktiven Beitrag leisten können.

Der Projektablauf

Friedensbereite Institutionen fördern und vernetzen:

Gewaltfreiheit wird von den Friedensinitiativen und den Einzelpersonen, die von RAND betreut werden, zwar als Grundlage und oberstes Ziel ihrer Aktivitäten anerkannt, aber dennoch bleibt es eine enorm schwierige Aufgabe, diese Maxime in der alltäglichen Arbeit konsequent umzusetzen. RAND unterstützt Organisationen, die Projekte im regionalen Kontext betreiben, bei der Professionalisierung ihrer Arbeit. Zu diesem Zweck fördert es kleinere und mittlere NRO durch Organisationsberatung und Fortbildung für Mitarbeiterinnen und Mitarbeiter. Friedensaktivistinnen und -aktivisten sowie Trainerinnen und Trainer in der Region erhalten individuelle Supervision über einen Zeitraum von bis zu zwei Jahren. Durch dieses intensive inhaltliche und methodische Arbeiten mit einzelnen Fachkräften oder Gruppen will RAND die Qualität der Friedensarbeit verbessern. Außerdem fördert RAND eine grenzübergreifende Vernetzung verschiedener Akteure und einen Austausch über friedenspolitische Themen. Durch eine Adressdatei, Rundbriefe, eine mehrsprachige Internetseite und weitere Angebote will RAND allen Mitgliedern Einblick in die Arbeit anderer Initiativen in der Region vermitteln. Mit dem Ziel, auch soziale Gruppierungen zu erreichen, die sonst selten mit Friedensthemen in Kontakt kommen, bemüht sich RAND um die Einbindung von neuen Personen und Gruppierungen.

Im internationalen Kontext bringt RAND seine Erfahrungen auf Konferenzen und Fachveranstaltungen ein und engagiert sich im wissenschaftlichen Diskurs über die Standards und Methoden der zivilen Konfliktbearbeitung.

Wissens- und Wertetransfer – Training in gewaltfreiem Handeln:

Zwar gibt es im Alltag täglich Kontakte zwischen den verschiedenen ethnischen Gruppen in Kroatien, aber diese Kontakte beschränken sich auf Warenaustausch oder das flüchtige Zusammentreffen im öffentlichen Leben. Es finden kaum „wirkliche" Begegnungen statt; das scheinbar friedliche Zusammenleben ist geprägt durch starke Ressentiments, Vorurteile und stereotype Vorstellungen vom „Feind", der in nächster Nähe lebt und als eine existenzielle Bedrohung wahrgenommen wird.

RAND organisiert eine ganze Bandbreite von größeren Veranstaltungen und kleinen Projekten, um diesen Spaltungstendenzen entgegenzuwirken.

„Der Wert der Gewaltfreiheit soll für die an den von RAND angebotenen Fortbildungen Teilnehmenden bis in vermeintlich unbedeutende Details im Alltagsleben hinein greifbar und nachvollziehbar werden. Was bedeutet Gewaltfreiheit im Supermarkt, im Bus, auf einer Behörde? Wie kann ich Gewaltverzicht in der Aufarbeitung meiner persönlichen Kriegserfahrungen üben? Die Arbeit an der persönlichen gewaltfreien Grundhaltung aller Mitglieder bildet die Kernaufgabe, die sich RAND gestellt hat."
Otto Raffai

In Grundkursen zum gewaltfreien Handeln, Vertiefungsseminaren zu bestimmten Unterthemen und in speziellen Kursen für Trainerinnen und Trainer und Friedensaktivistinnen und Friedensaktivisten werden die Werte und Methoden der zivilen Konfliktbearbeitung vermittelt. Mehr als 400 Personen haben in den letzten elf Jahren an den von RAND und seinen Partnerorganisationen durchgeführten Trainings teilgenommen. In den Seminaren üben die Teilnehmenden ihre Rolle als mündige Bürgerinnen und Bürger ein. Sie erwerben Handlungskompetenzen und -alternativen, indem Beispiele und Erfahrungen in der gewaltfreien Konfliktlösung auf Alltagsebene ebenso wie im großen politischen Zusammenhang aufgezeigt werden.

Was ist wichtig für den Erfolg?

Ein wichtiges Ziel dieser Kurse ist es, dass die Teilnehmenden ihre eigenen und fremde Identitäten und Lebensformen reflektieren: In Kroatien gibt es Flüchtlinge, Menschen mit gemischtem ethnischen Hintergrund, Menschen mit gebrochenen Biografien und Menschen, die sich gleichzeitig als Täter und Opfer des Krieges sehen. RAND vermittelt daher die Akzeptanz und Bestätigung der eigenen „Identitätsbündel" und den Respekt vor fremden Identitäten. Werte wie Zugehörigkeit, Orientierung und Weltanschauung können in der Gruppe und einzeln betrachtet werden. Am Ende jedes Seminars entwickeln die Teilnehmenden Handlungsoptionen für die Zeit nach dem Training, damit aus der theoretischen Arbeit Früchte im Alltag wachsen.

Schließlich werden die Teilnehmenden befähigt, in Konflikten in ihrem Umfeld zu vermitteln und einen Beitrag zur Entwicklung einer Kultur des konstruktiven Umgangs mit Konflikten zu leisten. RAND wird auch selbst in der Vermittlung in Konflikten tätig, wenn dies von Teams oder Einzelpersonen angefragt wird. Ein Handbuch über das Trainingskonzept und die Begleitarbeit rundet die Bildungsarbeit zur Gewaltfreiheit ab.

„Die Gewaltfreiheit verstehen wir als Widerstand sowohl gegen das passive Annehmen ungerechter Zustände als auch gegen militaristische bzw. gewalttätige Auseinandersetzungen. In seinem gewaltfreien Wirken verbindet RAND Spiritualität, gesellschaftliches Engagement und das Lernen. Die erworbenen Kompetenzen befähigen die einzelnen Personen und Gruppen dazu, in Konfliktsituationen so zu handeln, dass sie die Gewalt überwinden. Ich hatte bereits einen langen Weg der Auseinandersetzung mit den Werten der Gewaltfreiheit im Sinne des Glaubens hinter mir, bevor ich Friedensfachkraft wurde. Zunächst habe ich während des Krieges den Wehrdienst verweigert und musste dann in die Schweiz und nach Deutschland gehen. Aus dieser Zeit stammen sehr viele Kontakte zu Friedensgruppen und engagierten Einzelpersonen, die ich in ganz Europa kennen gelernt habe und die heute im RAND-

Netzwerk zusammenarbeiten. Ich habe sehr lange darum gerungen, was Gewaltfreiheit für mich bedeutet, wie das im Alltag konkret aussehen kann, wie ich den Weg Jesu in einer Welt voller gewalttätiger Konflikte gehen kann, wie das funktioniert. Die Ausbildung zur Friedensfachkraft im Schalomdiakonat hat mir dabei geholfen, auf viele dieser Fragen eine Antwort zu finden.

Für mich ist RAND wie ein Abschnitt in meinem Lebensprojekt, der mich mit ähnlichen Menschen zusammenführt, wo ich Kraft erhalten, aber auch etwas von meinen Erfahrungen weitergeben kann. Es motiviert mich, wenn ich diesen Austausch erlebe und wir uns gegenseitig Unterstützung geben können. RAND funktioniert oft wie eine Hebamme, es begleitet kleinere und größere Projekte und Initiativen bei deren Geburt und beim Wachsen. Aber sie müssen die Arbeit schon selbst leisten, wir können sie nur mit unserer Erfahrung dabei unterstützen.“ Otto Raffai

Die lokale Friedensfachkraft

Otto Raffai ist Theologe und war kurz vor Kriegsbeginn 1991 aus Kroatien geflohen, da er den Dienst an der Waffe verweigerte. Zusammen mit seiner Frau Ana und ihren gemeinsamen Kindern lebte er in der Schweiz und Deutschland. Seit ihrer Rückkehr nach Kroatien engagieren sich Otto und Ana für Frieden, gewaltfreie Kommunikation und interreligiösen Dialog.

Otto Raffai war lange Jahre als Trainer im Netzwerk des Oekumenischen Dienstes in Wethen tätig, bevor er die Aufgabe einer Friedensfachkraft in Kroatien für pax christi übernahm. Er ist in der serbischen Vojvodina als Angehöriger der ungarischen Minderheit geboren und kam zum Studium nach Zagreb. Die historischen Hintergründe des Konfliktes und die Kultur der Region sind ihm daher vertraut.

Das Fazit

RAND brachte die friedensbereiten Gruppierungen aus Kroatien, Bosnien-Herzegowina und Serbien-Montenegro dazu, in den Dialog zu treten – gemeinsam Strategien für eine friedliche Konfliktlösung zu entwickeln. Nur wenn sie ihre stereotypen Positionen und Einstellungen reflektieren und aufeinander zugehen, können sie die trennenden Elemente überwinden und zu gemeinsamen Lösungen finden. Dabei betont RAND das Friedenspotenzial, das in allen drei in der Region ausgeübten Religionen verankert ist, und möchte es für den Versöhnungsprozess aktivieren. RAND zeigt in seinen Projekten, dass der Einsatz für Frieden und Versöhnung keine Luxusdebatte neben der täglichen Sorge um wirtschaftliche Grundlagen, Arbeit und Familie ist, sondern die notwendige Grundlage für die weitere Existenz in der vom Krieg zerstörten Gesellschaft und Region. Die Strategie, die Schrecken der Vergangenheit zu verdrängen, sich dem Konsum zuzuwenden und sein Heil in schnellem wirtschaftlichem Wachstum vor allem im Bereich Tourismus zu suchen, kann nicht funktionieren, wenn in der Gesellschaft weiterhin ein so hohes Krisen- und Gewaltpotenzial bestehen bleibt, das nicht nachhaltig aufgearbeitet wird.

Ilona Auer-Frege

Methodenvermittlung auf Graswurzelebene

Achoti: Frauen engagieren sich für eine friedfertige Gesellschaft in Israel

Projektstandort:	Tel Aviv und Mitzpe Ramon, Israel
Laufzeit:	seit Anfang 2005
Organisation:	Achoti www.achoti.org.il
Ansprechpartnerin:	Shula Keshet achoti@015.net.il
Finanzierung:	Rosa-Luxemburg-Stiftung

Der Projekthintergrund

„Achoti" ist das hebräische Wort für „meine Schwester". Die Organisation Achoti (oder „Ahoti") wurde 1999 von feministischen Aktivistinnen gegründet, um unterdrückten Frauen in der jüdisch-israelischen Gesellschaft eine Stimme zu verleihen. Achoti ist eine „Mizrachi"-Organisation. Als „Mizrachi" werden jüdische Israelis bezeichnet, die (oder ihre Eltern, bzw. Großeltern) aus arabischsprachigen Ländern, aus Zentralasien oder aus dem Kaukasus stammen.„Ashkenazi" stammen aus Zentral- und Osteuropa. Die politische und kulturelle Elite Israels setzt sich mehrheitlich aus Ashkenazi zusammen, während die Mizrachi eine diskriminierte Minderheit bilden. Auch die jüdisch-israelische Friedensbewegung, in der Mizrachi (und immerhin auch Mizrachi-Frauen) vertreten sind, ist von der Ashkenazi-Kultur geprägt. Die Mizrachi stehen der linken Friedenspolitik, die sie von Mitgliedern der akademischen und politischen

Ashkenazi-Elite Israels dominiert sehen, oftmals ablehnend gegenüber. Zwar würden sich diese für die Rechte und Bedürfnisse der Palästinenser einsetzen, blieben aber gleichzeitig blind gegenüber Diskriminierungen innerhalb der eigenen Gesellschaft.

Der Projektansatz

Achotis' Agenda antwortet auf die in der israelischen Gesellschaft unübersehbare Tendenz, die ethnisch-kulturelle Diversität zu vereinheitlichen und bestimmte Minderheiten auszuschließen. Frauen sind innerhalb der israelischen Gesellschaft generell marginalisiert, jüdische Frauen arabischen, nicht-westlichen Ursprungs trifft diese gesellschaftliche Diskriminierung in doppelter Hinsicht – sowohl wegen ihrer kulturellen wie auch ihrer geschlechtlichen Identität.

„Vor dem Hintergrund des 60 Jahre alten Konfliktes zwischen Israel und den arabischen Nachbarinnen und Nachbarn werden Juden und Jüdinnen mit arabischem Hintergrund als Bedrohung erfahren und als minderwertig gegenüber der israelischen Mainstream-Gesellschaft gesehen, obwohl sie jüdisch sind." Shula Keshet

Jüdische Immigrantinnen und Immigranten aus arabischen Ländern wurden historisch betrachtet seit je in unterentwickelten peripheren Gegenden in Israel angesiedelt, womit sie geografisch an den Rand gedrängt wurden und ihnen die Entfaltung ihrer ökonomischen Basis erschwert wurde. Die Effekte dieser Politik sind bis heute sogar noch in der dritten Generation vorhanden. Die israelische Melting-Pot-Ideologie, die die kulturelle Einheit verficht, tat ihr Übriges, um die Spuren der arabisch-jüdischen Tradition auszulöschen: Jüdische Immigrantinnen und Immigranten aus islamisch-arabischen Ländern waren gezwungen, ihre Namen zu ändern, ihre Traditionen und ihre Muttersprache zugunsten des Hebräischen aufzugeben. In gleicher Art und Weise wurden Immigrantinnen und Immigranten aus Äthiopien, die in den frühen 80er-Jahren nach Israel einwanderten, soziologisch an andere, ebenfalls nicht aus Europa stammende Gruppen angefügt. Achoti wurde gegründet, um Frauen aus diesen benachteiligten Gruppen eine Stimme zu geben, ihre Bedürfnisse zur Sprache zu bringen und ihre Identitäten zu legitimieren – ihre Position als Bürgerinnen und gleichwertige Mitglieder der Gesellschaft zu stärken. Mit dem Projekt „Women Build a Society of Peace" will Achoti die Voraussetzungen schaffen, um Mizrachi-Frauen als aktive, selbstbewusste Mitstreiterinnen für die Friedensbewegung zu gewinnen. Sie sollen sich für eine Friedenspolitik engagieren können, ohne den Kampf um ihre eigene kulturelle Identität und ihre sozio-ökonomischen Bedürfnisse dabei aufgeben zu müssen.

Das Projekt „Women Build a Society of Peace":

Anfang 2005 haben sich im Rahmen der Arbeit von Achoti für dieses Projekt zwei Frauengruppen gegründet. Der Teilnehmerinnenkreis setzt sich aus Mizrachi-Frauen zusammen, die aus der sozialen und geografischen Peripherie Israels sind. Die eine Gruppe trifft sich im „Beit Achoti"[1] in Süd-Tel Aviv, einem städtebaulich und sozialpolitisch vernachlässigten Stadtteil in der ansonsten reichen Zentralregion Israels. Die andere Gruppe veranstaltet ihre Zusammenkünfte in Mitzpe Ramon, einer kleinen, ebenfalls sozio-ökonomisch benachteiligten Stadt mitten in der Negev-Wüste. Die Gruppen bestehen jeweils aus 15 bis 20 Frauen und werden von zwei Mitarbeiterinnen von Achoti angeleitet.

Der Projektablauf

Die Tel-Aviv-Gruppe:

Die Tel-Aviv-Gruppe, betreut von der ausgebildeten Gruppenleiterin Nathalie Baruch, arbeitet hauptsächlich zum Thema Kultur. Die Ablehnung der eigenen kulturellen Identität ist innerhalb der Mizrachi-Bevölkerung in Israel ein weitverbreitetes Phänomen. Dies betrifft vor allem Frauen, die sich von den Traditionen und kulturellen Errungenschaften, die ihre Großeltern, Eltern oder sie selbst aus muslimischen und arabischen Ländern mitgebracht haben, lossagen, sie als minderwertig und sogar anstößig betrachten. Statt ihre kulturellen Wurzeln zu pflegen, übernehmen sie den israelischen kulturellen Kanon, der nichts mit ihnen zu tun hat und ihre Identität leugnet.

Die Tel-Aviv-Gruppe von Achoti macht es sich zur Aufgabe, den arabischen Anteil der Mizrachi-Kultur herauszustellen, der Selbstverleugnung

[1] „Beit Achoti" ist der Sitz der Organisation. „Beit" ist ein hebräisches Wort und bedeutet „Haus".

und der diskriminierenden Haltung der israelischen Mainstream-Kultur entgegenzuwirken und die besondere Rolle von Frauen in dieser Kultur aufzuzeigen. Die Auseinandersetzung mit dem Thema soll dazu beitragen, dass die in der israelischen Gesellschaft herrschenden Stereotypen und Vorurteile gegenüber der Mizrachi-Kultur – und somit auch der arabischen Kultur – abgebaut werden. Weiterhin soll die wohlwollend kritische Begegnung mit der verleugneten eigenen Kultur auch dem Empowerment der Teilnehmerinnen und ihrer Identitätsfindung dienen.
Zu den Gruppentreffen werden Mizrachi-Künstlerinnen und Kulturaktivistinnen eingeladen, die ihre Arbeit vorstellen. Anschließend findet eine Diskussion zu den jeweiligen Themen statt.

Die Mitzpe-Ramon-Gruppe:
Die Gruppe in Mitzpe Ramon trifft sich unter der Anleitung der ebenfalls in der Gruppenarbeit ausgebildeten Yfat Hillel. Die Teilnehmerinnen konzentrieren sich in ihrer Arbeit auf sozio-ökonomische Probleme in der Gesellschaft, die insbesondere die benachteiligten Gemeinden (*communities*) in der Peripherie betreffen. Sie arbeiten zu Themen wie Privatisierung, Arbeitslosigkeit, Gesundheitswesen und zeigen auf, wie soziale Benachteiligung von staatlicher Seite produziert wird. In intensiver Gruppenarbeit finden sie zum Beispiel heraus, inwiefern die staatlich initiierte Privatisierung des Gesundheitssystems die armen Bevölkerungsschichten, denen sie selbst angehören, benachteiligt und die reiche Elite des Landes befördert. Die Arbeit im Rahmen der Treffen hilft ihnen dabei, den vorherrschenden, bequemen Mythos aufzubrechen, der Staat Israel sorge für alle seine jüdischen Bewohnerinnen und Bewohner gut und die Schuld an allem etwaigen Notstand sei bei „den bösen Arabern“ zu finden. Sie beginnen zu erkennen, dass die staatliche Politik sie genauso benachteiligt wie die Beduinen oder Palästinenser in den umliegenden Dörfern.

Beispiele:
Workshop zum Thema Arbeitslosigkeit:
Zu Beginn des Workshops sprach jede Teilnehmerin über ihre persönlichen Erfahrungen mit Arbeitslosigkeit. Ihre Berichte waren ebenso traurig wie verstörend. Sie erzählten, wie ihre Arbeitslosigkeit sie in ihrem Selbstwertgefühl getroffen und ihre Beziehungen in der Familie beeinträchtigt

hatte. Diejenigen, die selbst noch nie arbeitslos gewesen waren, berichteten über davon betroffene Familienmitglieder, über die Auswirkungen auf ihr eigenes Leben und von der permanenten Angst vor dem Verlust der eigenen Arbeit. Anschließend zeigte die Anleiterin die aktuellen Arbeitslosigkeitsraten Israels auf einer großen Tafel. Es war deutlich zu sehen, dass die untersten Ränge der regionalen Statistik von den von Palästinensern und Beduinen bewohnten Ortschaften belegt waren, hinzukamen jüdische Städte in der Peripherie – wie auch Mitzpe Ramon. Bei der Untersuchung der Zahlen und der Diskussion kam heraus, dass Arbeitslosigkeit nicht in der Verantwortung der einzelnen Betroffenen liegt, sondern als ein soziales Problem betrachtet werden muss.
Die Teilnehmerinnen lasen danach gemeinsam Texte zur Arbeitslosigkeit aus Broschüren der NRO „Committee for Peace and Social Justice“ und diskutierten darüber. Dabei wurde die Bedeutung des Ausdrucks „Wachstum“ hinterfragt. Die Gruppe kritisierte die staatliche Praxis, Arbeitslosigkeitszahlen schönzufärben. Die Teilnehmerinnen begriffen, dass Arbeitslosigkeit strukturell bedingt ist und kein unabwendbares persönliches Schicksal darstellt. Dies führte bei ihnen zu der Erkenntnis, dass sie ein Recht auf Arbeit und ein gerechtes Einkommen haben.

Begegnungen mit Palästinenserinnen und Beduininnen:
Über die persönliche Betroffenheit der Teilnehmerinnen und eine einfühlsame, engagierte Anleitung erzielte die Gruppe in der Auseinandersetzung mit diesen sozialpolitischen Themen tief greifende Ergebnisse und entwickelte einen wachsamen Blick auf die gesellschaftlichen Missstände. Der plötzliche Tod einer Teilnehmerin Anfang 2006 wurde von der Gruppe als erschütternde Folge einer verfehlten staatlichen Gesundheitspolitik aufgefasst. Im Oktober desselben Jahres stellte sich eine Teilnehmerin der Gruppe zur Wahl und gewann den Posten als Vorsitzende des Kommunalrates in Mitzpe Ramon.
Es fanden mehrere Treffen statt, zu denen auch sozial engagierte Expertinnen – beispielsweise Soziologinnen und Anwältinnen –, eingeladen wurden und in deren Rahmen viele Vorurteile, falsche Annahmen und Stereotype über die sozio-politische Lage Israels abgebaut wurden. In der Gruppe entwickelte sich daraufhin das Bedürfnis, mit Palästinenserinnen und Beduininnen zusammenzutreffen. In den Jahren 2005 und 2006

wurden deshalb palästinensische Aktivistinnen eingeladen, die ihre Arbeit präsentierten und sich der anschließend teilweise sehr kontroversen Diskussion mit der Gruppe stellten. Außerdem unternahm die Gruppe Exkursionen, wie z. B. durch die mehrheitlich arabische Stadt Yaffo oder zum Grenzzaun in der Westbank.

Israelis unterschiedlicher jüdischer Abstammung begegnen sich anlässlich der Lesung einer Mizrachi-Autorin

Durch die intensive und ehrliche Auseinandersetzung, zu der die Gruppe während der Treffen bereit war, konnten unterbewusste Vorurteile und Ängste der Teilnehmerinnen angesprochen werden, was zu einer dauerhaften Veränderung ihrer Einstellung führte.

Was ist wichtig für den Erfolg?

Entscheidend für den Erfolg des Projektes sind die Gruppendynamik und die Beziehung zwischen den Teilnehmerinnen und der Anleiterin. Da dieses Projekt eine sehr persönliche Beziehungsebene anspricht, ist es wichtig, dass die Teilnehmerinnen sich öffnen und eine veränderte Sicht auf ihre Welt und ihren Alltag zulassen können. Diese Veränderungen können nur schwer gesteuert oder künstlich herbeigeführt werden, dennoch ist es unabdinglich ein vertrauensbildendes Klima zu schaffen, wie z. B. vonseiten der Leiterin durch Transparenz bezüglich ihrer Lehr- und Gruppenleitungsmethoden, durch Engagement und Ehrlichkeit.

Mieke Hartmann, die Autorin

Ebenso notwendig ist es, die patriarchale und rassistische Rhetorik des israelischen Mainstreams zu vermeiden – was kaum zur Gänze möglich ist, da diese Rhetorik tief im Unterbewusstsein aller Israelis verankert ist. Auch ein sensibler Umgang mit Sprache trägt dazu bei, eine wirkliche Veränderung des Bewusstseins der Teilnehmerinnen herbeizuführen.

Die Projektleitung

Shula Keshet – Feministin, Künstlerin, Kuratorin und Aktivistin für soziale Gerechtigkeit – ist die Direktorin von Achoti und leitet dieses Projekt. Sie ist in dem sozial benachteiligten Süden Tel Avivs geboren und lebt bis heute dort, wo auch die Organisation Achoti ihr Zentrum hat. Shula Keshets Hauptanliegen, die sie in ihrer Kunst und als Aktivistin verfolgt, sind die Förderung der Beschäftigung von Frauen und die Verbesserung ihrer ökonomischen Situation, Solidarität zwischen Frauen und der Dialog zwischen jüdischen und palästinensischen Frauen in Israel.

„Seit drei Jahren arbeite ich in dem Projekt ‚Frauen engagieren sich für eine friedfertige Gesellschaft in Israel' der Organisation Achoti. Mir ist als Friedensaktivistin bewusst geworden, dass wir Mizrachi-Frauen – aus der Perspektive des Mizrachi-Feminismus – über einen einzigartigen Ansatz für Friedensarbeit verfügen. Im Rahmen des Projektes begegnen wir Palästinenserinnen und arabischen Israelinnen auf der gemeinsamen Grundlage von Sprache, Kultur und Tradition. Mizrachi-Frauen und arabische Frauen haben vieles gemeinsam. Wir werden beide kulturell und als Frauen von der hegemonialen israelischen Gesellschaft diskriminiert. Ich bin nicht religiös, aber ich habe eine enge Bindung an Tradition. Seit ich mich für Friedenspolitik engagiere, habe ich bei keiner in diesem Bereich aktiven Organisationen Anschluss gefunden; in ihnen arbeiten meistens Ashkenazi-Frauen, die meine Tradition ablehnen. Aber meine Mizrachi-Tradition ist Teil meiner Identität und der Identität vieler anderer Mizrachi-Frauen. Dieses Projekt hat Mizrachi-Frauen einen Raum gegeben, in dem sie sich aktiv an der Friedensbewegung in Israel beteiligen und sich von ihrer eigenen kulturellen und traditionellen Perspektive aus engagieren können. Während unserer Treffen passieren wunderbare Begegnungen zwischen den Frauen. Innere Mauern, die aus Stereotypen über ‚das Andere' bestanden, werden abgebaut. Wir lernen, was Unterdrückung ist, und haben begonnen zu erkennen, wann auch wir selbst unterdrücken."
Natalie Baruch, Projektmitarbeiterin

Das Fazit

Angeregt durch die Projektarbeit in der Gruppe stellen sich die teilnehmenden Frauen ihren arabischen kulturellen Wurzeln und lernen es, diese zu akzeptieren. In dem Maße, wie ihnen dies gelingt, baut sich auch ihre innere Ablehnung gegen die ebenfalls arabisch geprägte palästinensische Kultur ab. Diese Prozesse gehen Hand in Hand und finden teilweise zur eigenen Überraschung der Teilnehmerinnen statt – z. B., wenn diese in einer Begegnung mit palästinensischen Frauen erkennen, wie ähnlich sie sich im Grunde sind.

Das Innovative an dem Projekt ist seine Zielgruppe: Mizrachi-Frauen aus der sozialen und wirtschaftlichen Peripherie Israels. Nur wenige Organisationen nehmen sich dieser „unbequemen" Bevölkerungsgruppe für friedenspolitische Projekte an. Das Projekt zeichnet sich weiterhin durch die Sorgfalt und Behutsamkeit aus, mit denen es koordiniert wird und die Gruppen angeleitet werden. Dadurch, dass das Projekt langfristig auf mehrere Jahre angelegt ist – und nicht wie so häufig auf maximal ein Jahr – kann es eine nachhaltige Veränderung im Bewusstsein der Teilnehmerinnen auslösen, die sich auf ihr Verhalten im Alltag auswirkt.

Mieke Hartmann

Methodenvermittlung auf Graswurzelebene

Kindernetzwerk Sierra Leone: **Community Mediation**

Aufbau und Verankerung gewaltfreier Strukturen in einer kriegsgeprägten Gesellschaft

Projektstandort:	Pujehun, Sierra Leone
Laufzeit:	Jeweils einjährig. Erste Pojektreihe: 2005, 06, 07 Zweite Projektreihe: 2008, 09, 10
Organisation:	Kindernetzwerk Sierra Leone e. V. (KNSL) www.schule-fuer-afrika.de
Lokale Partnerorganisation:	Pujehun Youths for Development (PYD)
Ansprechpartner:	Brigitte Steinmetz, Edward Mando, edymando@aol.com
Finanzierung:	Kofinanziert durch: Institut für Auslandsbeziehungen (ifa) aus Mitteln des Auswärtigen Amtes und Kindernetzwerk Sierra Leone e. V. (KNSL)

Der Projekthintergrund

In Sierra Leone herrschte von 1991 bis 2002 Bürgerkrieg, der bis zu 200.000 Menschenleben kostete, die Infrastruktur des rohstoffreichen

Landes völlig zerstörte und der Gesellschaft ein Erbe aus Gewalt, Rechtlosigkeit und Armut hinterließ. Nach dem Ende der UN-Intervention stabilisierte sich ab 2005 die Sicherheitslage und die politischen Verhältnisse im Land begannen sich wieder zu ordnen. Allerdings liegt Sierra Leone 2009 auf dem UN-Index der ärmsten Staaten der Erde noch immer auf einem der hintersten Plätze. Im ganzen Land, selbst in der Hauptstadt, ist die Gesundheitsversorgung rudimentär. Polizei, Justiz, Bildungswesen und Verwaltung sind nur in geringem Umfang organisiert. Für den größten Teil der Bevölkerung ist die materielle Existenzsicherung ein alltäglicher Überlebenskampf. Über 80 Prozent der Menschen haben kein Arbeitseinkommen und leben von der Landwirtschaft, von Hilfsgütern oder auf andere informelle Weise. Kriminalität, Korruption und Rechtlosigkeit behindern die wirtschaftlichen Aktivitäten des Landes. Die hohe Anzahl von über 70.000 Exkombattanten bedeutet ein Sicherheitsrisiko für die Region. Fast ausnahmslos sind die ehemaligen Soldaten ohne formale Ausbildung und gehen keiner geregelten bezahlten Beschäftigung nach. Als Jugendliche wurden sie zwangsrekrutiert, kennen nur ein Leben mit der Waffe und sind durch schwere Kampfhandlungen traumatisiert. Ohne umfassende Wiedereingliederungsprogramme sind ihre Aussichten auf eine dauerhafte Integration in die zivile Gesellschaft gering.

Der Projektansatz

Kindernetzwerk Sierra Leone e. V. wurde 2003 als gemeinnütziger Verein mit dem Ziel gegründet, bedürftigen Kindern im Distrikt Pujehun eine Schulbildung zu ermöglichen. Der Verein wird ehrenamtlich von zwei deutschen und zwei aus Sierra Leone stammenden Vorstandsmitgliedern geleitet. In der Zusammenarbeit mit den lokalen Behörden und den Familien, die vom Schulprogramm profitieren, wurde der Bedarf an weitreichenden Maßnahmen zur Konfliktbearbeitung immer offensichtlicher. Edward Mando, der Projektleiter, der an der Alice-Salomon-Fachhochschule für Sozialarbeit in Berlin zum Konfliktmanager ausgebildet wurde, erweiterte ab 2005 das Projekt um Komponenten zur gewaltfreien und konstruktiven Konfliktbearbeitung.

„Wir haben beim Bildungsprogramm schnell gemerkt, dass dieser Ansatz zu kurz greift. Die Menschen in Sierra Leone leiden stark unter den Kriegsfolgen, der oft willkürlichen Herrschaft und der Kultur der Gewalt im Land, sodass Entwicklung erst dann in Aussicht steht, wenn wir vorher diese hemmenden Faktoren verändern. Also haben wir uns auf den Weg gemacht, mit den Gemeinden zusammen für mehr Gerechtigkeit und Gewaltfreiheit zu arbeiten. Alle Aspekte unseres Projektes haben sich aus dem Bedarf vor Ort entwickelt und greifen ineinander."
Edward Mando

Heute bietet das „Kindernetzwerk Sierra Leone" neben der Bildungssparte für Kinder auch Programme zur Erwachsenenbildung, Infrastrukturentwicklung und Ernährungssicherung an. Es stützt sich zum Thema Gewaltminderung auf drei verschiedene praktische Ansätze: Lokale Politikerinnen und Politiker und Führungspersonen in Behörden erhalten Fortbildungen, Trainings und Beratung zu konstruktiver Konfliktlösung und partizipativer Entscheidungsfindung. Für NRO, Lehrerinnen und Lehrer, Geschäftsleute, Beamtinnen und Beamte und andere interessierte Multiplikatorinnen und Multiplikatoren gibt es Veranstaltungen und Trainings zu gewaltfreier Kommunikation und Konfliktbearbeitung, die auf die Erfahrungsumfelder der Teilnehmenden abgestimmt sind. In „Problemlösungsworkshops" erhalten „einfache" Leute die Möglichkeit, ihre Konflikte vor einen größeren Kreis zu bringen und unter Anleitung von Fachleuten und neutralen Mediatorinnen und Mediatoren zu einer akzeptablen Lösung zu finden. Eine Öffentlichkeitskampagne mit Festen, Veranstaltungen, Postern und Medienbeiträgen machte das Anliegen in einem viel weiteren Umfeld bekannt.

Der Projektablauf

Das Projekt zielte darauf ab, das Ausmaß von aggressivem Verhalten zu senken, den Zusammenhalt in der Gruppe zu stärken, die Beziehungen zwischen Menschen, Gruppen, Dörfern und ihrer politischen Führung zu verbessern und lokale Amtsinhaberinnen und Amtsinhaber fortzubilden. Prinzipiell sollten in Konflikten auf Ausgleich der Interessen bedachte Lösungen den Vorrang vor langwierigen Verfahren mit Schuldzuweisungen erhalten. Auf dieser Basis wurden fünf Arbeitsbereiche definiert:

Ausbildung der Mitarbeiterinnen und Mitarbeiter der einheimischen Partnerorganisation in den Themen ziviler Konfliktbearbeitung, in Projektmanagement und Finanzverwaltung:
Die CBO (*community-based organisation*) Pujehun Youths for Development (PYD) hatte sich in der Region als eine der wenigen arbeitsfähigen und engagierten Organisationen einen Namen gemacht. Ihre Mitarbeiterinnen und Mitarbeiter benötigten allerdings gezielte Weiterbildung und Training, um das Projekt auf einem hohen Qualitätsniveau durchführen zu können.

„Mit der Ausbildung der lokalen Patnerinnen und Partner fängt alles an, und es war uns sehr wichtig, hier ein gutes Fundament für den Friedensprozess in der Gegend zu legen. Nur wenn die eigene Organisation eine gefestigte Institution für den Frieden ist und wir gute Angebote machen können, sind wir glaubwürdig." Edward Mando

Training of Trainers:
In Zusammenarbeit mit den einzelnen Dorfgemeinschaften wurden insgesamt 40 integre und geachtete Personen ausgewählt, die als sogenannte „Peace Monitors" in den Gemeinden tätig werden sollten. Sie erhielten ein einwöchiges Training zu den Themen gewaltfreie Kommunikation, Konfliktanalyse, konstruktive Konfliktbearbeitung und Vermittlung, um künftig in ihren Heimatbezirken als Schlichter tätig werden zu können. Ihre Aufgabe sollte darin bestehen, Konflikte auf der gesellschaftlichen Mikroebene – am Arbeitsplatz oder zwischen Familien – zu schlichten, bevor diese vor Gericht ausgetragen wurden oder eskalierten. Überdies berichteten die „Peace Monitors" zurück an PYD, erstellten Konfliktanalysen und erarbeiteten mit dem Team von PYD Strategien, wie das Projekt mit größeren Konflikten umgehen könne.
Die Akzeptanz der „Peace Monitors" war von Beginn an sehr hoch, was auch zeigte, dass die Bevölkerung wenig Vertrauen in die örtliche Justiz oder Behörden hatte.

Peer Mediation:
Mehr als 50 Prozent der sierra-leonischen Bevölkerung sind unter 20 Jahre alt, dieser demografischen Besonderheit musste im Projekt Rechnung ge-

tragen werden. Insgesamt wurden rund 50 Jugendliche für die Rolle als Vermittlerinnen und Vermittler in kleineren Konflikten vorgesehen. Ihre Ausbildung in Form von mehrtägigen Trainings mit Rollenspielen und praktischen Übungen wurde an drei Sekundarschulen und von etlichen Jugendorganisationen durchgeführt. Die Jugendlichen sollten an ihren Schulen und in ihren Peergroups dazu beitragen, Gewaltfreiheit und konstruktive Konfliktlösung bekannt zu machen und auf ihre Altersgenossen als positive Beispiele wirken. Für das „Peer Mediation"-Programm wurden im Rahmen des Projektes geeignete Lehrmaterialien entwickelt.

Ergänzt wurde diese Arbeit durch ein Bildungsprogramm für Vertreterinnen und Vertreter von Frauenorganisationen und Jugendgruppen, das in den Rahmen einer Alphabetisierungskampagne integriert wurde. In den Workshops ging es darum, positive Rollenbilder zu entwickeln, wie in der Familie und in der Gesellschaft Führungsarbeit aussehen könnte, welche Verantwortung Frauen und Jugendliche übernehmen könnten und wie sie durch gewaltfreies Handeln Konflikte so lösen könnten, dass sie als positives Beispiel und Rollenvorbild wirken.

„Es ist für unser Projekt von grundlegender Bedeutung, dass wir Zielgruppen erreichen, die wirklich Einfluss auf eine breite Bevölkerungsschicht entwickeln. Neben Politikerinnen und Politikern und Beamtinnen und Beamten (auf der formellen bzw. administrativen Ebene) sind Frauen wichtige informelle Entscheidungsträgerinnen in unserem Land. Sie vermitteln Werte und Verhaltensmuster auf breiter Basis weiter, deshalb sind sie so wertvoll für unsere Arbeit. Wir zeigen ihnen, wie sie auf friedliche Weise Erfolg haben können und so Respekt und Verantwortung gewinnen. Damit können wir Veränderungsprozesse anstoßen, die die Gesellschaft wirklich voranbringen." Edward Mando

Kommunale Politikberatung:

Nach einer längeren Phase des Vertrauensaufbaus und der Beziehungspflege erhielt das Projekt ab 2006 immer mehr Zugang zu den kommunalen politischen Entscheidungskreisen. Die traditionellen „Chiefs" haben ihre Position oft auf Lebenszeit inne und unterliegen nur spärlicher Kontrolle, sodass Korruption und Machtmissbrauch an der Tagesordnung sind. Doch die Bevölkerung setzt diese Politikerinnen und Politiker zunehmend unter Legitimationsdruck und verlangt eine positive Amtsführung. Wenn die „Chiefs" von ihren Gemeinden Ablehnung erfahren und größere Konflikte entstehen, wenden sie sich immer häufiger an das Projekt von KNSL und PYD und bitten um Vermittlung. Sie werden zunächst informell besucht und auf einen partizipativen Führungsstil hin beraten. Einige „Chiefs" nehmen mittlerweile auch an den Seminaren für Funktionsträger teil und informieren sich über die Prinzipien von Demokratie, Transparenz, Partizipation und Gewaltfreiheit. 2007 konnte das Projekt in einem gewaltsam eskalierenden Konflikt zwischen einem „Paramount Chief" (Verwalter eines sogenannten „Chiefdoms") und Gemeindemitgliedern erfolgreich vermitteln, indem es in einem mehrtägigen Workshop Mediation leistete, worauf es zu einer schriftlichen Vereinbarung über Umgangsregeln kam.[1] Damit beweist das Projekt, dass es sowohl in der Bevölkerung als auch auf der politischen Ebene Vertrauen genießt und über Vermittlungskompetenz verfügt.

Kampagnenarbeit:
Das Projekt macht in der ganzen Region durch rege Kampagnenarbeit und PR-Aktionen auf sich aufmerksam: durch ein „Community Peace Festival" mit Mannschaftssport-Wettkämpfen, durch Radiosendungen, T-Shirts, Kappen, Kalender, Broschüren und Flugblätter. Das Thema Gewaltfreiheit und die damit verknüpften Angebote von KNSL/PYD sollen breit gestreut wahrgenommen werden und in das allgemeine Bewusstsein Einzug erhalten. Es geht darum, Friedensarbeit aus der Nische, in der sie sich noch befindet, herauszuführen und Kenntnisse über die Vorteile der gewaltfreien Konfliktbearbeitung in der Bevölkerung zu verankern.
Außerdem bietet das Projekt in regelmäßigen Abständen Problemlösungsworkshops in den verschiedenen „Chiefdoms" an, bei denen Konflikte jeder Größenordnung und jeglichen Schwierigkeitsgrades gemeinsam analysiert und mittels einer Win-win-Lösung beigelegt werden können.

[1] Vgl. Sillah, Veronica: "German NGO Resolves Chiefdom Uprising in Pujehun District". In: Awareness Times. Sierra Leone News & Information, 29.06.2007 [online]. http://news.sl/drwebsite/publish/article_20055877.shtml, 02.11.2009

Was ist wichtig für den Erfolg?

Das ganze Projekt von KNSL und PYD ist darauf angelegt, Fachwissen über zivile Konfliktbearbeitung bei engagierten Schlüsselpersonen in der Region zu verankern und den Kreis der Zielgruppen, die diese Kompetenzen weiterverbreiten sollen, immer mehr auszuweiten. Der Einsatz von „Peace Monitors“ dient dieser Strategie in besonderem Maße: Im Anschluss an ihre Ausbildung demonstrieren sie durch ihre praktische Vermittlungsarbeit jeden Tag, wie effektiv Gewaltfreiheit in der Praxis sein kann. Damit bieten sie ein gutes Beispiel und regen zur Nachahmung an. Gleichzeitig berichten sie an PYD, wie die Konfliktsituation in den Gemeinden aussieht und wo die Organisation ihr Angebot verbessern kann. Die Einbindung von Frauen und Jugendlichen in die Konfliktvermittlungsarbeit stellt sicher, dass die Prinzipien und Handlungsmodelle gewaltfreier Konfliktbearbeitung massenwirksam verbreitet werden. Dies bringt das Methodenwissen zu Personen, die in den Familien und Peergroups den Grundstein dafür legen, dass künftige Generationen die heute weitverbreitete Kultur der Gewalt langsam überwinden können. Außerdem tragen Frauen und „Peer Mediators“ ebenso wie die „Peace Monitors“ dazu bei, für viele Mikrokonflikte gleich zu Beginn eine einfache Lösung zu finden, bevor sie unnötige Kreise ziehen.

„Vor allem mit ehemaligen Soldaten haben wir oft das Problem, dass bei ihnen persönliche Konflikte sehr schnell auf eine ganze Gruppe übergreifen und völlig eskalieren. Ähnliches gilt auch, wenn es Streit zwischen Angehörigen verschiedener Ethnien gibt, der oft zunächst eine ganz banale Ursache hat. Es fehlt ihnen an den einfachsten Kenntnissen darüber, wie man einen Streit allein und friedlich bewältigen kann. Wenn es uns hier gelingt, rasch und für alle Seiten akzeptabel zu vermitteln, können wir viele komplizierte Konfliktszenarien vermeiden.“
Edward Mando

Edward Mando leitet einen Workshop zum Thema Problemlösung

Die „Peace Monitors", die in ihren Heimatgemeinden eingesetzt werden, eignen sich dazu, die Zugangsschwelle zum Projekt so niedrig wie möglich zu halten. Persönliche Beziehungen und die gemeinsame Sprache machen es leicht, die Vermittlerin oder den Vermittler zu sich nach Hause zu rufen und als sachkundige Instanz anzuerkennen. Das Projekt möchte so alltagsnah und praxistauglich wie möglich agieren. Erfahrungsgemäß nehmen dann immer mehr Menschen die Einladung zu Ausbildungsgängen an oder geben ihrem lokalen „Chief" den Hinweis, sich bei Konflikten an PYD/KNSL zu wenden.

„Wichtig ist auch, dass das Projekt seine Glaubwürdigkeit und Akzeptanz in der Bevölkerung zum großen Teil der Tatsache verdankt, dass KNSL und PYD schon zuvor wichtige Aufbauarbeit auf der ‚Grassroots'-Ebene geleistet und sich vor Ort einen Namen als verlässliche Partner gemacht haben. Außerdem wurde das Friedensprojekt von KNSL und PYD während seiner gesamten Laufzeit mit friedensunterstützenden Maßnahmen in der kommunalen Entwicklung flankiert – etwa dem Bau eines Gemeindezentrums, dem Bau von Brunnen und Latrinen, Alphabetisierungskursen und dem Ernährungssicherungsprogramm. Wir sind zu der Überzeugung gelangt, dass Friedensarbeit nur dann erfolgreich ist und das Konzept friedlicher Konfliktlösung nur akzeptiert wird, wenn sich gleichzeitig eine sichtbare Verbesserung der Lebensbedingungen einstellt. Geschieht dies nicht, sehen die Menschen keinen Nutzen darin, Zeit aufzuwenden, um ‚Frieden zu erlernen'.
Für mich ist es besonders wichtig, dass mein Team und ich immer ein gutes Beispiel für unsere Sache abgeben. Wir müssen beweisen, dass Friedfertigkeit eine Stärke ist, die am Ende Erfolg bringt, ohne andere zu verletzen. Die Menschen lernen hier nicht aus Büchern, sondern sie orientieren sich an den Geschichten anderer. Also müssen wir selbst eine Erfolgsgeschichte sein, die sie respektieren. Einmal haben wir zwei ‚Peace Monitors' entlassen, weil sie sich bei einem Konflikt auf die Seite eines ‚Chiefs' gestellt haben. Damit haben wir ganz klar gemacht, dass wir Überparteilichkeit und Integrität sehr ernst nehmen. Nur wenn wir selbst unseren Ansprüchen gerecht werden und danach handeln, können die Menschen von uns lernen. In unserem Land fehlt es besonders an Vorbildern im Bereich guter Amtsführung und ‚Leadership'."
„Korruption und Ausbeutung sind hier so alltäglich, dass viele Menschen denken, dass anderes Verhalten eine Utopie sei. Aber wir können den Polizisten und den Politikern durchaus erklären, dass sie mit Trans-

parenz, Fairness und partizipativem Handeln ihre eigene Position stärken können. Statt Ablehnung und Verachtung erleben sie dann Respekt und freiwillige Gefolgschaft – das wertet sie auf und erfüllt sie mit Stolz. Wenn sie diesen Lernschritt bei uns nachvollziehen, ist schon sehr viel erreicht. Frieden steht in Sierra Leone nur auf dem Papier, und die Menschen müssen erst langsam neue Verhaltensweisen annehmen, ausprobieren und Verantwortungsbewusstsein entwickeln. Wir arbeiten auf allen Gesellschaftsebenen an diesem Prozess, aber es wird wohl noch Jahrzehnte dauern, bis die Ergebnisse umfassend sichtbar werden." Edward Mando

Der Projektleiter

Edward Mando, geboren 1969 und seit 1999 in Deutschland, ist Entwicklungshelfer und Konfliktmanager. Er studierte in Sierra Leone Geografie, Sozialarbeit und Erwachsenenbildung (BA). Während des Bürgerkriegs arbeitete er in Flüchtlingslagern mit in- und ausländischen Hilfsorganisationen zusammen. Nach seinem Aufbaustudium in interkultureller Arbeit und Konfliktmanagement in Berlin gründete er 2003 in Berlin gemeinsam mit seiner Frau und deutschen Freunden den gemeinnützigen Verein Kindernetzwerk Sierra Leone e. V. Das Konzept des KNSL/PYD-Friedensprojektes entwickelte er eigenständig.

Das Fazit

Am klassischen Gesellschafts- und Konfliktmodell von John Paul Lederach orientiert setzt das Projekt von KNSL und PYD auf drei Ebenen des Gemeinwesens an: der höheren und mittleren Führungsebene und der Basis. Es versucht politische Entscheidungsträgerinnen und Entscheidungsträger, Multiplikatorinnen und Multiplikatoren und die breite Bevölkerungsbasis anzusprechen. Zunächst geht es darum, Fachkenntnisse zur gewaltfreien Konfliktverarbeitung zu vermitteln, wobei das Projekt strategisch darauf aufbaut, die wichtige Vorbildfunktion der Teammitglieder zu nutzen, um in der Praxisarbeit Beispiele dafür zu geben, wie konstruktive Konfliktlösung funktionieren kann. Gerade in einer derart von Gewalt geprägten Gesellschaft wie in Sierra Leone können positive Beispiele ein großes Veränderungspotenzial freisetzen. Viele Menschen sind bereit, neue Verhaltensmuster zu erproben, wenn sie offensichtlich Erfolg versprechend sind. Allerdings benötigen diese Transformationsprozesse viel mehr Zeit und langfristigere Finanzierungssicherheit, als die übliche Förderpolitik der staatlichen Geber zu gewähren bereit ist. Hier besteht ein großer Bedarf an veränderten Zuwendungsstrukturen, damit intensive und erfolgreiche Projektarbeit auch nachhaltig wirken kann.

Ilona Auer-Frege

pax christi:

Aikido als Einstieg zu einer Kultur der Gewaltfreiheit auf den Philippinen

Projektstandort:	Insel Negros, Philippinen
Laufzeit:	2004 - 2009
Organisation:	Deutsche Sektion von pax christi in Kooperation mit der AGEH (Arbeitsgemeinschaft für Entwicklungshilfe)
Lokale Partnerorganisation:	pax christi Philippinen, www.paxchristi.ph, Warriors for Peace – Pilipinas, www.warriorsforpeace.com, Pax Christi Institute, www.paxchristiinstitute.org
Ansprechpartner:	pax christi Deutsche Sektion, sekretariat@paxchristi.de
Finanzierung:	Mittel des Zivilen Friedensdienstes (ZFD) des Bundesministeriums für wirtschaftliche Zusammenarbeit und Entwicklung (BMZ)

Der Projekthintergrund

Die Philippinen gehören zu den am häufigsten von Naturkatastrophen bedrohten Ländern der Welt. Im Verschiebungsbereich dreier Erdplatten gelegen kennt das Land eine wahre Fülle von Naturgewalten. Es vergeht kaum ein Jahr, in dem nicht Erdbeben, Vulkanausbrüche, Tsunamis oder zumindest Erdrutsche, Fluten oder heftige Stürme das Leben vieler Menschen bedrohen. Darüber hinaus haben sozio-ökonomische Konflikte die Philippinen in eine Vielzahl bewaffneter Krisen geführt. Auf der Insel Negros führen seit fast 40 Jahren verschiedene kommunistische Gruppen einen blutigen Kampf um einen Systemwechsel. Genannt seien hier insbesondere die „New People's Army" (Neue Volksarmee, NPA) und deren verfeindete Splitterorganisation, die „Revolutionary Proletarian Army" (Revolutionäre Proletarische Armee, RPA), die beide im Konflikt mit der Zentralregierung stehen.

„Die wirtschaftlichen Zukunftsprognosen der von Monokultur (Zuckerrohr) und knapp 35 Familien beherrschten Insel sind düster: Die derzeit 4,5 Mio. Einwohnerinnen und Einwohner zählende Bevölkerung (davon die Hälfte bereits jetzt in absoluter Armut lebend) wird sich voraussichtlich in den nächsten 15 Jahren verdoppeln. Korruption und Machtmissbrauch lähmen jegliche Entwicklung. Viele sehen den bewaffneten Widerstand als einzigen Ausweg, da gewaltfreie Aktionen wie die berühmte ‚People's

Power'-Revolution, die 1986 zum Sturz des Diktators Ferdinand Marcos führte, mittelfristig keine Verbesserung der politischen und wirtschaftlichen Situation gebracht haben."[1]
Gewalt scheint oft die natürliche Antwort – sei sie gegen den Feind oder gegen sich selbst gerichtet. Das Lebensgefühl vieler Menschen ist bestimmt von Resignation und Determination. Diese durch menschliches Verhalten verursachten Katastrophen bestehen zum Teil seit vielen Generationen. Ein Ende der Gewalt scheint so fern wie ihr Anfang.
Einige Organisationen versuchen, den Konflikten mit friedlichen Mitteln zu begegnen. Leider sind die Konfliktparteien umso weniger von dieser Strategie überzeugt, als die philippinischen politischen Institutionen schon oft einen Frieden ohne Wahrheit und Gerechtigkeit propagiert haben. Friedensarbeit ist nicht immer willkommen, vor allem dann nicht, wenn ihre Methoden und Ziele vielen Konfliktbeteiligen zu fern von der eigenen Lebenswirklichkeit erscheinen. Der bewaffnete „Kampf für den Frieden" scheint attraktiver und Erfolg versprechender.

Der Projektansatz

Im April 2004 entsandte die deutsche Sektion von pax christi gemeinsam mit der Arbeitsgemeinschaft für Entwicklungshilfe (AGEH) eine Friedensfachkraft zu pax christi Pilipinas. Etwa zur gleichen Zeit wurde in Bacolod auf der Insel Negros das „Center for Peace and Reconciliation" gegründet, in dem die Friedensfachkraft im Auftrag des Zivilen Friedensdienstes ihre Arbeit aufnahm. Für die Mitarbeiterinnen und Mitarbeiter von pax christi Pilipinas war es von Anfang an klar, dass konventionelle Zugänge zur Gewaltfreiheit, insbesondere bei potenziellen Rekruten des bewaffneten Widerstandes und kämpfenden Einheiten, scheitern würden. Eine neue Strategie konstruktiver Konfliktbearbeitung war nötig: eine Methode, die aus der Lebenswirklichkeit des kontinuierlichen Kampfes um Überleben und Gerechtigkeit geboren war, ein physisch erfahrbares Werkzeug, mit dem jeder Mensch arbeiten konnte und das beim gewalterfahrenen und gewaltbereiten Individuum ansetzte. Dies vor Augen rief pax christi ein Aikidoprojekt mit dem Titel „Warriors for Peace" (Friedenskrieger) ins Leben. Mittels dieser Kampfkunst versprachen sich Fachkräfte des Zivi-

[1] http://www.paxchristi.de/frieden.4/philippinen.2/, 6.11.2009

len Friedensdienstes und Aikidotrainer auf den Philippinen einen neuen kreativen Zugang zu lebensnaher Konfliktbearbeitung, und in der Tat erreichten sie damit ganz unterschiedliche Zielgruppen. Ziel des Projektes war es, den Kombattanten in bewaffneten Konflikten – Militärs, Soldaten der RPA und Polizisten – über Aikido anwendbare, gewaltfreie Mittel der Konfliktbewältigung näherzubringen. Über traditionelle Trainingseinheiten und Seminare versuchten die Friedensfachkräfte Stella Fuentes, Noel Fuentes und Patrick Koop den Teilnehmenden neben dem physischen Erleben auch philosophische und spirituelle Hintergründe der Gewaltfreiheit zu vermitteln. Die Zusammenarbeit miteinander bekämpfenden Gruppierungen war für alle Beteiligten eine körperliche und emotionale Herausforderung. Schließlich wurden hier nicht Verhandlungstechniken oder Konfliktanalyse im friedlichen Seminarzentrum gelehrt, sondern eine Kampfkunst inmitten der Wildnis.

Die Aikidotrainer Stella und Noel Fuentes demonstrieren eine Aikidotechnik

Aikido – eine bekannte Kampfkunst

Aikido heißt wörtlich übersetzt: Der Weg (Do) der Harmonisierung (Ai) mit den Energien des Universums (Ki). Ihr Ziel ist es daher, nicht Leben zu zerstören, sondern zu bewahren und zu fördern. Wenn jemand angreift, heißt das zunächst nichts anderes, als dass seine Energien außer Balance sind. Mit einem destruktiven Akt der Gewalt droht der Angreifer eine zwischenmenschliche Beziehung zu zerstören. Die Aufgabe des Aikido-Übenden besteht darin, nicht den Angreifer, sondern lediglich dessen destruktive Energien zu neutralisieren, damit diese die Beziehung der Konfliktparteien nicht gefährden. Diese Entkoppelung von Person und Energie hat den positiven Effekt, dass selbst ein bedrohliches Gegenüber niemals als Feind gesehen wird.

Ein weiterer Grundsatz im Aikido ist es, keine Gewalt anzuwenden. Die Energien des Angreifers werden lediglich in kreisförmige Bewegungen umgelenkt und „geerdet". Für den Angegriffenen heißt das, widerstandslos mit den Energien zu arbeiten, den Angreifer so aus der Balance und schließlich unversehrt zu Boden zu bringen. Dieser Grundsatz geht so weit, dass der sich im Fall befindliche Angreifer derart geführt oder sogar gestützt wird, dass keine Verletzungen auftreten. Am Ende eines Angriffs sollen sich zwei Menschen unversehrt und ungedemütigt gegenüberstehen.

Zusammen mit der aus dem Projekt hervorgegangenen Organisation „Warriors for Peace – Pilipinas" gelang es pax christi Pilipinas, die Kampfkunst Aikido als ein beispielhaftes Mittel gewaltfreier Konfliktbearbeitung zu fördern. Durch eine wachsende Aikidogemeinschaft erhofften sich auch die lokalen Aikidotrainer, mittelfristig zu einem friedvolleren Miteinander der Menschen beitragen zu können. Vorausschauend waren hierzu vor Projektende weitere gemeinsame Schritte unternommen worden, so wurden zehn Frauen und Männer aus den Konfliktgebieten der Inseln Mindanao und Negros an der „Warriors for Peace Academy" zu Aikidotrainerinnen bzw. Aikidotrainern und Friedenskräften ausgebildet. Nach zwei Jahren intensiven Trainings und erfolgreicher Graduierung sollten die Teilnehmenden als sogenannte „Community Organizer" in ihre Dorfgemeinschaften zurückkehren und gemeinsam mit den Einwohnerinnen und Einwohnern neue Strategien konstruktiver Konfliktbearbeitung entwickeln.

Der Projektablauf

Täglich wurden zwei bis drei Aikidoeinheiten für die Teilnehmenden der „Warriors for Peace Academy" durchgeführt. Die Ausbildung beschränkte sich jedoch nicht allein auf die Kampfkunst. Je nach Bildungsstand mussten die Teilnehmenden verschiedene Kurse zu friedensbildenden Maßnahmen besuchen, die wiederum das „Pax Christi Institute" anbot. Für diejenigen ohne Collegeabschluss waren dies insbesondere mehrmonatige Kurse in den Bereichen Friedenserziehung (Peace and Development Educators Program), aikidobasierte Konfliktintervention (Creative Conflict

Intervention), Konfliktlösung (Alternative Conflict Resolution) und politische Partizipation (Peace Agents Academy). Teilnehmerinnen und Teilnehmer mit Collegeabschluss bekamen die Gelegenheit, das akademische Programm „Master of Arts in Conflict and Reconciliation Studies" zu besuchen.

Darüber hinaus begaben sich die „Warriors for Peace" mindestens einmal im Monat in konfliktbetroffene Dorfgemeinschaften des Rebellengebiets. Dort fanden im Anschluss an die mehrmals täglich stattfindenden Aikidoeinheiten häufig Diskussionen zur Anwendbarkeit von Aikidomethoden und -techniken in Alltagssituationen statt.

Die männlichen Dorfbewohner wurden im Rahmen der 2006–2007 durchgeführten Pilotprojekte zu Pionieren des Aikidoprogramms und zu Partnern der „Warriors for Peace". Über 50 Prozent der männlichen Bevölkerung des Rebellengebiets im Alter von 12 bis 40 Jahren nahmen regelmäßig an den Übungen teil. Nach einem Jahr gemeinsamen Trainings wurde die Mehrzahl der Teilnehmer für die „Warriors for Peace Academy" aus dem Kreis der am Projekt beteiligten Dorfbevölkerung ausgewählt. Zusätzlich zu den individuellen Bewerbungsunterlagen konnten für das Auswahlverfahren damit auch die Beobachtungen der Trainerinnen und Trainer (über kontinuierliche Teilnahme, Fortschritte, Position und Einfluss im Dorf) berücksichtigt werden.

Neben der Akademie und dem Programm für die Bevölkerung und die Kombattanten im Konfliktgebiet bieten die „Warriors for Peace" seit 2006 Trainings und Seminare mit der Polizei (Philippine National Police) und, wenn möglich, mit dem philippinischen Militär an.

Aikidotraining (Warming-up) mit Rebellen in einem Dorf im Rebellengebiet

Der Kontakt zu Militär und Rebellen:
„Insbesondere die Trainingseinheiten im Rebellengebiet bedürfen mentaler Vorbereitung: In der Regenzeit überfluten Wassermassen die schlammigen Straßen in den Bergen, sodass selbst die Geländewagen streiken und lange Fußmärsche im sintflutartigen tropischen Sturm die einzige Alternative sind, um in diese Gebiete vorzudringen. Außerdem werden häufig die Trainingsorte gewechselt, insbesondere wenn Kampfhandlungen in der Nähe stattfinden. Das heißt in aller Regel auch, alle Matten ins nächste, unter Umständen viele Kilometer entfernte Dorf zu tragen. Beginnt dann endlich die erste Übungseinheit, kommt immer auch ein wenig Unbehagen auf – wohin man auch schaut, jenseits des Mattenrandes stapeln sich aller Arten Gewehre, Granaten und Munition. Und die rote staubige Erde der Berge, die mangels Waschmöglichkeiten schon bald die Matten überzieht, hinterlässt ihre Wundmale auf den weißen Anzügen. Spätestens am ersten Abend des zumeist dreitägigen Aufenthaltes haben die Trainerinnen und Trainer und ihre Kolleginnen und Kollegen sich von allen Annehmlichkeiten urbaner Zivilisation verabschiedet. Der Konflikt der armen Landbevölkerung ist allgegenwärtig spürbar." Patrick Koop

Ob das Projekt einen Beitrag zum Ende der Gewalt leisten konnte, bleibt noch offen: Kritiker sehen einen möglichen Missbrauch erlernter Techniken, Enthusiasten aktiver Gewaltfreiheit freuen sich an einer neuen lebensnahen und vor allem „be-greif-baren" Methode. Die Konfliktbeteiligten selbst diskutieren die aktuelle Relevanz und Anwendbarkeit. Die einzige Gewissheit ist, dass sich alle Beteiligten auf einen Weg gemacht haben, der zu mehr Flexibilität und Kreativität im Umgang mit Gewaltsituationen führen kann.

Was war wichtig für den Erfolg?

Das Projekt wurde zunächst von der deutschen Fachkraft im „Pax Christi Institute" Niall O' Brien Center (NOBC) initiiert und in enger Kooperation mit zwei lokalen Aikidotrainern durchgeführt. Beide Seiten konnten an der Zusammenarbeit wachsen. Es schien, als hätten sich die eher westlichen Methoden der Friedensarbeit und die reiche Philosophie des Aikido gegenseitig befruchten und das Verständnis der jeweiligen Anschauung vertiefen können. Trotz aller Euphorie waren sich die Beteiligten bewusst, dass keiner der Ansätze genuin philippinischen Ursprungs war. Bisher hatte sich jedoch keine andere Methode so derart wirkungsvoll darin gezeigt, Menschen die aktive Gewaltfreiheit physisch nahezubringen, wie Aikido es vermochte.

Die Friedensfachkraft
Patrick Koop ist Chairman der „Peace Agents" (www.peaceagents.com). Gleichzeitig ist er Aikidoschüler von Noel und Stella Fuentes.

„Schon in meiner Vorbereitung als deutsche Friedensfachkraft für das pax-christi-Friedenszentrum auf den Philippinen hat mir diese Aufgabe sehr zu denken gegeben: Aikido hat weder (Wett-)Kampf noch bloße Selbstverteidigung zum Ziel. Die Kriegskunst sucht nach Versöhnung der Kontrahenten. Eine unglaubliche Zielsetzung! Den Gegner nicht als Feind zu sehen, daher nicht den Aggressor, sondern lediglich seine zerstörerischen Energien, die Aggressionen, zu eliminieren, ist für Aikido und die Friedensarbeit von immenser Bedeutung. Wenn der Aikidoka darüber hinaus einen untrainierten oder kopflosen Angreifer derart durch die Bewegungen führen kann, dass dieser sich beim Fallen nicht unnötig verletzt, schafft er die Grundlage einer Win-win-Situation und fördert einen Versöhnungsprozess ohne hässliche Narben.

Aikido ist somit nicht nur ein exzellentes Beispiel dafür, wie Einzelne aktiv, effektiv, kreativ und gewaltfrei in Konflikten intervenieren können. Die seltene Situation, dass die Konfliktgegner ihre körperliche Auseinandersetzung unverletzt und ohne Demütigung überstehen, eröffnet darüber hinaus die Möglichkeit zu einer Aussöhnung und einer unbelasteten Zukunft.
Durch die langjährige Übung der ‚Kunst des Friedens' entwickelt der Aikidoka inneren Frieden durch wachsendes Selbstwertgefühl, Hochachtung für seine Mitmenschen und einen versöhnlicheren Blick auf seine Umwelt. Aikido lässt ihn zu einer transzendierenden, auf Win-win-Lösungen hin orientierten Persönlichkeit wachsen.

Mein Beitrag als externe Friedensfachkraft war es, auf eventuell unorthodox scheinende Möglichkeiten der Friedensarbeit (insbesondere Aikido) hinzuweisen. Ohne die begeisterten, engagierten und experimentierfreudigen lokalen Aikidotrainer wäre deren Umsetzung aber nur sehr bedingt möglich gewesen. Meine Leistung als Fachkraft des Zivilen Friedensdienstes besteht daher in der Vermittlung und Vernet-

zung von bestehenden Ansätzen der Konfliktarbeit, im Transfer und Austausch von verschiedenen Terminologien, Methoden und Erfahrungen zwischen den Disziplinen (Beispiel Aikido: Friedensarbeit und Kampfkunst) und in der Unterstützung der lokalen Fachkräfte bei der Strategieentwicklung von sinnvollen Programmen und Projekten." Patrick Koop

Die lokalen Mitarbeiterinnen und Mitarbeiter sowie die Aikidotrainerinnen und Aikidotrainer zeigten sich zunächst distanziert und skeptisch gegenüber der Friedensarbeit. Ihr Interesse galt – wie sie selbst sagten – im Wesentlichen den Kampfkunsttrainings auf der Matte und der Verbreitung des Aikido. Mit wachsendem Bewusstsein für die Ähnlichkeiten von Friedensarbeit und Aikido und der besonderen Rolle des Aikido im Hinblick auf Konfliktverständnis (Be-Greif-barkeit), Methodik und Relevanz für die Kombattanten sowie einem Verständnis für die in den Konfliktgebieten lebende Bevölkerung begann sich die Einstellung gegenüber der eigenen Disziplin zu verändern. Die beiden Aikidotrainer kündigten schließlich ihre sicheren Arbeitsverhältnisse, um sich ganz der Projektmitarbeit zu widmen. Die wesentliche Überzeugungsarbeit zu diesem Schritt hatten hierbei die Konfliktbeteiligten geleistet: Bei der Auswertung eines Pilotprojektes mit Kombattanten bemerkte die Aikidotrainerin Stella Fuentes, dass die Teilnehmenden in Diskussionen Antworten gaben, die sie nicht gelehrt hatte. Die Befragten erklärten Zusammenhänge gewaltfreier Konfliktbearbeitung mittels der Aikidoterminologie und -methodik, die sie aus den praktischen Übungen herleiteten.

Das Fazit

Zusammenfassend kann gesagt werden, dass Aikido als Kampfkunst eine körperlich erfahrbare Verbindung zwischen gewaltloser Konfliktbearbeitung und gewaltbetonter Kriegserfahrung herstellt. Es setzt unmittelbar bei den Lebenswirklichkeiten der Konfliktbeteiligten – sprich Bedrohung und Kampf – an, verfolgt aber klar gewaltfreie, versöhnungsorientierte Strategien und Methoden.

Als Weg (Do) wirkt Aikido zudem zuerst auf den Aikido-Übenden selbst, transformiert ihn über viele Jahre kontinuierlichen, ganzheitlichen Trainings nicht nur zu einem „Schwarzgurt-Träger", sondern auch zu einem

Friedensarbeiter. Mittels der Dauer und der ganzheitlichen und sensitiven Ausrichtung der Ausbildung ergeben sich viele Erfahrungsmöglichkeiten, die konventionelle, rein intellektuelle und kognitive Kursangebote zur konstruktiven Konfliktbearbeitung nicht leisten können.

Ilona Auer-Frege

Cornelia Brinkmann:

Governance- und Peacebuilding-Programm in Afghanistan

Projektstandort:	Kabul, Provinz Badakhshan
Laufzeit:	2004 - 2005
Organisation:	Deutscher Entwicklungsdienst (DED)
Lokale Partnerorganisationen:	Afghanaid, Oxfam
Ansprechpartnerin:	Cornelia Brinkmann, brinkmann@peace-building.org, brinkmann@steps-for-peace.org
Finanzierung:	Bundesministerium für wirtschaftliche Zusammenarbeit und Entwicklung (BMZ)

Der Projekthintergrund

Trotz erster Wahlen, der neuen Verfassung und internationaler ziviler wie auch militärischer Interventionen ist Afghanistan weit von einem stabilen Frieden entfernt. Nach mehr als 23 Jahren Krieg und Bürgerkrieg sind die gesellschaftlichen, ökonomischen und politischen Strukturen fragiler denn je. Afghanistan ist eines der ärmsten Länder der Welt. Korruption ist weit verbreitet. Zudem hat die Einbindung von Gewaltakteuren in die politischen und administrativen Strukturen die Unzufriedenheit der Bevölkerung über den demokratischen Wandel geschürt. Die Existenz vieler paralleler Machtstrukturen steht einem Zentralstaat entgegen. Im Süden des Landes wird der Krieg der „Operation Enduring Freedom“ (OEF) gegen die Taliban fortgeführt – mit einer hohen Anzahl von zivilen Todesopfern. Die Sicherheitslage ist für alle prekär: Menschen werden entführt, ermordet, Selbstmordanschläge und Angriffe auf Militär und Polizei sind an der Tagesordnung; auch das Personal internationaler Organisationen bleibt von den Terrorakten nicht verschont. Die Polizei ist weder ausreichend ausgebildet noch ausgerüstet und oft in kriminelle Aktivitäten involviert. Überdies sind Polizei und Justiz noch im Aufbau und nicht aufeinander abgestimmt. 2007 wurden in Afghanistan circa 93 Prozent des weltweit verfügbaren Opiums hergestellt. Die Verästelungen der Macht- und Gegenmachtstrukturen reichen hinunter bis in Dorf- und Familienebenen. Der Kampf um regionale Hegemonie ist die Ursache für die politische und wirtschaftliche Destabilisierung in den Provinzen des Landes, die sich in verstärkter Kriminalität, Menschenrechtsverletzungen, Ressourcenkonflikten und kurzzeitigen Ausbrüchen bewaffneter Gewalt widerspiegelt.

Traditionelle Methoden der Entscheidungsfindung und Konfliktbearbeitung regeln an vielen Orten als stärkste Kraft das Zusammenleben. Sie konkurrieren mit einer sehr fundamentalistischen Auslegung der Scharia. Ehemalige Kommandeure und Gewaltakteure aus der illegalen Ökonomie versuchen ebenfalls ihre Macht zu sichern. Ein hoher Prozentsatz des nationalen Budgets kommt von internationalen Gebern. Internationale staatliche und nichtstaatliche Organisationen haben daher durch die Mittelvergabe neben dem ökonomischen Einfluss eine erhebliche Macht auf die gesellschaftliche und politische Entwicklung des Landes gewonnen.

Der Projektansatz

Der Deutsche Entwicklungsdienst (DED) schrieb 2004 in Afghanistan ein Projekt des Zivilen Friedensdienstes in Zusammenarbeit mit den Partnerorganisationen Afghanaid und Oxfam aus. Afghanaid und Oxfam sind britische Hilfsorganisationen, die seit mehr als zwanzig Jahren in Afghanistan tätig sind. Für die Implementierung ihrer Projekte arbeiten beide mit über 350 angestellten afghanischen Mitarbeiterinnen und Mitarbeitern, da sie keine ausreichend qualifizierten lokalen Partnerorganisationen finden konnten. Die afghanischen Mitarbeiterinnen und Mitarbeiter werden ständig weiterqualifiziert. In diesem Zusammenhang sollte die Friedensfachkraft des DED ab 2005 ein Workshopkonzept entwickeln, mit dem einheimische Mitarbeiterinnen und Mitarbeiter sowie Trainerinnen und Trainer ausgebildet werden konnten, um vor Ort integrierte Strategien und Strukturen für gewaltfreie Konfliktbewältigung aufzubauen.

In einem gemeinsamen Planungsworkshop zu Projektbeginn verständigte sich das Team über die aktuellen Ziele, Aktivitäten, Verantwortlichkeiten sowie über Kommunikations-, Arbeits- und Entscheidungsstrukturen.

Das Ziel war es, in den Kommunen das Bewusstsein und die Fähigkeiten zu Themen der Regierungsbildung und zur Konfliktlösung auszubauen. Hierfür sollten die Mitarbeiterinnen und Mitarbeiter beider Organisationen Informationen zu den Themen Bürgerrechte und Bürgerpflichten, zu guter Regierungsführung, Konfliktmanagement und Konfliktbearbeitung erhalten, um die Verantwortlichen in Kommunen, lokalen Regierungen und anderen Organisationen später in diesen Themen begleiten zu können. Die Teilnehmerinnen und Teilnehmer von Afghanaid und Oxfam sollten zudem lernen, wie sie selbst in ihrem Arbeitsumfeld bei Konflikten konstruktive Unterstützung leisten, gewaltfrei vermitteln und diese Kenntnisse auch an die Menschen weitergeben könnten.

Ein weiteres Anliegen des Projektes war es, ein praxiserprobtes Trainingshandbuch zu erstellen: Es galt, die Lernerfahrungen zusammenzufassen und für zukünftige Ausbildungsgänge einsetzbar zu machen.

Der Projektablauf

Die Trainings fanden in der Provinz Badakhshan statt, da dort beide Organisationen tätig waren. Badakhshan ist sehr gebirgig und eine der ärmsten Regionen Afghanistans. Mohnanbau ist eine zentrale Einnahmequelle der verarmten Menschen. Es gibt für sie keine vergleichbaren Alternativen. Auf dem Lande ordnen in der Regel die Ältesten auf der Basis traditioneller Werte und Mullahs als Interpreten des Islam das Leben der Familien und Kommunen. Ehemalige Kommandeure und Akteure der illegalen Ökonomie (Drogen, Schmuggel, Erpressungen etc.) versuchen ihren Einfluss auszubauen. Regierungsvertreter, Polizei und Justiz werden als inkompetent, parteiisch und korrupt wahrgenommen und gelten eher als Störfaktoren bei Konfliktregelungen denn als Hilfe. In diesem Umfeld waren die afghanischen Mitarbeiterinnen und Mitarbeiter für die Implementierung einer breiten Palette von Hilfs- und Entwicklungsprojekten tätig.

Intensive Vorbereitung:

Um die Trainingsreihe zielgruppenspezifisch und möglichst kulturell angepasst zu entwickeln, umfasste die Vorbereitung die Analyse, die Beratung, die Feldstudie und einen Pilotversuch.

Es wurden vier Kompaktstudien durchgeführt: „Governance und Peacebuilding", „Stand der thematischen Arbeit und Diskussion bei Partnerorganisationen", „Struktur der afghanischen zivilgesellschaftlichen Organisationen, Akteure, Netzwerke im Themenfeld von Governance und Peacebuilding" und „Verfügbarkeit von thematisch lokal angepassten didaktischen Materialien". Die Sondierungen ergaben, dass sich das Thema Governance bei den Zielgruppen schlecht verkaufen würde. Es war nicht möglich, eine positiv klingende Übersetzung in Dari (eine der Amtssprachen Afghanistans) zu finden. Hingegen löste das Themenfeld Peacebuilding vorwiegend gute Assoziationen aus. Der Focus für die Trainings wurde daher auf diesen Aspekt gelegt.

Die Analyse des afghanischen Peacebulding-Trainingsmarktes ergab, dass Peacebuilding- und Do-No-Harm-Trainings in unterschiedlichen Formaten bereits angeboten wurden. Allerdings gab es keine systematischen, öffentlich zugänglichen Trainingsmaterialien für Peacebuilding in Dari. Hier konnte das Projekt eine wichtige Lücke im Geberangebot schließen, indem es ein solches Trainingshandbuch erstellte, das über das Projekt hinaus verwertbar war und damit Multiplikationswirkung entfalten konnte.

Die konzeptionellen Vorüberlegungen für ein Peacebuilding-Training wurden mit afghanischen und internationalen Trainerinnen und Trainern diskutiert, um anschließend zwischen den Partnerorganisationen beraten und entschieden zu werden. Besuche in Badakhshan bei vier Afghanaid-Distriktbüros, zwei Ältestenräten, Vertretern des „Provincial Reconstruction Teams" (PRT) in Faizabad, von „United Nation Afghanistan Mission Assistance" (UNAMA), der „Afghan Independet Human Rights Commission" (AIHRC) und von „Co-operation for Peace and Unity" (CPAU) dienten dazu, die Akteure in der Region kennen zu lernen und diese über die geplanten Trainings zu informieren sowie deren Empfehlungen einzuholen.

Es gab ein reges Interesse an Peacebuilding-Themen. Die Gespräche mit den Mitarbeiterinnen und Mitarbeitern zeugten von sensibler politischanalytischer Schärfe, großer Offenheit und der spürbaren Bereitschaft, sich auf Veränderungsprozesse einzulassen. Eine wichtige Erkenntnis war auch, dass internationale Frauen als Gesprächspartnerinnen ernst genommen wurden und somit als Trainerinnen akzeptiert waren.

Pilottraining:
In einem dreitägigen Peacebuilding-Pilottraining von Oxfam konnten ausgewählte Themen und pädagogische Ansätze getestet werden. Mitarbeiterinnen und Mitarbeitern aus drei verschiedenen Provinzen (Badakhshan, Hazarajat und Kandahar) stellten sich für diesen ersten Probelauf zur Verfügung. Dies war auch der erste Praxistest für die Zusammenarbeit mit dem afghanischen Mitarbeiter.

Durchführung der Trainings:
Afghanaid und Oxfam wählten 16 Teilnehmerinnen und Teilnehmer (sieben Frauen, neun Männer) aus sechs Distriktbüros aus. Hinzukamen zwei Distriktbüroleiter, die Genderberaterin und der technische Berater aus dem Provinzbüro Faizabad. Die Auswahl der sogenannten *social organizer* oder *community mobilizer* richtete sich nach deren Aufgabenfeld, da sie in ihrem Projektalltag mit einer breiten Palette an Konflikten konfrontiert sein würden und mit unterschiedlichen Zielgruppen arbeiten müssten.

Die Teilnehmerinnen und Teilnehmer begleiteten in ihrem Projektalltag die Umsetzung von Projekten zu unterschiedlichen Themen in jeweils sieben bis siebzehn verschiedenen Dörfern. Die Teilnahme von Mitarbeiterinnen und Mitarbeitern verschiedener Organisationen sorgte für produktive Anregungen und kollegialen Austausch. Oxfam und Afghanaid stellten ihre Mitarbeiterinnen und Mitarbeiter für drei einwöchige Trainings in Faizabad und ein Training-on-the-Job frei, verteilt auf sechs Monate.

Inhalte der Trainings:
Die Trainings folgten drei thematischen Schwerpunkten:

1. Vermittlung von Basisfähigkeiten wie Kommunikation, Lerntechniken und Projektmanagement, da diese die Grundlagen für jede praktische Friedensarbeit sind.

2. Vermittlung von Konfliktanalysetechniken und Visionsarbeit, da die Gestaltung von Veränderungsprozessen auf Mikroebene ebenfalls auf einer sorgfältigen Konflikt- und Akteursanalyse aufbauen sollte. Die Visionsarbeit diente der Verständigung über angestrebte Gemeinsamkeiten und Ziele, sie konnte Ermutigung schaffen durch die Erfahrung von kollektiven Interessen.
3. Vermittlung konkreter Techniken des Konfliktmanagements, um die Handlungskompetenzen zu erweitern. Besonderer Wert wurde darauf gelegt, unterschiedliche Konfliktmanagementtechniken auszuprobieren, um die Akteure und ihre jeweiligen Stärken und Schwächen kennen zu lernen. Die Analyse traditioneller Stile und des eigenen Stils sollte das Bewusstsein für die jeweiligen Stärken und Schwächen des Ansatzes schärfen.

Was war wichtig für den Erfolg?

„Die Analysen in der Vorbereitung zeigten, dass es in Afghanistan ein großes Interesse und auch Angebote für Trainings gab. Doch trotz sehr vieler Bildungsangebote waren Wirkungen für die Menschen in den ländlichen Regionen nicht erkennbar. In Gesprächen mit Mitarbeiterinnen und Mitarbeitern wurde in der Vorbereitungsphase deutlich, dass es eine Tendenz gibt, Erlerntes nicht zu teilen oder es am Arbeitsplatz nicht abzurufen. Möglicherweise sind auch zusätzliche Tagegelder, die Aussicht auf ein Zertifikat und Abwesenheiten vom Arbeitsplatz Motive für die Teilnahme an Trainings. Daher war es ein zentrales Anliegen der Peacebuilding-Trainings, praxisrelevantes Wissen zu vermitteln und die Umsetzung in der täglichen Arbeit zu begleiten. Der Lernprozess wurde also nicht nur kognitiv gestaltet, sondern als Prozess angelegt mit vielen Übungen, kollegialer Beratung, Reflexion und Wiederholung, um den Transfer in die Arbeitswelt zu verbessern." Cornelia Brinkmann

Der beste Lehrmeister ist die Praxis. Daher ermutigte die Trainerin die Teilnehmenden, Lerninhalte in ihren Projektalltag zu integrieren und dabei die Grenzen der Akzeptanz bei den jeweiligen Zielgruppen sorgfältig auszuloten. Sie sollten keine Risiken eingehen, da die praktische Umsetzung zeitgleich mit den ersten Parlaments- und Provinzwahlen stattfand – in einer Phase mit bekanntlich hohem Eskalationsrisiko. Zunächst sollten sie mit überschaubaren, kleinen Projekten beginnen, dort ansetzen, wo Erfolg versprechende Veränderungen eingeleitet werden konnten, um diese mit wachsender Erfahrung weiterentwickeln zu können.

„Friedensarbeit weckt in der Regel viel zu hohe Erwartungen oder große Widerstände, und Friedensfachkräfte neigen dazu, sich zu überfordern. Darum sollten sie mit wenigen Projekten beginnen und ihre Erwartungen an sich selbst und ihre Zielgruppen einem ständigen Realitätscheck unterwerfen. Ein Training-on-the-Job ist sehr hilfreich und unterstützt die Teilnehmenden dabei, ihr Umfeld genauer wahrzunehmen und darauf abgestimmte Handlungsansätze zu entwickeln.
Themen wie Peacebuilding und Konfliktmanagement sind extrem komplex. Gerade in einer Krisenregion reagieren die Mitarbeiterinnen und Mitarbeiter auf diese Themen sehr emotional und brauchen daher Reflexionszeit, um ihre eigenen Erfahrungen zu verarbeiten und ihre Erwartungen zu klären. Dies bedeutete, dass zwischen den Lernblöcken ausreichend Zeit gelassen werden musste, damit die Teilnehmenden Reifezeiten hatten für die Planung konkreter Schritte. Statt längerer Trainingsblöcke haben wir über einen längeren Zeitraum mehrere aufbauende Lernimpulse angeboten."
Cornelia Brinkmann

Die Autorin und Friedensfachkraft

Cornelia Brinkmann ist Hotelkauffrau und Erziehungswissenschaftlerin. Sie war von 1992 bis 2000 politische Bildungsreferentin der Heinrich-Böll-Stiftung, von 1996 bis 2000 Gründungsmitglied und Vorstand des Forums Ziviler Friedensdienst e. V. mit Aufgabenschwerpunkt „Projekte und Programme" und 2001 Projektreferentin bei zivik. Seit 2000 arbeitet sie als friedenspolitische Beraterin zu Themen der Friedenskonsolidierung, zivilen Konfliktbearbeitung und Krisenprävention mit Nichtregierungsorganisationen (NRO) und staatlichen Trägern. Seit 2010 ist sie Geschäftsführerin von Steps for Peace – Institut für Peacebuilding gGmbH.

Jeder Mensch lernt anders, und Lernen mit allen Sinnen erhöht den Lernerfolg. Aus diesen Gründen gehörte die methodische Vielfalt zum Programm: Präsentationen, Arbeitsgruppen, Diskussionen, Fallstudien, Brainstorming, Konfliktanalysen, kollegiale Beratung, kreative Techniken, Rollenspiele, Fishbowl, Reflexionstechniken und vieles mehr.
Die Rolle der internationalen Trainerin wurde als Themenexpertin definiert, die – aus der internationalen Erfahrung heraus und in Rücksprache mit afghanischen Fachtrainerinnen und Fachtrainern – ein Angebot für einen Lernprozess macht. Die Teilnehmenden blieben die Regional- und Kulturexpertinnen und -experten, die aus den Lernangeboten das für sie

selbst Brauchbare herausfiltern sollten. Die geplante Kontextualisierung wurde vor Umsetzung durch kollegiale Beratung unter den Teilnehmenden einer gegenseitigen Prüfung unterzogen und durch Empfehlungen bereichert.
Es war bemerkenswert, dass ein Training in einer gemischten Gruppe von Frauen und Männern mit diesem breiten Methodenansatz in Afghanistan möglich war. Dies war sicherlich das Ergebnis der intensiven Qualifizierungsarbeit, die beide Organisationen vorab mit ihren Mitarbeiterinnen und Mitarbeitern schon geleistet hatten. Wie sensibel die Situation dennoch war, zeigte sich in einer gescheiterten Rhythmusübung im Kreis. Ein Teilnehmer ließ am nächsten Tag über den Übersetzer mitteilen, es sei Frauen und Männern nicht erlaubt, gemeinsam zu tanzen. Wenn dies der Mullah erfahre, sei dies ein weiteres Argument gegen die Arbeit von internationalen Organisationen in der Region.

Ergebnisse der Trainings:
Elf Teilnehmerinnen und Teilnehmer, die im letzten Training einen Fragebogen ausgefüllt hatten, gaben an, mit über 45 verschiedenen Zielgruppen zu Friedensthemen gearbeitet zu haben. Zum Beispiel diskutierten sie mit Mullahs über Peacebuilding und forderten sie auf, beim Freitagsgebet über Frieden zu sprechen. Peacebuilding wurde in die Agenda von Schura-Treffen aufgenommen. Eine Gruppe einflussreicher Frauen wurde von einer Teilnehmerin ausgewählt, die sich um Frieden im Ort kümmern sollte, sie lösten Familienkonflikte oder trainierten ihre Kolleginnen und Kollegen im Distriktbüro oder wurden von Schulen eingeladen, Lehrkräfte und Schülerinnen und Schüler zu unterweisen. Peacebuilding wurde im Alphabetisierungskurs und sogar in einem Gesundheitstraining zum Thema gemacht.
Nach ihren eigenen Einschätzungen hatten die Teilnehmenden im Rahmen des Trainingsprogramms mit über 3.000 Personen direkt gesprochen und damit indirekt 17.000 weitere erreicht – dies alles in sechs Monaten. Angesichts der generellen Risiken durch Drogenvernichtungsprogramme, der Unsicherheiten aufgrund der Wahlvorbereitung und der Wahlen sowie der heterogenen Verantwortlichkeiten für Konfliktbearbeitung auf der lokalen Ebene war dies ein beeindruckendes Ergebnis.

Die Teilnehmenden der Trainings wurden zur Bearbeitung von Konflikten innerhalb oder zwischen Familien (es konnten dabei über 100 Personen involviert sein) oder auch Dörfern herangezogen. Die weiblichen Teilnehmerinnen des Trainings wurden zu Familienkonflikten gebeten und konnten erfolgreich vermitteln. Ein Motto für sie war: „Familien sollen ihre Konflikte selbst lösen". Ein ähnliches Selbstverständnis kristallisierte sich bei den Männern heraus, die vor allem mit Schuren und Mullahs arbeiteten: „Konflikte der Gemeinschaft sollen in und durch die Gemeinschaft gelöst werden". Das klingt simpel und einleuchtend, ist aber unter diesen lokalen Rahmenbedingungen eine Herausforderung.
Dies signalisiert, mit wie vielen Menschen zum Thema friedliche Konfliktbearbeitung gearbeitet werden kann. Es wird akzeptiert, dass afghanische Mitarbeiterinnen und Mitarbeiter internationaler Hilfsorganisationen über Frieden reden und für ihre Projekte neue Strukturen des Konfliktmanagements einführen. Hier, auf der kommunalen Ebene, liegt ein enormes Potenzial für Friedensarbeit und Konfliktmanagement in Afghanistan, das noch gestärkt werden könnte.

„Für mich war es eine Erfolgsgeschichte, als ein Teilnehmer erzählte, wie sich in einem Dorf ein Konflikt mit internen Flüchtlingen, die dort angesiedelt wurden, auflöste. Der Bürgermeister wollte den neuen Bewohnern nicht die gleichen Rechte, z. B. auf Wasser, zukommen lassen. Der Trainingsteilnehmer sah darin das Potenzial für erhebliche zukünftige Konflikte und forderte den Vorsitzenden der Schura, einen Ältesten, auf, sich damit zu befassen. Er begann mit der islamischen Argumentation, dass Bäume und Wasser von Allah geschaffen seien und daher für alle da seien. Er fragte, was er als Ältester dazu beitragen könne, um den Frieden im Dorf zu sichern. Über Wochen gab es mehrere Treffen und Gespräche. Letztlich entschied die Schura, dass alle im Dorf täglich drei Stunden lang Wasser erhalten sollten. Auf meine Frage an diesen Teilnehmer, was sich für ihn durch das Peacebuilding-Training geändert habe, kam nach kurzem Zögern die Antwort: ‚Ich fühle mich jetzt mehr verantwortlich etwas zu tun und warte nicht, bis ein Problem groß geworden ist. Und ich habe jetzt mehr Ideen, was ich tun könnte.' Das zeigt für mich, wie gut der Teilnehmer das Angebot in seinen Arbeitsalltag integrieren konnte." Abdul Hafiz Feraq

Das Fazit

Die regionale und kulturelle Fachexpertise der afghanischen Mitarbeiterinnen und Mitarbeiter internationaler Organisationen lässt sich im Rahmen ihrer täglichen Projektarbeit für Peacebuilding-Prozesse hervorragend nutzen. Sie haben Zugang zu Regionen, die für zivile internationale Akteure in Afghanistan aus Sicherheitsgründen nicht betretbar sind. Wichtig ist es, auf eine sorgfältige Trainingskonzeption zu achten, welche die Verantwortung der Teilnehmerinnen und Teilnehmer für gesellschaftliche Transformationsprozesse einfordert, auf sie maßgeschneidert ist und über einen längeren Zeitraum geht.

Formen von Gewalt – vier eigens für den Themenkreis entwickelte Postermotive dienen als Anschauungs- und Lehrmaterial für Analphabeten, Quelle: Deutscher Entwicklungsdienst (DED)

Das Trainingshandbuch „Steps for Peace" liegt in Englisch und Dari vor. Zum ersten Mal sind damit in Afghanistan Basisinformationen über Peacebuilding für eine breitere Öffentlichkeit zugänglich. Die vier gemeinsam entwickelten Poster sind für die Arbeit mit Analphabeten geeignet und unterstützen damit die lokale Bearbeitung der Themen erheblich. Die Materialien können von lokalen und internationalen Trainerinnen und Trainern genutzt werden. Dies erhöht den Multiplikatoreneffekt für Peacebuilding und Konfliktmanagement außerordentlich.

Cornelia Brinkmann

Centrum für internationale Migration und Entwicklung:
Eine Kultur der Konfliktsensibilität fördern – Hilfsorganisationen in Sri Lanka

Projektstandort:	Colombo, Sri Lanka
Laufzeit:	2005 - 2008
Organisation:	Centrum für internationale Migration und Entwicklung (CIM)
Lokale Partnerorganisation:	Consortium of Humanitarian Agencies (CHA)
Ansprechpartner:	Denis Dressel denis.dressel@gtz.de
Finanzierung:	Deutsche Gesellschaft für Technische Zusammenarbeit (GTZ), Weltbank, norwegisches Außenministerium, internationale Hilfsorganisationen

Der Projekthintergrund

Sri Lanka verfügt über beeindruckende Kultur- und Naturschätze, Touristen betrachten das Land als attraktives Urlaubsziel. Dank seiner Wirtschaftskraft bringt es ein Durchschnittseinkommen von über 1.000 $ im Jahr hervor. Gleichwohl galt Sri Lanka seit Jahrzehnten als kaum zu befriedender Krisenherd. Der ethnisch motivierte Konflikt zwischen den „Liberation Tigers of Tamil Eelam" (LTTE), einer von der EU als terroristische Vereinigung gelisteten Rebellenorganisation, und der Regierung schien bis 2008 kein Ende zu finden. Der Kampf um die angemessene politische Beteiligung der Tamilen am politischen System Sri Lankas bzw. einer unabhängigen Region für die Tamilen hat seit 1983 dazu geführt, dass ein Klima der militärischen Gewalt und Unsicherheit den Alltag bestimmt: Häuser, Tempel und Kirchen wurden zerstört, Hunderttausende von Menschen intern vertrieben, Flüchtlingslager entstanden. Der verheerende Tsunami von 2004 belastete die humanitäre Situation des Landes noch weiter. Waffenstillstandsabkommen, internationale Vermittlungsversuche und Verhandlungen scheiterten immer wieder. Stattdessen führte die Regierung weiterhin einen „Krieg für den Frieden" und führte ihre Angriffe auf Rebellenhochburgen im Norden und Osten des Landes mit Bodentruppen und Luftwaffenbeschuss fort. Die LTTE hielt ebenso verbissen an der militärischen Lösung des Konfliktes fest. Sie mobilisierte immer mehr, auch immer jüngere Soldaten und Soldatinnen aus den tamilischen

Familien für ihre Truppen. Tamilische Opfer wurden von der Regierungsseite nicht anerkannt, eine faire Beteiligung der Tamilen an den Machtstrukturen des Landes war und ist auch 2010, nach dem militärischen Sieg der Regierung über die LTTE, nicht in Sicht.
Zudem hat der Konflikt tief greifende Auswirkungen auf die wirtschaftlichen, politischen und sozialen Strukturen des Landes. Die Touristenzahlen waren gesunken und damit auch eine Einkommensquelle. Die Gesellschaft wurde weiter entlang ethnischer Linien polarisiert. Im öffentlichen Leben wie in der Regierung war eine sich immer weiter verschärfende Tendenz zur Militarisierung und schlechten Regierungsführung unübersehbar. Das politische Leben war in manchen Regionen zum Stillstand gekommen und die Justiz erwies sich häufig als unfähig oder unwillig, selbst schwere Menschenrechtsverletzungen, Entführungen und Tötungen unabhängig und effizient zu ahnden.
Die internationale Gemeinschaft zeigte sich besorgt über die erschreckende Menschenrechtssituation im Land und forderte eine UN-geführte Menschenrechtskommission, die jedoch von der Regierung Sri Lankas vehement abgelehnt wurde. Die Regierung kündigte das Waffenstillstandsabkommen Ende 2007 einseitig auf und verfolgte den Kurs, die LTTE militärisch zu besiegen und damit den Konflikt zu lösen.

Hilfs- und Friedensarbeit in Sri Lanka:

Von A wie „Action Contre La Faim“ bis Z wie „ZOA Refugee Care“ – in Sri Lanka war, insbesondere nach dem Tsunami 2004, eine Vielzahl von internationalen und lokalen Nichtregierungsorganisationen (NRO) tätig: in der humanitären Hilfe, z. B. für Hunderttausende von intern Vertriebenen, in Projekten der Entwicklungszusammenarbeit und nicht zuletzt in der zivilen Konfliktbearbeitung und Friedensförderung. Viele Organisationen hatten den Bedarf an konfliktsensiblen und friedensfördernden Ansätzen erkannt, stießen in ihrer Arbeit jedoch auf große Widerstände – mitunter begaben sich die Mitglieder in Lebensgefahr. 2006 wurden 17 Mitarbeiterinnen und Mitarbeiter einer Hilfsorganisation ermordet. Weitere Morde, Entführungen, Bedrohungen und Übergriffe hatten dazu geführt, dass das United Nations Office for the Coordination of Humanitarian Affairs (UN OCHA) Sri Lanka als eines der gefährlichsten Länder für internationale Hilfsorganisationen einstufte. Hilfsorganisationen waren häufig Manipulations- oder Instrumentalisierungsversuchen ausgesetzt: Sie wurden einerseits beschuldigt, sich auf eine Seite der beiden Konfliktparteien zu stellen und sich in innere Angelegenheiten des Landes einzumischen. Andererseits wurde ihnen vorgeworfen, Hilfsgüter ungerecht zu verteilen, parteilich zu sein, bestimmte Gruppen zu bevorzugen oder ineffiziente Arbeit zu leisten.

Wenn viele dieser Vorwürfe auch keine Basis hatten, muss dennoch eingeräumt werden, dass die internationale Kooperation nicht immer optimal verlief. Die enorm hohen Spendensummen, die nach der Tsunami-Katastrophe eingegangen waren, führten z. B. dazu, dass viele Organisationen seit 2005 deutlich mehr Projekte umsetzten, als ursprünglich geplant gewesen war. Außerdem kamen viele neue Hilfsorganisationen dazu. Jedoch arbeiteten die Organisationen oft am Rande ihrer Kapazität und unter schwierigsten Bedingungen hinsichtlich lokaler administrativer Strukturen. Zudem standen viele unter dem „Vergabedruck", die ihnen anvertrauten Gelder rasch sinnvoll investieren zu müssen. Es entstanden Klischees von Organisationen, die aufgrund ihrer unzureichend qualifizierten Mitarbeiterinnen und Mitarbeiter mit der komplexen Situation vor Ort überfordert seien und deren interne Strukturen und Strategien intransparent bleiben würden. Des Weiteren wurde beklagt, dass Organisationen Entscheidungen ohne ausreichende Partizipation der Bevölkerung treffen, untereinander in Konkurrenz treten, anstatt sich auszutauschen und zu kooperieren. Die Arbeitsumstände wurden ohnehin belastet durch unzureichende Projektplanung, komplexe politische Dynamiken, fehlende Infrastruktur und Rechtsstaatlichkeit sowie häufige Personalwechsel aufgrund der Risikolage.

Im Sinne von „Do-No-Harm" standen Projekte unter einem weiteren Druck: Die Verantwortlichen mussten darauf achten, dass sie den Konflikt zwischen den Parteien mit den hohen Investitionsleistungen, die sie in kurzer Zeit tätigten, nicht noch weiter verschärfen. In Sri Lanka bewegte sich die Hauptkonfliktlinie zwischen der Regierung und der LTTE, aber es waren auch andere soziale und politische Konfliktfelder vorhanden. Entsprechend vielfältig waren die Zielgruppen für Projekte: Regierung, Militär und Rebellen, verschiedene Ethnien, einzelne Regionen und soziale Gruppen, Opfer und Vertriebene des politischen Konfliktes und Betroffene des Tsunami, unterprivilegierte Gruppen auf dem Land wie in den Städten, politische Parteien und unabhängige Nichtregierungsorganisationen – alle erwarteten eine gleichberechtigte Versorgung und Unterstützung. Nicht alle lokalen und internationalen Organisationen waren dieser anspruchsvollen Aufgabe gewachsen. Denn diese erforderte konfliktsensibles Arbeiten, das in allen Schritten des institutionellen Managements sowie des Projektmanagements die möglichen positiven und negativen Wirkungen der eigenen Strukturen, Strategien und Aktionen überprüft und in Betracht zieht. Transparente Organisationen, die ihren Lernprozess auch für andere Organisationen zugänglich machen und positive wie negative Erfahrungen teilen, um höhere Projektqualität zu erreichen, waren die Ausnahme.

Der Projektansatz

Das Consortium of Humanitarian Agencies (CHA) legte 2005 mit Unterstützung des deutschen Partners CIM der GTZ ein Projekt zur Kapazitätsentwicklung für humanitäre und Entwicklungs-NRO auf. Ziel war es, die Qualität der Hilfs- und Friedensinterventionen in Sri Lanka zu erhöhen und die Koordination zu verbessern.

CHA ist der Dachverband von circa 80 internationalen und lokalen Mitgliedsorganisationen, der die Arbeit der NRO durch zahlreiche Maßnahmen unterstützt. Dies geschieht überwiegend durch Informationsbereitstellung und -verteilung, Koordination von Aktivitäten der Organisationen, Lobbyarbeit für die Arbeit der Organisationen, Vermittlung zu Regierungsstellen sowie durch die Förderung von Professionalität und Standards in der humanitären Hilfe und Entwicklungszusammenarbeit. Ziel des Projektes zum sogenannten Mainstreaming von Konfliktsensibilität war es, konfliktsensible Arbeits- und Managementtechniken, die in den letzten Jahren entwickelt wurden, bei möglichst vielen Friedens-, Nothilfe- und Entwicklungsorganisationen im Land zu verankern und eine konfliktsensible Arbeitskultur zu befördern. Mit dem Projekt bot CHA eine Reihe von Dienstleistungen an:

- **Information:** regelmäßige Kontextanalysen (Rapid Context Assessment), die Aufschluss über die aktuelle politische, soziale und sicherheitsrelevante Situation in wichtigen Distrikten gaben, aber auch Einschätzungen zur Dynamik in bestimmten Sektoren vornahmen, z. B. Medienfreiheit, Menschenrechte oder zur Rolle internationaler Akteure.

- **Fortbildung:** Trainingsangebote für konfliktsensibles Management sowie Fortbildungen zu methodischen Ansätzen wie „Do-No-Harm“[1], PCIA[2] (Project Conflict Impact Assessment) oder PCA[3] (Peace and Conflict Assessment), Risiko-Analysen (Thema Sicherheit) und wirkungsorientierten Monitoringansätzen
- **Beratung:** Angebote für Organisationen, die konfliktsensible Ansätze in ihre Projektplanung, -durchführung, -monitoring und in ihr institutionelles Management, z. B. in Strategieplanung, Personal- und Sicherheitsmanagement, Öffentlichkeitsarbeit, integrieren wollten
- **Standards:** Förderung von internationalen Standards und Leitlinien[4] oder Codes of Conduct[5] in der Arbeit der humanitären und Entwicklungsorganisationen

Der integrierte Experte von CIM beriet CHA bei der Konzipierung, strategischen Ausrichtung und Durchführung des Projektes.

Die Inhalte:

Konfliktsensibles Arbeiten fördert das Verständnis dafür, wie sich Konfliktdynamiken auf eine Organisation und deren Arbeit, also Projektplanung und Implementierung auswirken, und wie umgekehrt eine Organisation durch ihre Arbeit Einfluss auf einen Konflikt nehmen kann. Die Verteilung von Hilfsgütern oder die Investition in Infrastruktur führt immer zu Rivalitäten. In einem Land, in dem es polarisierte Spannun-

[1] Anderson, Mary B. (1999): Do No Harm: How Aid Can Support Peace – or War. Lynne Rienner Publishers, Boulder

[2] Bush, Kenneth (2007): Hands-on PCIA. A Handbook for Peace and Conflict Impact Assessment. St. Paul University, Ottawa

[3] Paffenholz, Thania; Reychler, Luc (2007): Aid for Peace. A Guide to Planning and Evaluation for Conflict Zones. Nomos, Baden-Baden

[4] Vgl. „Guiding Principles for Humanitarian and Development Assistance in Sri Lanka“. http://www.humanitarianinfo.org/sriLanka_hpsl/docs/GL_Guiding_Principles_Sri_Lanka_final_version_15-5-07.pdf, 02.11.2009

[5] „IFSC Code of Conduct, SPHERE Humanitarian Charter“

gen zwischen vielen Akteursgruppen gibt, wiegt dieses Konfliktpotenzial umso schwerer. Verteilungsgerechtigkeit ist ein unerreichbares Ziel, sollte aber immer reflektiert und mit den Zielgruppen diskutiert werden.

Die intensive Konfliktdynamik in Sri Lanka mit ihren rasch wechselnden Konstellationen erforderte flexible Organisations- und Projektstrukturen und ein intensives Umfeld-, Implementierungs- und Wirkungsmonitoring, um effektiv arbeiten und eine Verschärfung der Konflikte vermeiden zu können. Fehleinschätzungen oder naive Annahmen konnten Gefahren für das Projekt, die Mitarbeiterinnen und Mitarbeiter und sogar für die gesamte Organisation bedeuten. Die Vorteile des konfliktsensiblen Managements sind daher auch, dass die Risiken für Mitarbeiterinnen und Mitarbeiter, Zielgruppen und die Organisation mit ihrer Arbeit als Ganzes potenziell minimiert werden.

Die Interventionen gewinnen an Qualität, weil sie ihre Potenziale steigern: Sie tragen neben den klassischen Entwicklungszielen schrittweise zur Entschärfung von Konfliktdynamiken, zur Annäherung von polarisierten Gruppen oder Stabilisierung von Zielgruppen bei. Die Akzeptanz des Projektes und der Organisation wird verbessert, wenn das Projekt auf partizipative Weise vorgeht und friedensfördernd angelegt ist, anstatt Verteilungskämpfe oder Rivalitäten auszulösen.

Konfliktsensibilität darf aber nicht nur als Thema für Projektplanung und -durchführung gesehen werden, sondern muss als Querschnittsthema, so wie z. B. auch Gender oder HIV/AIDS in allen Dimensionen der Arbeit einer Organisation verankert werden. Mit anderen Worten, das Thema muss „institutionalisiert“ und damit Teil der Organisationskultur werden. Dies kann nur dann geschehen, wenn in allen wichtigen Dimensionen des institutionellen Managements (Personen, Strategie, Prozesse und Projekte, Risiken und Sicherheit) Konfliktsensibilität reflektiert und umgesetzt wird.

Wenn dies passiert, können folgende Wirkungen erzielt werden, die sich gegenseitig ergänzen und sogar verstärken:

In der Institution werden z. B. die betroffenen Personen, d. h. Mitarbeiterinnen und Mitarbeiter, Zielgruppen und deren Umfeld dahin gehend überprüft, welche Rolle sie im Konflikt einnehmen. Es wird aber auch darüber nachgedacht, wie sich das Personal der Organisation zusammensetzt (Sind z. B. unterschiedliche ethnische Gruppen vertreten?) oder wie transparent und konfliktsensibel die Personalanwerbung ist. Die Handlungsstrategien der Organisation (Gesamtportfolio) und der Projekte werden auf ihre Auswirkungen auf den Konflikt hin untersucht, auch inwiefern das Profil der Organisation in der Öffentlichkeit konfliktsensibel vertreten wird. Konfliktsensibles Arbeiten betrachtet weiterhin, ob das Risikomanagement und die Sicherheitsvorkehrungen ausreichend sind, und legt schließlich ein wichtiges Augenmerk auf die Frage, ob die Arbeitsprozesse und die Implementierung der Leistungen positive Auswirkungen auf den Konfliktkontext entwickeln können. Eine derart kontinuierlich reflektierte und aktiv gestaltete konfliktsensible Organisationskultur kann dazu beitragen, dass die vier Ziele in den Feldern der Matrix erreicht werden.

Dimensionen und Wirkungen eines konfliktsensiblen Managements, Quelle: GTZ Sri Lanka, K. Lorenz

„Konfliktsensibles Arbeiten sollte in allen Bereichen einer Institution angelegt sein und ist nur dann erfolgsträchtig, wenn die Managementebene diese ‚Kultur' aktiv unterstützt und einfordert. Bei internationalen Organisationen müssen daher auch die Zentralen im Ausland, die Landesbüros und die einzelnen Regionalbüros sowie deren gesamtes Personal einbezogen werden. Erst wenn im ganzen System alle Arbeitsschritte mit einer neuen Brille betrachtet werden, fallen konfliktunsensible Elemente an ganz unerwarteten Stellen auf. Es kann z. B. sein, dass ein Projektpartner als korrupt und nicht vertrauenswürdig gilt, dies aber aus Vorsicht und Respekt von anderen Beteiligten nicht offen kommuniziert wird – eine typische Situation in Asien. Da-

mit kann eine Organisation in Misskredit geraten, die eigentlich auf der Ebene der Hilfsarbeit einen guten Ruf erworben hat. Oder die Warenbeschaffung für ein Projekt ist intransparent und benachteiligt lokale Kleingewerbe, was ein negatives Bild der Projektarbeit und mangelnde Kooperation der Menschen vor Ort zur Folge hat. Es ist also wichtig, dass konfliktsensibles Arbeiten in allen Handlungen fest verankert ist." Arunasalam Vaithialingam, Senior Programme Officer CHA

Der Dachverband CHA in Sri Lanka fördert Prinzipien, die für konfliktsensibles Arbeiten grundlegend sind: Allparteilichkeit, Transparenz und Zuverlässigkeit sollen in der täglichen Arbeit nicht nur als Schlagworte benutzt werden, sondern immer wieder aufs Neue definiert und umgesetzt werden. Dazu gehört es auch, selbst offen für Kritik und bereit für Selbstreflexion zu sein.

Transparentes Arbeiten bedeutet, Wissen effektiv zu sammeln und weiterzugeben, nach innen wie auch nach außen. Es war wichtig, auch innerhalb des CHA, aus den eigenen positiven wie negativen Arbeitserfahrungen immer wieder neu zu lernen und konstruktiv mit diesem Wissen umzugehen.

©world bank

Zu einem demokratischen Arbeitsstil gehört es auch, Planung, Entscheidungsfindung, Implementierung, Monitoring und Evaluierung möglichst partizipativ durchzuführen und sowohl das eigene Team als auch die Ziel-

Der Projektleiter und Autor

Denis Dressel hat in den letzten 5 Jahren in Deutschland, Südafrika, Kambodscha und Sri Lanka im Themenfeld Konflikttransformation/Friedensförderung und Konfliktsensibilität gearbeitet, u. a. auch als Friedensfachkraft im ZFD. Der studierte

Sozialpädagoge und Sozialarbeiter und ausgebildete Mediator legt Wert auf systemische Ansätze und setzt fachliche Schwerpunkte in den Bereichen Organisationsberatung, Prozessbegleitung und „Capacity Development" sowie „Change Management". Von 2005 bis 2008 leitete er das Projekt im Auftrag des „Centrum für Internationale Migration und Entwicklung" (CIM). Seine Aufgaben bestanden darin, Beratungs- und Fortbildungskapazität zum Thema Konfliktsensibilität im „Consortium of Humanitar an Agenices" (CHA) in Sri Lanka zu entwickeln und humanitäre Hilfsorganisationen und Institutionen der Entwicklungszusammenarbeit vor Ort zu dem Thema zu beraten. Zu den Fragen, die ihn beschäftigten, gehörten folgende: Wie kann Entwicklungskooperation in Konfliktkontexten effektiv und sensibel weitergeführt werden (staying engaged)? Wie können institutionelle Veränderungen befördert und die Kapazitätsentwicklung von Mitarbeiterinnen und Mitarbeitern optimiert werden? Wie kann konfliktsensibles Arbeiten beobachtet und wie können die Wirkungen verfolgt werden? Seit 2008 arbeitet er im Sektorprogramm „Frieden und Sicherheit" der GTZ in Eschborn und ist dort für die Beratung des BMZ zu konfliktsensibler/konfliktrelevanter Entwicklungszusammenarbeit zuständig.

gruppen und die Bevölkerung in den Zielregionen intensiv einzubinden. Auch die Pflege guter Beziehungen zu anderen lokalen und internationalen Organisationen und Regierungsstrukturen trägt zur Zielerreichung bei. Aus einem guten Netzwerk wächst die Einbindung in ein stabiles Sicherheitssystem. Auch die Sammlung von Informationen für die regelmäßige Konfliktanalyse wird erleichtert. Innerhalb eines Netzwerkes von Fachorganisationen kann überprüft werden, ob das Angebot der Organisationen keine Überlappungen oder Lücken aufweist, sodass für die Zielgruppen eine möglichst optimale Versorgung gewährleistet wird. Die effiziente Koordination, der Aufbau guter Kontakte zu den Medien sowie angemessene Öffentlichkeitsarbeit waren nicht einfach in Sri Lanka und bleiben auch zukünftig eine Herausforderung. Wird in diesen Bereichen gute Arbeit geleistet, trägt dies dazu bei, dass die vorhandenen Projekte sich gegenseitig ergänzen, in der Bevölkerung bekannt und somit nutzbar werden und die finanziellen Ressourcen schließlich optimal eingesetzt werden.

Was ist wichtig für den Erfolg?

„Konfliktsensibel zu arbeiten ist nicht das Ergebnis eines ‚Do-No-Harm'-Workshops. Vielmehr bedeutet es, einen Prozess in Gang zu setzen, in dem Bewusstsein geschaffen wird, das Konfliktumfeld analysiert wird, Ansätze und Methoden erlernt werden und somit sich ganz langsam Haltungen und Verhaltensweisen von Personen, aber auch von Organisationen als Ganzes verändern. Dabei behalten wir die Strategien und Handlungsweisen, mit denen die Betroffenen und wir selbst mit Konflikten umgehen, kritisch im Auge.

Dieser Veränderungsprozess beinhaltet Phasen, in denen dieser immer wieder neu initiiert und gefördert werden muss. Mit Flexibilität und Ausdauer müssen wir in allen Aspekten der Arbeit und mit allen Personen einüben, zwei Techniken zu erlernen: ‚Hineinzoomen' bedeutet, die Details der Institutionen und ihrer Handlungen zu betrachten, und ‚Herauszoomen', dass wir das größere Bild, also die Organisation in dem politischen, gesellschaftlichen, sozialen, religiösen, kulturellen und wirtschaftlichen Umfeld und die Sicherheitslage wahrnehmen. Dieser Blick auf die Details und das weite Umfeld wird dann eine alltägliche Routine – in den formalen Strukturen und im täglichen Umgang." Denis Dressel

Das Fazit

Die deutsche Entwicklungszusammenarbeit in Sri Lanka verfolgt die Kernziele Armutsbekämpfung, Konflikttransformation und „Gute Regierungsführung". Diese Ziele können nur dann erreicht werden, wenn die Schlüsselakteure im Land Verantwortung übernehmen und friedliche Veränderungen befördern. Dies muss immer wieder sensibel vermittelt und eingefordert werden. Auf der Geberseite kann der Beitrag nur dann effektiv sein, wenn sich die verschiedenen Instrumente untereinander koordinieren lassen. Die Kooperationserfahrung zwischen den verschiedenen nationalen und internationalen Trägern der Entwicklungszusammenarbeit in Sri Lanka hat bereits dazu geführt, dass gemeinsame, Institutionen übergreifende Anstrengungen, Konfliktsensibilität zu fördern, unternommen und damit positive Impulse für eine Entwicklungszusammenarbeit „aus einem Guss" gegeben werden konnten. *Denis Dressel*

Methodenvermittlung auf institutioneller Ebene

Deutscher Entwicklungsdienst:

Zivile Konfliktbearbeitung und Friedensförderung im Postkonfliktland Peru

Unterstützung der Partnerorganisationen und ZFD-Programmkoordination

Projektstandort:	Peru
Laufzeit:	2000 - 2010
Organisation:	Deutscher Entwicklungsdienst (DED), www.ded.de
ZFD-Koordinatorin/ Ansprechpartnerin:	Sabine Ketels Fachgruppe Zivile Konfliktbearbeitung und Friedensförderung, f1@ded.de
Finanzierung:	Bundesministerium für wirtschaftliche Zusammenarbeit und Entwicklung (BMZ)/Ziviler Friedensdienst (ZFD)

Der Projekthintergrund

Nach Beendigung des durch Korruption und Willkürherrschaft gekennzeichneten Fujimori-Regimes im Jahre 2000 hatte sich die im Juli 2001 durch freie Wahlen legitimierte Regierung Toledos zu einem umfangreichen Friedens- und Demokratisierungsprozess verpflichtet. Doch auch diese Regierungszeit war geprägt durch relative Instabilität und einen zunehmenden Glaubwürdigkeitsverlust, die schließlich zur Vertrauenskrise führten. Wenngleich sich die ökonomischen Rahmendaten kontinuierlich verbesserten, war das Rechtssystem weiterhin extrem schwach, und die begonnene Justiz- und Polizei-Reform blieb in ersten Ansätzen stecken – zulasten der strafrechtlichen Aufarbeitung der „blutigen Jahre" zwischen 1980 und 2000, der Zeit des „bewaffneten internen Konfliktes" in Peru. Der 2006 wiedergewählte Präsident Alán García Pérez tat sich bisher ebenfalls schwer, diese Aufgabe zu leisten. Das Staatswesen Perus ist auch heute noch von Korruption, Autoritarismus und starken sozialen Ungleichheiten gezeichnet. Gewaltsame soziale Proteste und politische Gewalt haben eine lange Geschichte in Peru. Von 1980 bis 2000 hatte das Land unter extremer terroristischer Gewalt und militärischer Gegengewalt zu leiden. Die maoistische Untergrundorganisation „Leuchtender Pfad" (Sendero Luminoso) übertraf mit ihrem ideologischen Fundamentalismus und der martialischen Brutalität alle anderen bewaffneten aufständischen Bewegungen Lateinamerikas bei weitem. Abimael Guzmán, der Gründer und Anführer des Sendero Luminoso erwartete bedingungslose Loyalität und Unterwerfung. Die Idee des bewaffneten Befreiungskampfes mit dem Ziel, die extreme soziale Benachteiligung der unterprivilegierten peruanischen Landbevölkerung abzuschaffen, war schnell in deren Unterdrückung, in Vertreibung und Mord umgeschlagen. Die bäuerliche, mehrheitlich quechuasprachige Bevölkerung war gleich zu Beginn des Konfliktes Anfang der 80er-Jahre buchstäblich zwischen die Fronten geraten: Um die Herrschaft des Sendero Luminoso zu erzwingen, wurden immer wieder Kinder aus den Dörfern zwangsrekrutiert und grausame blutige Exempel an der Dorfbevölkerung statuiert. Die staatlichen Sicherheitskräfte wiederum betrachteten zunächst jeden Hochlandbewohner als potenziellen Terroristen. Die eingesetzten militärischen Truppen brannten Häuser nieder, vergewaltigten Frauen und holten Männer mitten in der Nacht zu Verhören ab. Ein Großteil der Festgenommenen tauchte nie wieder auf. Gewalt und Gegengewalt eskalierten – zum Leid der Zivilbevölkerung. Zurück blieben Massengräber und zerstörte Dorfgemeinschaften. Viele Menschen suchen bis heute nach ihren verschwundenen Angehörigen. Die Opfer sind stark traumatisiert, wie auch die Täter gleichermaßen für ihr Leben gezeichnet sind.

Erst 1992, zwei Jahre nach seinem Amtsantritt, gelang es Alberto Fujimori, den Albtraum der Gewalt durch die spektakuläre Festnahme des Sendero-Führers Abimael Guzmán zu beenden. Die nötige demokratische und menschenwürdige Entwicklungschance konnte er dem Land jedoch keineswegs bieten. Im Gegenteil: Als er im Jahre 2000 fluchtartig das Land verließ, hinterließ er einen durch Korruption, Bestechung, Gewalt und Chaos gezeichneten Scherbenhaufen. 2001 richtete die Übergangsregierung nach Fujimori die Wahrheits- und Versöhnungskommission (Comisión de la Verdad y Reconciliación, CVR) ein. Die 2003 im Abschlussbericht der Kommission genannte Zahl der Opfer übertraf alle zuvor gehegten Befürchtungen: Die traurige Bilanz zählte fast 70.000 Tote, Verschleppte, Vertriebene und Gefolterte. Auch eine weitere Erkenntnis des Berichts löste Bestürzung unter den Peruanern aus: der enge Zusammenhang zwischen der Opferbilanz und der sozialen Ausgrenzung der betroffenen Bevölkerungsgruppen. Die Wahrheitskommission hatte nicht nur das Ausmaß der Opfer erfasst, sondern gleichzeitig die tief gehende Spaltung des Landes offenbart – die peruanische Tragödie somit als strukturelles Entwicklungshemmnis identifiziert.

Der Projektansatz

Die demokratische Aufbruchstimmung, die in den frühen 2000er-Jahren in Peru herrschte, bot eine große Chance, um einen im Sinne der zivilen Konfliktverarbeitung tragfähigen Friedensprozess anzustoßen. Der DED entschied sich, diesen Prozess strategisch durch ein Projekt des Zivilen Friedensdienstes zu unterstützen – ein Projekt, das ihm neue Wege der Friedensförderung im Kontext der Entwicklungszusammenarbeit aufzeigen sollte.

Die Andenregion Ayacucho und die benachbarten Regionen Huancavelica und Apurímac waren Mittelpunkte des bewaffneten Konfliktes. An der Universität von Ayacucho, an der Abimael Guzmán in den siebziger Jahren als Philosophieprofessor lehrte, entstand der „Leuchtende Pfad".

Zu Beginn der 80er-Jahre hatte die Terrororganisation von dort aus den bewaffneten Kampf aufgenommen. In dieser Region gab es die höchste Zahl von Opfern des Konfliktes. Ähnlich stark betroffen war die Bevölkerung in der zentralen Amazonasregion, vor allem die dort lebenden „Asháninka"-Indianer. Ihre Dörfer hatten den Einheiten des „Leuchtenden Pfades" als Rückzugsbasis und als Schutzschild dienen müssen. In diesen beiden Regionen setzte der DED mit dem Projekt des Zivilen Friedensdienstes an.

Der Beitrag des DED begann im Jahr 2000 unter dem damaligen Titel „Rückführung bäuerlicher Flüchtlinge" mit vier einzelnen Projektansätzen, je zwei in Ayacucho und in der „Selva Central". Diese wurden im Jahr 2003 um zwei weitere Beiträge ergänzt und mithilfe des DED-Koordinators für Zivilgesellschaft, öffentliche Verwaltung und Demokratieentwicklung zu einem strategischen Gesamtprogramm mit dem Titel „Versöhnung und Stärkung ziviler Konfliktbearbeitung in Peru" konzeptionell weiterentwickelt. Schließlich wurde eine ZFD-Programmkoordination eingesetzt, die das eingesetzte Personal fachlich begleiten sollte.
Lange Zeit war der DED der einzige Träger des Zivilen Friedensdienstes in Peru. Erst im Jahr 2004 beantragte auch der Evangelische Entwicklungsdienst (EED) in Zusammenarbeit mit einer kirchlichen NRO ein ZFD-Projekt, das der Ausbildung psychosozialer Beraterinnen und Berater dienen sollte, ebenfalls in Ayacucho.

Koordinatorinnen und Koordinatoren werden von den Entsendeorganisationen in Deutschland in den Ländern vor Ort eingesetzt, um nach Bedarfsanalyse und Prüfung der besonderen Voraussetzungen zur Friedensentwicklung im jeweiligen Land die einzelnen ZFD-Projektplätze zu identifizieren, zu planen und einzurichten. Sie stehen dafür in engem Austausch mit den Akteuren und sind sowohl für die strategische Programmentwicklung insgesamt als auch für das Fach- und Finanzmonitoring aller einzelnen ZFD-Plätze zuständig. Darüber hinaus sind sie die Ansprechpartnerinnen und Ansprechpartner für die Fachkräfte, führen diese in ihre jeweilige Arbeit ein und begleiten sie in der Entwicklung ihrer Beiträge bei den Partnern. Bei kleinen Entsendeorganisationen sind sie außerdem häufig die Vertreterinnen und Vertreter der Institution vor Ort und fungieren als Informationsquelle für alle Belange, die für die Entsender in Deutschland von Bedeutung sind. Sie halten deshalb i. d. R. eine enge Verbindung zu den Vertretungen der Deutschen Botschaft und den anderen deutschen und internationalen Organisationen im Land.

Das ZFD-Programm in Peru umfasst inzwischen fünf Projekte, die bei zwei staatlichen und drei zivilgesellschaftlichen Organisationen angesiedelt sind. Die Programmverantwortlichen sind auf Landesebene, in den Regionen sowie an der Basis in Kooperation mit Betroffenen-Organisationen aktiv. Das Gesamtprogramm zielt darauf ab, die Versöhnungsprozesse innerhalb der Gesellschaft zu stärken, indem es zwei strategische Handlungsfelder besetzt: Zum einen unterstützt es die Empfehlungen der Wahrheitskommission, damit die angekündigten Reparationsleistungen glaubwürdig umgesetzt und eine wirksame Erinnerungskultur aufgebaut werden kann. Zum anderen fokussiert es den Aufbau ziviler Formen von Konfliktbearbeitung anstelle der gewaltsamen Konfliktmuster der Vergangenheit. Den Friedensfachkräften ist in der Regel mindestens eine lokale Fachkraft zugeordnet, die die europäischen Fachkräfte kulturell anschlussfähig macht und in sensiblen Themenbereichen berät. Auf diese Weise ergänzen die lokalen Fachkräfte den Beitrag der europäischen Kolleginnen und Kollegen und dienen sowohl als Kooperationspartner als auch als unverzichtbares Korrektiv.

Der Projektablauf

Die Koordinationstätigkeit entspricht nicht den klassischen Arbeitsprofilen in der Friedensarbeit, vielmehr ist sie als Managementaufgabe auf der übergeordneten Steuerungsebene des Projektes zu verstehen. Es geht in erster Linie darum, die Effektivität und die Qualität der Friedensarbeit zu steigern. Das typische Beispiel des DED-Projektes in Peru zeigt, wie die ZFD-Koordination aus einer Reihe von oft nur locker verbundenen Einzelmaßnahmen in der Region ein übergreifendes Landesprogramm formen kann und wie sich dessen einzelne Komponenten aufeinander abstimmen lassen, um sich gegenseitig zu verstärken. Ein Landesprogramm wird auf der Basis einer umfassenden Konfliktanalyse entwickelt. Es verfolgt eine Gesamtstrategie, die sich an den Bedarfsschwerpunkten des Konfliktumfeldes orientiert. Darüber hinaus ziehen die Koordinatorinnen bzw. Koordinatoren in Betracht, welche Beiträge andere Geberorganisationen und NRO in der Region leisten und wo der Zivile Friedensdienst wertvolle Ergänzungen einbringen könnte.

Eine weitere Aufgabe der Koordination besteht in der fachlichen Beratung der Friedensfachkräfte. Die Koordinatorin oder der Koordinator steht diesen in ihrem Arbeitsalltag zur Seite und unterstützt sie bei beruflichen Schwierigkeiten.

Die strategische Planung und perspektivische Gestaltung des ZFD-Programms in Peru begann erst 2003 – zwei Jahren nach Beginn der Einsätze.

Sie wurde angestoßen und begleitet durch den Koordinator, der einen eintägigen internen Strategie-Workshop veranstaltete. Die Gruppe der Friedensfachkräfte führte in der Folge zusammen mit den Partnerorganisationen des ZFD einen zweitägigen Workshop durch, der die strategische Ausrichtung des ZFD-Programms für die Jahre bis 2010 behandelte. Gemeinsam erstellten die Teilnehmenden mittels einer soziometrischen Landkarte eine Friedens- und Konfliktpotenzialanalyse auf nationaler Ebene und regionale Analysen für das Tiefland des Amazonas und die Andenregion, die besonders von Gewalt betroffenen Gebiete.

Das Ergebnis zahlreicher, in der Folge stattfindender Arbeitstreffen mit den Friedensfachkräften war ein zweiteiliges Strategiepapier: eine Skizze der perspektivischen Ausrichtung des ZFD-Programms in Peru, die auf einer ausführlichen Kontextanalyse basierte.

Die gemeinsame Konfliktanalyse und Zielfindung bedeutete für alle beteiligten Parteien einen großen Verständigungsakt. Denn jedes Einzelprojekt hatte für sich eine eigene Interpretation der peruanischen Konfliktkonstellationen und seiner Ursachen gefunden. Daraus eine gemeinsame Position und für alle akzeptable Ziele abzuleiten erforderte eine radikale Auseinandersetzung. Erst in diesem Strategieprozess kamen sich die Beteiligten ein Stück näher und konnten erste Ansätze von Teamgeist entwickeln und sich stärker untereinander vernetzen.

Was ist wichtig für den Erfolg?

Die Konfliktanalyse lieferte als Ergebnis ein Basispapier mit einem Zielkatalog für die Zukunft. Was aber noch wichtiger war: Durch den Strategieprozess war auf der darunter liegenden Ebene ein interner Prozess der Verständigung eingeleitet worden, der die Zusammenarbeit innerhalb der Menschenrechtsorganisationen und anderer friedensfördernder Kräfte Perus perspektivisch deutlich verbesserte. Die Koordinatorin wirkte in diesem Prozess wie ein Katalysator. Fachlich und persönlich anerkannt, konnte sie als Motor und Mittlerin zugunsten des Programmzieles mit allen Partnern gleichermaßen zusammenarbeiten.

„Als ich die ZFD-Koordination 2004 übernahm, traf ich auf eine Reihe hoch motivierter, qualifizierter und erfahrener Fachkräfte, die mit großer Einsatzbereitschaft ihrer Projektarbeit nachgingen. Die gemeinsame Strategieplanung hatte dazu beigetragen, dass der Austausch zwischen den ZFD-Projekten hoch war. Allerdings war nicht zu übersehen, dass die Bedingungen an fast allen Projektplätzen sehr viel schwieriger waren, als zunächst vermutet. Auch die ausführlichen schriftlichen Berichte hatten diese Einblicke in die Alltagsarbeit der Fachkräfte vorab nicht ermöglichen können. Ständiger ***Personalwechsel und komplizierte bürokratische Verfahren*** *bei einigen Partnern, unklare und oftmals eher familiäre Arbeitsbeziehungen in den NRO führten wahlweise zu* ***Intransparenz in der Arbeit*** *oder zu dem belastenden Gefühl, mit vielen Arbeitsschritten ständig wieder von vorn beginnen zu müssen. Das machte den europäischen Fachkräften die Arbeit mitunter sehr schwer.*

Trotz sorgfältiger Projektplatzprüfungen und vorliegender Arbeitspläne hatten die ***unterschiedlichen Planungskulturen*** *zwischen Partnern und Fachkräften bei einigen zu* ***gravierenden Missverständnissen****, bei anderen zu wachsender Frustration geführt. Es gab Partner, die die Entwicklung von Arbeitsplänen als Misstrauensvotum gegenüber ihrer Arbeit bewerteten, dieses aber zunächst nicht äußerten. Andere hatten eigene Planungsinstrumente, die dann an die Fachkräfte als zusätzliche Arbeitsanforderungen herangetragen wurden, was von diesen zum Teil als Zumutung empfunden wurde. Diese in der täglichen Arbeit belastenden Hindernisse wurden erst im Laufe der Projektzeit offen sichtbar und waren auch mit Ideen- und Methodenreichtum oder guten Sprach- und Landeskenntnissen allein nicht mehr zu bewältigen. So war es für den Programmerfolg enorm wichtig, all diesen versteckten und emotional schwierigen Themen aus ihren Tabuzonen herauszuhelfen und ohne Gesichts- oder Achtungsverlust verhandelbar zu machen. In den Strategieworkshops waren diese Irritationen nicht thematisiert worden, waren doch eine Reihe Empfindlichkeiten bei den Partnern und auch bei den Fachkräften selbst dabei im Spiel.*

Ein weiterer Dauerbrenner war das ***unterschiedliche Verständnis von Beratung****, das zwischen den europäischen Fachkräften und den Vertreterinnen und Vertreter der Partnerorganisationen erst durch die konkrete Zusammenarbeit klar wurde. Hatte man dazu in der Planung der Kooperation aneinander vorbeigeredet? Waren dort, wo Ratgeberinnen und Ratgeber gefragt wurden und Beraterinnen und*

Berater angereist waren, die nötigen klaren Worte bisher nicht gefallen? Und wenn ja, warum hatten sie offensichtlich nicht zur Verständigung führen können? Waren die erfahrenen Projektmacherinnen und Projektmacher aus Peru enttäuscht, wenn sich die ***Fachkräfte nicht als perfekte Alleskönner*** *herausstellten oder z. B. ihren Wünschen nach mehr Kontakten zu Geldgebern nicht immer entsprechen konnten? Erst die angeleitete Behandlung der unterschiedlichen Erwartungen an die Beratungsleistungen, konkret und zwischen den handelnden Personen selbst, konnte da langsam wieder zu Verbesserungen führen."*
Sabine Ketels

Peruanische Organisationen haben ein eigenes kulturell geprägtes Verständnis von Beratungsleistung, das durch Erfahrungen ergänzt wird, die sie mit unterschiedlichen Geberorganisationen in der Vergangenheit gemacht haben. Bei den internationalen Organisationen wiederum verändern sich die professionellen Standards, sodass der Kenntnisstand der lokalen Partner nicht mehr mit dem übereinstimmt, was die ausländischen Fachkräfte an neuen Ideen und methodischen Ansätzen mitbringen.
In einem Fall war statt des erträumten energisch zupackenden „Machers", eine fachkundige Moderatorin gekommen, die klug intervenierte. Dadurch gelang es ihr, auch die weniger dominant auftretenden, aber ebenso wichtigen Mitarbeiterinnen und Mitarbeiter zu aktivieren. In einem anderen Fall passierte etwas ebenso Typisches: Die internationalen Fachkräfte waren mit ihren Beiträgen immer zwei Schritte voraus. Trotz anfänglicher Bewunderung wurde dieses Engagement von ihren peruanischen Kollegen bald als lästig empfunden und zunächst mit subtiler Ausgrenzung und später mit offenem Boykott beantwortet. Bei der Koordinatorin liefen vermehrt Beschwerden ein. Ihre Aufgabe war es, in Projektbesuchen herauszufinden, was zu tun war, damit die Zusammenarbeit wieder „auf einer Wellenlänge" funktionierte. In informellen Gesprächen sprach sie z. B. ihre Eindrücke gegenüber den jeweiligen Akteuren an und versuchte, mit ihnen einen Weg aus der Sackgasse zu finden. Oft kam es darüber zu einer produktiven Vermittlung, mit dem Ergebnis, dass Erleichterung auf beiden Seiten eintrat und die Arbeit wieder lief.

Die Friedensfachkraft und Koordinatorin

Sabine Ketels arbeitete nach ihrem Studium der Literatur- und Erziehungswissenschaften viele Jahre in der politischen Erwachsenenbildung mit den Schwerpunkten Migration, internationale Entwicklungspolitik und Friedensarbeit. Später legte sie als zertifizierte Konfliktmediatorin und Supervisorin ihren Fokus auf Beratungs- und Trainingsaktivitäten und arbeitete zusätzlich einige Jahre in der Organisationsentwicklung einer Hamburger Universität. Lateinamerika blieb in all den Jahren ihre große Leidenschaft, sodass sie nicht lange zögerte, als sie 2004 das Angebot erhielt, als ZFD-Programmkoordination nach Peru zu gehen – das Land, in dem sie bereits 1978 erste internationale Arbeits- und Projekterfahrungen gesammelt hatte. In den Jahren ihrer Arbeit im ZFD Peru (2004 - 2007) wurden Personalentwicklung und Konfliktmediation zu den Schlüsselfaktoren ihres Einsatzes und konnten wesentlich dazu beitragen, die Wirksamkeit des ZFD-Programms in Peru zu erhöhen und perspektivisch zu fokussieren.

„Für meine Koordinationsarbeit haben mir mein Blick für versteckte Konflikte, für Entwicklungspotenziale von Menschen in Arbeitsprozessen und meine Vermittlungserfahrungen sehr geholfen. Klar, ein Großteil meiner Arbeit fand am Schreibtisch statt, denn ein ausgefeiltes und gelegentlich ausuferndes Dokumentationswesen charakterisiert wohl fast jede Arbeit im internationalen Kontext. Und die Bündelung und Übermittlung von Informationsdetails nach innen und außen, zwischen den deutschen Organisationen und Gebern einerseits und den peruanischen Akteuren andererseits, den Fachkräften vor Ort und den Vertreterinnen und Vertretern der Institutionen weit weg vom örtlichen Geschehen sind für das Gelingen der internationalen Kooperation unverzichtbar.
Die Wirksamkeit der Projektbeiträge erhöhen wir m. E. jedoch vor allem dann, wenn wir uns den tatsächlichen Stolpersteinen in der konkreten Projektarbeit stellen und an den strategischen Knotenpunkten zur Verbesserung der Kooperationen arbeiten. Und da liegt der Teufel oft im Detail: Fehlender Teamgeist oder unklare Informationen sowie falsche Annahmen darüber, wer gerade was von wem erwartet, können in der Alltagsarbeit die qualifiziertesten Profis lahmlegen und ihre Leistung komplett verpuffen lassen. Jeder kennt das selbst aus nationalen Zusammenhängen. Wenn dann aber noch die interkulturelle Dimension dazukommt, dann wird es noch schwieriger: Unterschiedliches Führungsverhalten, das Verständnis von Effizienz, der Wert von Freizeit stehen zur Disposition. Dort können Energien verschlissen werden, die an andere Stelle gerade dringend benötigt werden.
Da es aber die – meist sehr engagierten – Fachkräfte selbst sind, die mit ihrem Ärger über das Scheckentempo der Kolleginnen und Kollegen

oder ihren Zweifeln an der Wirksamkeit ihres Beitrags oft so involviert sind, dass sie mitunter den notwenigen Abstand zu den Arbeitsprozessen verlieren, habe ich meine Rolle als ‚nahestehende Außenstehende' als extrem notwendig für das Vorankommen der Projekte empfunden. Basierend auf gegenseitigem Vertrauen durfte ich auch unbequeme Fragen stellen, und ich habe auf diese Weise zu dem einen oder anderen Perspektivenwechsel beitragen können. So konnte das Verständnis füreinander wachsen, und so konnten z. B. auch manche Fachkräfte, lokale wie internationale, ihre Handlungsfähigkeiten überdenken und sich im Team erneut gut platzieren." Sabine Ketels

Das Fazit

Wenn es um die Qualität der Zusammenarbeit geht, wird an Friedensarbeit ein hoher Maßstab angelegt: In juristischen, pädagogischen oder psychologischen Berufszusammenhängen, welche häufig die Friedensarbeit prägen, sind in der Regel spezielle kommunikative Fähigkeiten gefragt. So wird gerade auch im ZFD-Projektkontext – intern wie extern – eine konstruktive Streitkultur erwartet. Das ist zu Recht so, denn die Neigung, Friedensfachkräfte als beispielgebend zu empfinden, ist hoch, ihre Botschaft gewinnt durch ihr souveränes Auftreten und ihre positive Ausstrahlung – nach innen wie nach außen. Dieser Sachverhalt erhöht den Bedarf an einer allparteilichen, der Programmqualität verpflichteten Instanz, die auch über Kommunikationsklippen hinweghelfen kann. Auch Friedensfachkräfte sind, wie andere Profis, nicht gefeit vor eigenen Verstrickungen. Doch vielleicht erkennen sie aufgrund ihrer spezifischen Professionalität schneller als andere, worauf es in solchen schwierigen Phasen ankommt. Sie nutzen das Angebot zur gemeinsamen Reflexion mit ihrer Koordination und den Programmkolleginnen und -kollegen, womit sie die Wirksamkeit ihres Handelns erheblich steigern. *Ilona Auer-Frege*

Internationales Theaterinstitut:
Theater als Impulsgeber für Friedensarbeit im Sudan

Projektstandort:	Khartum, Sudan
Laufzeit:	2004 - 2006
Organisation:	Internationales Theaterinstitut (ITI), Zentrum Deutschland (www.iti-germany.de)
Lokale Partnerorganisationen:	ITI Sudan/Centre for Theatre in Conflict Zones (CTCZ)
Ansprechpartner:	Dr. Thomas Engel th.engel@iti-germany.de
Finanzierung:	Institut für Auslandsbeziehungen (ifa) aus Mitteln des Auswärtigen Amtes, Internationales Theaterinstitut (ITI)

Der Projekthintergrund

Der Sudan ist das größte afrikanische Land. Es leidet an einem massiven Zentrum-Peripherie-Konflikt, der zahlreiche Regionen erfasst. Außerdem gilt der Sudan als *melting pot* der afrikanischen Kulturen – geprägt durch nordafrikanische, arabisch-islamische Einflüsse und das kulturelle Erbe der christlichen und animistischen Kulturen Zentralafrikas. Seit der Unabhängigkeit 1956 ist der Sudan mit nur kurzen Ruhephasen ein Herd politischer Unruhen und Bürgerkriege. Von Mitte der 80er-Jahre an befanden sich der Nord- und Südsudan gegeneinander im Jahrzehnte andauernden Bürgerkrieg. Seit dem Friedensabkommen vom Januar 2005 besteht eine sechsjährige Übergangsperiode, nach der über ein Weiterbestehen des Sudans in der jetzigen Form oder als Konföderation zweier getrennter Nord- und Südteile entschieden werden soll. Der Konflikt ist bislang keinesfalls beigelegt. Mit dem Waffenstillstand kamen die bisher sekundären Konflikte der verschiedenen Regionen im Süden zum Vorschein. Die massivsten Konflikte liegen derzeit in der Region Darfur, wo sich sesshafte afrikanische Stämme und arabischstämmige Nomaden im Überlebenskampf um die immer knapper werdenden landwirtschaftlichen Ressourcen gegenüberstehen. Arabische Milizen und Regierungstruppen führen Kämpfe gegen die vom Nachbarland Tschad unterstützten afrikanischen Rebellentruppen.

Alle Kriegsparteien haben schwerste Verbrechen an der Zivilbevölkerung verübt. Auch der Osten des Sudan, die Beja-Region, ist ein Krisenherd.

Der Projektansatz

Im Sudan existiert eine lebendige und wachsende Rundfunk-, Fernseh- und Theaterlandschaft mit national bekannten Schauspielerpersönlichkeiten. In den größeren Städten florieren kleine und größere Theater (überwiegend Open-Air-Anlagen), die über mehrere hundert Sitzplätze verfügen. Sie werden vom Publikum breiter Bevölkerungsschichten gut angenommen, wobei sie zeitgenössische Stücke, kulturelle Darbietungen und neben Unterhaltungsshows auch anspruchsvollere Programme anbieten. Die Eintrittspreise sind meist gering, neben der entspannten Unterhaltung ein weiterer Grund für das Publikum, das kulturelle Angebot wahrzunehmen.

Der Projektidee, Theater als Impulsgeber für die Friedensarbeit einzusetzen, traf demnach im Sudan auf günstige Voraussetzungen. Das „Internationale Theaterinstitut“ (ITI) förderte deshalb in Khartum die Gründung eines „Centre for Theatre in Conflict Zones“ (CTCZ) – mit dem Ziel, die Wirkungsmöglichkeiten von Theater und Darstellender Kunst für die Ideen der zivilen Konfliktbearbeitung und der gewaltfreien Konfliktlösung zu nutzen. Lokal bekannte Schauspielerinnen und Schauspieler aus Theater, Fernsehen und Rundfunk sollten im Projekt dazu ausgebildet werden, gesellschaftliche Konfliktthemen aufzugreifen und im sogenannten „Forumtheater“ öffentlich zur Diskussion zu stellen.

Forumtheater ist eine zentrale Methode des politisch motivierten „Theater der Unterdrückten“, das in den 1960er/70er-Jahren von dem Brasilianer Augusto Boal in Rio de Janeiro entwickelt wurde, um mit einem breiten Publikum Konflikte in der Gesellschaft zu thematisieren. Boal entwickelte die Technik eines „eingreifenden Theaters“, das die Zuschauerinnen und Zuschauer aktiv in die Handlung einbezieht. Vorab werden Konfliktlinien im Umfeld recherchiert und einfache, ca. fünf bis sieben Minuten dauernde Spielszenen vorbereitet, die jeweils eine Unterdrücker-Opfer-Situation mit negativem Ausgang vorführen. Das Publikum wird vor den Szenen jeweils von einem sogenannten „Joker“ durch Spiele und Gruppenübungen wie rhythmisches Klatschen, Nachahmen, Rufen aufgelockert, wach gemacht und zur Mitarbeit angeregt. Nach den Spielszenen werden einzelne Zuschauerinnen und Zuschauer dazu motiviert, Handlungsalternativen für die Figuren auf der Bühne zu benennen. Welches andere Verhalten hätte das Opfer zeigen können, um die Situation besser zu bewältigen? Im Fortgang der Bühnenshow übernehmen diese Zuschauerinnen und Zuschauer den Part der professionellen Darstellerinnen und Darsteller, gehen auf die Bühne und spielen vor, welche Verhaltensweisen sie für besser halten. Das Publikum diskutiert diese Vorschläge, verfeinert sie, formuliert weitere Lösungsansätze und bringt sich aktiv auf der Bühne in die Entwicklung von Handlungsstrategien in scheinbar ausweglosen Situationen ein. Die Atmosphäre im Theater wird vom Joker heiter und offen gehalten, er oder sie hat die Aufgabe, die Umgebung so zu gestalten, dass sich die Zuschauerinnen und Zuschauer locker und vertrauensvoll auf die Bühne wagen und ihre Beiträge spontan vorspielen.

Klassische Themen für das „Forumtheater" sind z. B. Arbeitgeber-/Arbeitnehmerkonflikte, Familien- oder Geschlechterkonflikte. Pro Aufführung werden ca. zwei bis drei Konfliktszenen gespielt und diskutiert. Siehe auch: www.theatreoftheoppressed.org

Der Projektablauf

2004 unternahm die Leitung des deutschen ITI eine Vorbereitungsreise in den Sudan, um mit den dortigen Theaterleuten in Kontakt zu treten und ein gemeinsames Kooperationsprojekt aus der Taufe zu heben. Die Kenntnisse des deutschen und des sudanesischen ITI auf dem Gebiet der Theaterarbeit in Konfliktregionen sollten für die Schaffung eines Kompetenzzentrums in Khartum zusammengeführt werden. 2005 reiste eine 12-köpfige sudanesische Theatergruppe zum ITI-Festival „Theater der Welt" nach Stuttgart. Dieses Festival bot unter der Leitung des deutschen Regisseurs Alexander Stillmark einen Workshop für rund 20 Schauspielerinnen und Schauspieler aus Palästina, Pakistan, der Türkei und Ägypten, die über Erfahrungen mit Theater als Form der Konfliktbearbeitung verfügten. Im Laufe der Trainings, die auch auf die Konfliktfähigkeit der Teilnehmenden zielten, brachen erhebliche gruppeninterne Spannungen auf, die in einer intensiven Auseinandersetzung mündeten und bewältigt wurden – eine Erfahrung, die vor allem die sudanesischen Teilnehmerinnen und Teilnehmer als den wichtigsten Teil des Lernprozesses bezeichneten. Dieses Stuttgarter Seminar wurde zur Initialzündung für die Gründung des „Centre for Theatre in Conflict Zones" in Khartum – einer Kooperation der ITI-Zentren in Deutschland und Sudan. Das neu gegründete Zentrum konnte später auch in anderen Krisenregionen des Sudans tätig werden und seine Erfahrungen an Interessierte außerhalb des Landes weitergeben.

ITI konnte den Aufbau des Zentrums 2005 aus Mitteln von zivik finanzieren und damit ein festes Theater mit 350 Sitzplätzen licht- und tontechnisch ausstatten, digitale Archivierungsmöglichkeiten und den Grundstock einer Bibliothek einrichten.

Noch im Dezember 2005 fand in Khartum ein weiterer Workshop mit der Stuttgarter Gruppe und einem Drittel neuer Teilnehmerinnen und Teilnehmer aus Khartum, der Provinz Darfur, dem Süden und aus der Region Port Sudan statt. Im Frühjahr 2006 wurde das „Centre for Theatre in Conflict Zones" offiziell als sudanesische NRO eingetragen.

Barbara Santos, die Co-Direktorin des von Augusto Boal gegründeten „Centro de Teatro do Oprimido“ (Zentrum des Theaters der Unterdrückten), aus Rio de Janeiro wurde als Ausbilderin für den dritten Workshop zur „Forumtheater“-Technik verpflichtet.

Das „Centre for Theatre in Conflict Zones“ in Khartum funktioniert heute ohne permanente strukturelle Unterstützung durch internationale Geber. Es hält jährlich sechs bis sieben Trainings zu friedensfördernder Theaterarbeit und Theaterworkshops in Flüchtlingscamps und Krisenregionen im ganzen Land ab. Die Erfahrungen, die die Gruppe über Jahre durch ihre Arbeit in SOS-Kinderdörfern gesammelt hat, kombiniert sie je nach Erfordernissen mit den neu gewonnenen Erkenntnissen und Methoden. Die Mehrheit der Kinder und Erwachsenen, die seit Jahrzehnten in Flüchtlingslagern leben, ist analphabetisch. Meist benötigen sie mehrere Aufführungen zur Einstimmung, bevor sie genügend Vertrauen schöpfen und sich auf die Theaterarbeit einlassen können. Stücke, die gemeinsame oder allgemein bekannte Mythen und Märchen verarbeiten, haben sich dafür als hilfreich erwiesen – nicht zuletzt, weil sie ein verbindendes Element für das aufgrund seiner Gruppen- oder ethnischen Zugehörigkeit heterogene Publikum herstellen. Über diese Inhalte sollen Brücken geschlagen und erste Dialogansätze gefördert werden. Für „unbelastete“ Kinder sind die Theateraufführungen als Vorstufe zur Schulbildung pädagogisch wertvoll, während sie für Kindersoldaten in den Flüchtlingscamps in Ansätzen zur Traumabearbeitung geeignet sind, insofern sich die Betroffenen für weitere Bearbeitungsprozesse unter professioneller Begleitung öffnen.

Der Ansatz des „Forumtheaters“ schien gut zu der in Afrika verbreiteten Erzählkultur der Mystifizierung und der spielerischen Überlieferung und zum Rollendenken in fest vom Schicksal vorgegebenen Lebensläufen zu passen. Diese starren Positionen und damit auch beschränkten Handlungsoptionen konnten durch die Publikumsbeteiligung im Rahmen der Theaterarbeit vorsichtig hinterfragt werden. Um eine hohe Nachhaltigkeit und Multiplikationswirkung bei den Zuschauerinnen und Zuschauern zu erzielen, wurden die Aufführungen, wie in den Flüchtlingslagern, in Serie abgehalten. Sie sollten aktiv zur Reflexion der eigenen Verhaltensweisen anregen und Handlungsalternativen eröffnen, die vor einer größeren

Gruppe erprobt und somit vertraut werden konnten. Je nach Aufführungsort bestand im sudanesischen Kontext immer wieder die Gratwanderung, nicht zu stark zu polarisieren oder zu provozieren, um auch die Sicherheit der Ensemblemitglieder und die Existenz des Zentrums nicht zu gefährden.

Was war wichtig für den Erfolg?

Da die kulturellen Hintergründe und die individuellen Einschätzungen zur politischen Realität für beide Partner wechselseitig unvertraut waren, bildeten die ersten beiden Workshops eine wichtige Grundlage, die Konflikt- und Diskursfähigkeiten der Teilnehmenden zu beleuchten und weiterzuentwickeln. Motive aus Brechts „Der gute Mensch von Sezuan" und aus dem „Kaukasischen Kreidekreis" boten den nötigen Zündstoff, um dialogische und analytische Formen der Probenarbeit zu vermitteln und Individualitäten in der Gruppe zu stärken. So entstand eine tragfähige multiplikatorische Kompetenz, auf die das darauf folgende methodische Training zum „Forumtheater" aufbauen konnte. Der Erfolg des Projektes im Sinne einer friedensfördernden Theaterarbeit lag zum einen an der guten Vorbereitung der Akteure und Themen, zum anderen war er schlichtweg der Wahl der richtigen Methode zu verdanken:

„‚Forumtheater' bietet ein sehr unmittelbares Instrument, um Konflikte in einer Gemeinde anzusprechen und zur Diskussion zu stellen. Es abstrahiert den Konflikt und überträgt ihn auf die Figuren auf der Bühne, somit droht also keine direkte Konfrontation, niemand verliert das Gesicht, wenn die Figuren scheitern. Auf der Parabelebene können die Figuren diskutiert und auch kritisiert werden, was im Alltag der Menschen oft nicht möglich ist. Auch die politischen Rahmenbedingungen können in diesem Rahmen analysiert und zur Diskussion gestellt werden, ohne sofort rechtliche Konsequenzen herauszufordern. Das ‚Forumtheater' regt also zu demokratischen Verhaltensänderungen an, und es bietet gleichzeitig einen Rahmen, in dem Handlungsoptionen gefahrlos ausprobiert, vor dem Publikum getestet und überprüft werden können, bevor sie einen Weg in die alltäglichen Verhaltensmuster des Publikums finden." Thomas Engel

Der vertraute Rahmen der Theateraufführungen wie der Dorfplatzcharakter des Theaters und das Publikum aus der Nachbarschaft sorgte dafür, dass das Publikum seine Berührungsängste schnell abbaute. Der Joker, der in seiner Rolle als Mittlerfigur ebenso gut auf die im Stück verhandelte Konfliktsituation vor Ort eingestellt ist und sie schauspielerisch versiert darstellt, konnte eine lockere Atmosphäre erzeugen, die Zuschauerinnen und Zuschauer zum Mitmachen auf der Bühne motivieren und zur aktiven Bewältigung und selbstständigen Lösungsfindung anregen. Durch den Verzicht auf eine belehrende Figur blieben die Handlungsoptionen völlig offen und wertfrei. Es wurde auf diesem Weg erreicht, dass die Zuschauerinnen und Zuschauer ihre eigene Urteilskraft und Handlungskompetenz entwickeln konnten. Und darauf kam es letztendlich an: über die im Stück aufbereiteten Konfliktthemen offene Diskussionen und das Experimentieren mit Lösungsmöglichkeiten und Verhaltensweisen zu befördern, ohne im Konflikt stecken zu bleiben.

„Das ‚Centre for Theatre in Conflict Zones' hat im Sudan sehr kontroverse Themen für das Publikum zugänglich gemacht. Viele Konflikte sind so stark und emotional, dass sie nicht direkt besprochen werden können. Wenn jedoch zwei abstrakte Bühnenfiguren aus dem Norden und dem Süden des Landes sich verlieben, aber aus politischen Gründen nicht heiraten dürfen, kann das Publikum sich auf diese scheinbar fiktive Ebene einlassen und nach Lösungsoptionen suchen. Oft haben die Zuschauerinnen und Zuschauer nach der Vorstellung geäußert, dass sie zum ersten Mal in einer größeren Gruppe über die politischen oder familiären Konflikte sprechen konnten und dass sie über diese Möglichkeit unheimlich froh seien und sich befreit fühlen.
Auch der Erfolg der Projektgruppe, ihre schnelle Selbstständigkeit und die vielen seit zwei Jahren ausverkauften Vorstellungen sind für mich ein Beweis dafür, dass die Methode des ‚Forumtheaters' in den sudanesischen Kontext passt, weil sie einen indirekten, aber sehr effektiven Zugang zu den Menschen schafft und ein Bedürfnis nach Gesprächen über die Konflikte erfüllt. Auch die Schauspielerinnen und Schauspieler im Projekt hat diese Arbeit vor große Herausforderungen gestellt. Auch sie sind ja Teil der Gesellschaft und mussten die Konflikte, seien es die Geschlechterrollen, seien es die Spannungen zwischen Norden und Süden oder in Darfur, erst einmal intern diskutieren und sich untereinander im Team einig werden. Da gab es heftige Kontroversen und schwere

Auseinandersetzungen, die tief in die persönliche Sphäre hineinreichten, bevor das Ensemble als Gruppe auf die Bühne gehen konnte. Es dauerte, bis die Fähigkeit zur Konfliktdiskussion ohne Feindschaft im Team wirklich spürbar wurde. Allein dieser Prozess hat schon viele Anreize für eine bessere ‚Konfliktkultur' im Sudan gegeben, denn diese Schauspielerinnen und Schauspieler sind ja sehr bekannt im Land und haben eine starke Ausstrahlung nach außen und Wirkung auf ihr Publikum. Die gemeinsam bewältigten Konflikte machen sie viel glaubwürdiger für ihre Zuschauerinnen und Zuschauer. Doch bei aller Ausbildungs- und Trainingsarbeit war es uns immer sehr wichtig, dass sich das Ensemble vor Ort als selbstständig und verantwortlich für das Projekt empfand. Wir wollen nur unterstützen, aber nicht steuern oder manipulieren, sonst geht die Eigeninitiative und die Leidenschaft für das Unternehmen verloren. Auch Administration kann ja kolonialisieren und wir wollten nicht als Aufsichtsgremium, sondern als Kompetenz-Ressource bei Bedarf und auf Anfrage auftreten." Thomas Engel

Der Projektleiter

Dr. Thomas Engel ist Direktor des Zentrums Bundesrepublik Deutschland des Internationalen Theaterinstituts. Er hat Theaterwissenschaft studiert, früher als Schauspieldramaturg gearbeitet und an zahlreichen internationalen Projekten mitgewirkt.

„‚Forumtheater' ist nicht nur für Entertainment und Freizeit gedacht, sondern es ist hauptsächlich ein soziales Medium, das die Abgründe zwischen den Menschen verringert. Es hilft dabei, die Probleme anderer Menschen mit offenen Augen zu untersuchen und Schwierigkeiten im Leben zu verstehen, die wir uns selbst machen. Damit machen wir uns das Leben einfacher. In Zukunft kann das ‚Forumtheater' in allen Gesellschaften eine künstlerische Form dafür bieten, Entertainment und Partizipation zu kombinieren, um damit soziale Probleme zu bearbeiten. Mit jedem Workshop werde ich selbstbewusster in der Rolle, die ich als Künstler im Leben anderer Menschen spielen kann, aber ich erkenne auch, dass ich mehr über die Methoden dazulernen und mir die Kultur der anderen vor Augen halten muss. Wenn ich mehr über andere Kulturen lerne, kann ich auch meine eigene Kultur besser verstehen und sehen, wo die ausländischen Methoden in die Traditionen und Glaubensrichtlinien meiner Gesellschaft passen." Tariq Ali, Schauspieler und Hochschullehrer in Khartum

Für den Erfolg des Projektes spielten die deutsche Projektleitung und zivik als Geberorganisation eine bedeutende Rolle. Ihre Funktion bestand vor allem in einer Anschubförderung und im Kapazitätsaufbau – mit dem Effekt, dass eine selbstständig funktionierende Struktur und Netzwerke geschaffen werden konnten, sodass die Ausgebildeten auch eigenständig Projekte realisieren konnten. Mit Barbara Santos und Alexander Stillmark wurden kompetente Workshopleiter gefunden, die das Projekt auf eine fachlich solide Basis stellen konnten. Projektmanagement, Abrechnung und Transparenz in der Leitung und Verwaltung mussten eingeübt werden, um das Projekt auch für andere Geberorganisationen als zuverlässigen Partner zu empfehlen. Der deutsche Projektpartner hatte vor allem die Aufgabe übernommen, internationale Kontakte herzustellen, Fortbildungen zu organisieren und die speziellen Kompetenzen des sudanesischen „Centre für Theatre in Conflict Zones“im europäischen Raum bekannt zu machen.

Das Fazit

„Forumtheater“ ist eine sehr fruchtbare und niedrigschwellige Methode, um den Diskurs in der Gesellschaft anzuregen. Theater als Live-Medium hat in den letzten Jahren in Afrika an Bedeutung gewonnen. Insbesondere der Sudan verfügt über eine lebendige Theaterszene, die auch ein Mainstream-Publikum bzw. breite Bevölkerungsschichten anzusprechen vermag. In der Populärkultur besitzen Schauspielerinnen und Schauspieler Kultstatus und Open-Air-Theatervorstellungen erfreuen sich großer Beliebtheit. Das Projekt konnte deshalb breite Zielgruppen erreichen und zur Reflexion über den Umgang mit Konflikten anregen. Die gut besuchten Vorstellungen und die rege Nachfrage nach der Arbeit des Zentrums zeigten, dass hier ein Ansatz gefunden worden war, der die üblichen Methoden der Entwicklungs- und Friedensarbeit bereicherte.

Auch gegen die Widerstände der jährlichen Förderzyklen und die bürokratischen Notwendigkeiten der deutschen Geber hatte es das Projekt geschafft, ein wirksames Instrument zur Kommunikation von Konfliktthemen im Land aufzubauen, das über großen Einfluss auf die Zielgruppen verfügt. Es konnte die Menschen zu einer – möglicherweise sogar ersten – konstruktiven Auseinandersetzung mit Konflikten bewegen, über die sie aus Angst vor Repressalien oder aufgrund von starker psychischer

Betroffenheit sonst nicht sprechen konnten. Damit setzte es deutliche Impulse für weitere Interventionsansätze – wie Traumabearbeitung, Demokratisierung, Aufbau von Institutionen zur Konfliktregulierung in der Zivilgesellschaft – , die von anderen Geberorganisationen in der Region angeboten werden. In diesem Zusammenhang leistete das Projekt einen wichtigen komplementären Beitrag zur Friedensarbeit in der Region.

Ilona Auer-Frege

peace brigades international:

Internationale Präsenz und Schutzbegleitung in Mexiko

Projekt SIPAZ: Puppentheater als Mittel zur Friedenserziehung

Projektstandort:	Bundesstaaten Chiapas, Guerrero und Oaxaca sowie Mexiko-Stadt
Laufzeit:	Chiapas seit 1995, weitere Standorte seit 2000
Organisation:	peace brigades international (pbi)
Partnerorganisation:	Alianza Cívica (AC)
Ansprechpartnerin:	Astrid Hake info@pbi-deutschland.de
Finanzierung:	private Spenden, Stiftungen, Kirchen, Misereor, Diakonisches Werk, staatliche Stellen wie Bundesministerium für wirtschaftliche Zusammenarbeit und Entwicklung (BMZ), Evangelischer Entwicklungsdienst (EED), Katholischer Fonds

Der Projekthintergrund

Trotz institutioneller Fortschritte beim Menschenrechtsschutz sind auf Mexikos Polizeistationen Folter, Misshandlungen und willkürliche Verhaftungen weiter an der Tagesordnung. Mexikos Präsident Felipe Calderón versprach zwar, gegen die Straflosigkeit für Menschenrechtsverletzungen vorzugehen, aber selbst ein Menschenrechtshilfsprogramm der

Vereinten Nationen oder die von der mexikanischen Regierung initiierte Gesetzesnovelle, die „Verschwindenlassen“ als Straftatbestand verankerte, brachten kaum Verbesserungen. Organisationen der Zivilgesellschaft und einzelne Akteure, die auf Missstände aufmerksam machen, werden in Mexiko weiterhin bedroht. Aufgrund der langen Tradition der Straflosigkeit für Menschenrechtsverletzungen wird die Willkürherrschaft staatlicher, militärischer und paramilitärischer Machthaber nur selten sanktioniert. Vor allem in den südlichen Bundesstaaten Chiapas, Guerrero und Oaxaca schwelen die politischen Konflikte zwischen den Regierungsparteien und anderen Parteien sowie religiösen Gruppierungen. In Chiapas werden die ständigen Auseinandersetzungen zwischen Unterstützenden der EZLN („Ejercito Zapatista de Liberación Nacional – Zapatistische Armee der Nationalen Befreiung“) und anderen sozialen Gruppen und Anhängern der Regierungsparteien auf dem Rücken der Bevölkerung ausgetragen. Die Machthabenden setzen die Dorfbewohner systematisch unter Druck und versuchen, die Bevölkerung zu spalten. Von militärischer Seite werden Konflikte geschürt, um zu verhindern, dass sich die Gemeinden gegen willkürliche Herrschaftsstrukturen solidarisieren.

Der Projektansatz

Unter dem Motto „Begleiten, Besuchen, Beobachten, Bilden, Vernetzen“ bietet die NRO peace brigades international Unterstützung in Form von schützender Begleitung für Menschenrechtsorganisationen und einzelne Aktivistinnen und Aktivisten an, die aufgrund ihrer Arbeit konkreter Bedrohung und Behinderung ausgesetzt sind. pbi ist derzeit in fünf Ländern aktiv – so auch in Mexiko. Dort sichert ihre Begleitung einer Reihe von Menschenrechtsorganisationen, deren Mitarbeiterinnen und Mitarbeiter Morddrohungen erhalten haben, die Weiterarbeit. Die Präsenz internationaler Augenzeuginnen und Augenzeugen verhindert Menschenrechtsverletzungen, weil Gewaltakteure das Licht der Öffentlichkeit scheuen. Konkret ist unter Begleitschutz zu verstehen, dass bedrohte Einzelpersonen oder Einrichtungen, die sich Hilfe suchend an pbi wenden, durch Besuche betreut oder auch rund um die Uhr persönlich begleitet werden. Ziel ist es, die internationale Aufmerksamkeit herzustellen und die Sicherheit zu erhöhen. Einheimische „Bodyguards“ können dieses Maß an Beachtung nicht erreichen. Ein Team von internationalen Beobachterinnen und

Beobachtern hingegen, das in ein weltweites Sicherheitsnetzwerk eingebunden ist, kann im Falle einer Bedrohung oder eines gewaltsamen Übergriffes allein durch seine Augenzeugenberichte enorme regionale und internationale Reaktionen auslösen. Auch wenn Mitarbeiterinnen und Mitarbeiter der pbi keine Waffen tragen, wirkt ihre Präsenz abschreckend auf potenzielle Gewaltakteure.

Neben der Schutzbegleitung gehört es zu den Aufgaben des Teams von pbi, die generelle Konfliktsituation in der Region zu beobachten und das Gefahrenpotenzial für die Akteure zu analysieren. Außerdem pflegen die pbi-Teams Kontakte zu allen Konfliktparteien sowie zu Regierungsstellen, Botschaften, internationalen und nationalen Organisationen. Der Aufbau eines weitläufigen und tragfähigen Beziehungsnetzes ist integraler Teil der Friedensarbeit von pbi. Dieses Netz ist dazu da, den institutionellen und moralischen Rückhalt und damit die Wirksamkeit der Gewaltprävention zu stärken. Zudem bieten sich die pbi-Mitarbeiterinnen und -Mitarbeiter sowohl an der Bevölkerungsbasis und im direkten Kontakt mit den Konfliktparteien als auch auf der politischen Entscheidungsebene als Ansprechpartnerinnen und -partner an. Sie versuchen, durch eine allparteiliche Haltung mit allen Akteuren so gute Beziehungen aufzubauen, dass der Faden des Dialoges nicht abreißt. Gleichwohl wird den Tätern der politische Preis für die Menschenrechtsverletzungen aufgezeigt.

Wenn es darauf ankommt, kann pbi ein eigenes internationales Alarm- und Unterstützungsnetzwerk aktivieren, das aus mehreren Tausend Einzelpersonen wie z. B. Parlamentarierinnen und Parlamentariern, Diplomatinnen und Diplomaten, Journalistinnen und Journalisten, Vertreterinnen und Vertretern von Hilfswerken und Kirchen besteht. In Dringlichkeitsfällen kann dieses weltweit gespannte Netz schnell mit Briefen, Faxen oder direkten Nachfragen reagieren und Informationen gezielt weitergeben, um zu erreichen, dass Gewalttaten nicht mehr unbemerkt und ohne Sanktionen bleiben. Diese multilateralen Beziehungen sind wichtig, um die Sicherheit der pbi-Teams und der begleiteten Menschen und Organisationen zu gewähren und zu erhöhen.

Darüber hinaus bietet pbi in einigen Regionen Bildungsseminare zur gewaltfreien Konfliktbearbeitung an, die dem Aufbau und der Stärkung der lokalen Zivilgesellschaft dienen. Die Teilnehmerinnen und Teilnehmer sind vor allem Mitglieder lokaler NRO und der Kirchen, die das Gelernte als Multiplikatorinnen und Multiplikatoren weitervermitteln und so die Nachhaltigkeit sichern können. Damit trägt pbi dazu bei, neue Formen des Zusammenlebens aufzuzeigen: eine Kultur des Friedens und der Versöhnung in der örtlichen Gemeinschaft zu verankern.

pbi verfolgt bei allen Projekten vier Kernziele:

- den Schutz der Menschenrechte
- die Förderung von Friedensprozessen
- die Stärkung einer gewaltfreien Konfliktkultur
- die Sensibilisierung der internationalen Gemeinschaft für lokale Gewaltsituationen

Die Partnerorganisationen:
pbi beschützt und begleitet in Mexiko unter anderem:

- Tita Radilla Martínez, Vizepräsidentin der Menschenrechtsorganisation AFADEM (Asocicación de Familiares de Detenidos, Desaparecidos y Víctimas de Violaciones a los Derechos Humanos en México)
- das Comité Cerezo, das sich für die Freilassung und die Rechte politischer Gefangener einsetzt (auf Anfrage der LIMEDDH – Liga Mexicana por la Defensa de los Derechos Humanos)
- das Komitee 25. November (Comité de liberación de 25 de noviembre). Es bietet im Bundesstaat Oaxaca Rechtshilfe für Opfer von Verbrechen, die mutmaßlich von staatlichen Sicherheitskräften begangen wurden
- das Menschenrechtszentrum Tlachinollan (Centro de Derechos Humanos de la Montaña)
- die Menschenrechtsorganisation OPIM (Organización del Pueblo Indígena Me Phaa, A.C.)
- das Menschenrechtszentrum und die Beratungsstelle für die indigene Bevölkerung CEDHAPI (Centro de Derechos Humanos y Asesoría a Pueblos Indígenas)
- die von Frauen geführte Umweltorganisation OMESP (Organización de Mujeres Ecologistas de la Sierra de Petatlán)

Projektansatz SIPAZ: Puppentheater erzieht zum Frieden

Neben der Schutzbegleitung und der Sammlung und Verbreitung von Informationen über Menschenrechtsverletzungen setzt sich pbi im Bereich der Friedenserziehung ein, indem sie Gewaltlosigkeit und Solidarität als Themenschwerpunkte aufnimmt und auf pädagogisch sinnvolle Weise in der Bevölkerung verbreitet. Heike Kammer hatte in Chiapas/Mexiko im Projekt SIPAZ erfahren, dass es mithilfe eines selbst gegründeten Puppentheaters leicht gelingt, Zugang zu den Menschen zu finden.

Heike Kammer brachte eine Puppenbühne nach ihrem Einsatz für das SIPAZ-Projekt nach Deutschland

Die Friedensfachkraft

Heike Kammer war von 1999 bis 2004 und 2005 bis 2006 als Mitglied der pbi im SIPAZ-Team in Chiapas tätig. Von 2002 bis 2004 war sie über den ZFD in Kooperation mit dem EED als Friedensfachkraft angestellt. Seit 1987 arbeitet sie mit pbi als Freiwillige in den Teams in El Salvador, Guatemala und Kolumbien. Zwischendurch machte sie Vortragsreisen in Europa und bekam für ihre Arbeit 1999 den Menschenrechtspreis der Stadt Weimar.

Im Projekt SIPAZ gründete sie 2002 gemeinsam mit Alianza Cívica, einer mexikanischen Organisation für politische Bildung, die Puppentheatergruppe „Diversidad". Heute wird dieses Projekt in Chiapas von Alianza Cívica weitergeführt. 2005 brachte Heike Kammer eine Puppenbühne mit nach Deutschland, die seitdem mit ihr durch Europa tourt.

Im Rahmen des SIPAZ-Projektes suchte pbi gemeinsam mit der lokalen Partnerorganisation Alianza Cívica (AC) nach neuen Möglichkeiten, die Bevölkerung in den Dörfern zu mehr Solidarität und gemeinschaftlicher Initiative zu motivieren. Wo es den rivalisierenden Parteien, Militärs und Religionsführern gelungen war, die Bevölkerung zu spalten und gegeneinander aufzubringen, wollte das Team mit einfachen Mitteln dagegen angehen und aufzeigen, wie Versöhnung gelingen kann. Es wurde nach einer Methode gesucht, über die man große Teile der Bevölkerung erreichen konnte, ohne zu offensichtlich pädagogisch und invasiv zu wirken. Schließlich entwickelte sich das Puppentheater zum erfolgreichen Türöffner zu der teilweise seit Jahren verfeindeten Dorfbevölkerung.

„Wenn wir das Theater auf dem Dorfplatz aufbauen, ist es zunächst einmal sehr attraktiv für die Kinder. Und die bringen ihre Geschwister mit und später auch ihre Eltern und dann die ganze Familie – bis das ganze Dorf versammelt ist. Und so haben wir ganz schnell ein Publikum, wie wir es für einen Workshop nie so einfach organisieren könnten", Heike Kammer

Die Mitarbeiterinnen und Mitarbeiter von Alianza Cívica und SIPAZ haben Theaterstücke verfasst, die die Konflikte im Dorf auf eine Weise darstellen, die niemanden bloßstellt oder persönlich angreift. So wird die Dynamik der Konflikte aufgedeckt, ohne dass sich Einzelpersonen unter Druck gesetzt fühlen oder in die Defensive gehen.

„Im Stück ‚Der Hase im Mond' streiten sich zwei Hasen um die Karotten, bis einer zum Mond flüchtet. Der andere bleibt traurig allein. Beide haben den Streit verloren. Gewonnen haben die Ratten, die heimlich die Karotten gefressen haben. Im anschließenden Gespräch erkennen die Zuschauerinnen und Zuschauer ihr eigenes Verhalten in dem der Hasen. Sie sagen: ‚Wenn wir lernen, uns zu vertragen und miteinander zu teilen, kann uns niemand unsere Reichtümer wegnehmen.' Die Ratten werden verglichen mit Militär, politischen Parteien und Konzernen, die Bodenschätze ausbeuten.
Im Stück ‚Respekt der Vielfalt' geht es um den Streit von vier Persönlichkeiten im Dorf. Don Juan will alle katholisch machen, Lupita will alle zur Pfingstkirche einladen, Alfonso zur Regierungspartei und Doña Rosa organisiert die Frauen. Die Figuren streiten, prügeln, aber versöhnen sich. Am Schluss beschließen sie, die Probleme des Dorfes gemeinsam zu lösen.
Ein häufiger Kommentar des Publikums ist ‚Eure Figuren reden miteinander. Das könnte unser erster Schritt zur Versöhnung sein'", Heike Kammer

Im Anschluss an die Aufführungen bleibt das Projektteam noch mindestens 24 Stunden im Dorf, um dem Gesprächsbedarf der Menschen vor Ort entgegenzukommen. Oft lösen die Vorführungen hitzige Debatten aus. Es wird innerhalb der Familien diskutiert und Menschen kommen ins Gespräch, die sich sonst nicht begegnet wären. In der Form der Fabel, der unterhaltenden und gleichzeitig belehrenden literarischen Kurzform par excellence, können tiefgründige Wahrheiten angesprochen werden, die den Menschen nicht bewusst sind oder die sie nicht vertreten können, weil sie Repressionen fürchten. Durch das gemeinsame Ansehen der Aufführungen entsteht ein Gefühl von Zusammenhalt, das die Grundlage für tief greifende Veränderungen sein kann. In vielen Fällen wenden sich die Menschen an die Puppenspielerinnen und Puppenspieler, erzählen von Menschenrechtsverletzungen, die sie erlebt haben, und bitten um Unterstützung. Umso wichtiger ist es daher, dass sich SIPAZ, pbi und Alianza Cívica als Ansprechpartner anbieten. Aus diesen Kontakten kann langfristig das Vertrauen für begleitete Veränderungsprozesse wachsen.

Was ist wichtig für den Erfolg?

„Ganz wichtig für erfolgreiche Theateraufführungen war, dass wir jeden Auftritt umsichtig und langfristig vorbereitet hatten. Für jedes Dorf und jeden Konflikt mussten die Stücke angepasst werden, damit alles stimmte. Manchmal war es sogar nötig, in besonders verfeindeten Gemeinden mehrere getrennte Aufführungen zu geben, um allen das Zusehen zu ermöglichen", Heike Kammer

Zur Vorbereitung gehört, dass sich das Projektteam nur an Dörfer wendet, zu denen es zuvor schon Kontakte geknüpft hat. Alle Parteien im Konflikt, z. B. die Frauengruppe und die Dorfvorsteher oder „Agentes" werden vorab angesprochen und besucht. Es soll dabei herauskommen, welcher Ort der beste für eine Aufführung ist und welche Themen gerade aktuell sind. Die Theaterstücke müssen dem Publikum Spaß machen und es inhaltlich so in den Bann ziehen, dass auch Erwachsene sich angesprochen fühlen. Sie sollen die gesellschaftskritische Botschaft klar vermitteln, aber so angelegt sein, dass sie nicht offen provozieren. Die Konflikte im Dorf könnten eskalieren und noch verfahrener werden, wenn die Kritik zu scharf formuliert wird. Stattdessen ist es wichtig, dass die Figuren im Stück positiv dargestellt werden und Handlungsoptionen aufzeigen, die nachvollziehbar sind – so weit nachvollziehbar, dass die Botschaft der Lehrstücke verständlich ist.

„Wie universell das Konzept Puppentheater ist, sieht man auch daran, dass ich es nahtlos auf den deutschen Zusammenhang übertragen konnte. Ich habe inzwischen in vielen deutschen Schulen und Kindergärten solche Aufführungen gegeben, und es hat auch dort sehr zur Diskussion über interne Konflikte angeregt. Es war wie umgekehrte Entwicklungszusammenarbeit: Eine Bereicherung aus dem Süden für uns hier im Norden."
Heike Kammer

pbi - Deutscher Zweig hat im Bereich Bildungsarbeit ein bundesweites Schulprojekt entwickelt, das Themen wie Gewaltfreiheit, Konfliktlösung und Menschenrechte aufgreift und dazu Jahrgangsstufen gerechte Unterrichtseinheiten für Kinder und Jugendliche anbietet. Dieses Projekt ist in diesem Zusammenhang interessant, weil es sich im Rahmen einer gesonderten Einheit für Grundschülerinnen und Grundschüler an das Konzept der Friedenserziehung durch Theaterarbeit in Mexiko anlehnt. Die Puppentheaterstücke aus Chiapas werden kindgerecht aufbereitet, mit dem Ziel, auch jüngere Schülerinnen und Schüler frühzeitig in Programme zur Friedenserziehung einzubinden.

Das Fazit

pbi und die lokale Partnerorganisation AC haben mit dem Puppentheater die Menschrechtsarbeit von SIPAZ um eine Methode bereichert. Sie wird angewandt, um die Menschen sensibel für die Konflikte in ihrem Dorf zu machen. Die Theaterstücke können heikle Themen, die im offenen Gespräch nicht angenommen werden, aufgreifen und erklären. Die künstlerische Verfremdung der Figuren und der höhere Abstraktionsgrad der Handlung erlauben es, dass die Zuschauenden die in Handlung verpackte eigene Konfliktsituation distanzierter wahrnehmen und ihre konkreten Probleme diskutieren, ohne mit den Akteuren persönlich in Kontroversen zu geraten. Damit wirkt diese Methode wie ein Türöffner, mit dem SIPAZ und die lokale Partnerorganisation den Dialog zwischen den verschiedenen Konfliktparteien anstoßen können. Es erfordert von den Betroffenen in dieser Phase wenig Überwindung und Mut aufeinander zuzugehen, sodass die Kontaktschwelle sehr niedrig gehalten wird. Kontakte werden geknüpft, Bekanntschaften geschlossen und Vertrauen in eine weitere Zusammenarbeit geweckt, die dann mit den üblichen Methoden von pbi vertieft werden kann.

Ilona Auer-Frege

Evangelischer Entwicklungsdienst:

Juristische Aufarbeitung der Verbrechen der Roten Khmer in Kambodscha

Projektstandort:	Phnom Penh, Kambodscha
Laufzeit:	2002 - 2006
Organisation:	Evangelischer Entwicklungsdienst (EED)
Lokale Partnerorganisation:	Khmer Institute of Democracy (KID)
Ansprechpartner:	Jürgen Deile, juergen.deile@eed.de
Finanzierung:	Evangelischer Entwicklungsdienst (EED), Bundesministerium für wirtschaftliche Zusammenarbeit (BMZ)

Der Projekthintergrund

In den Jahren 1975 bis 1979 wurden in Kambodscha unter der Schreckensherrschaft der Roten Khmer circa 1,7 Millionen Menschen ermordet. Auch Jahrzehnte nach dieser nationalen Katastrophe und trotz des kontinuierlichen Wiederaufbaus politischer, gesellschaftlicher und wirtschaftlicher Strukturen gehört Kambodscha noch immer zu den am wenigsten entwickelten Ländern der Welt.

Die demokratischen Traditionen sind noch jung, ihre institutionellen Strukturen noch zu wenig etabliert, zudem instabil bzw. gefährdet. Die Hoffnung der breiten Bevölkerung auf entsprechende Initiativen der Regierung und auf eine politische Beteiligung der Zivilgesellschaft wird auf eine harte Geduldsprobe gestellt. Die Opfer der Roten Khmer sind bisher nicht gesühnt. Eine Strafverfolgung der Menschenrechtsverbrecher aus der Pol-Pot-Zeit wird von der Regierung nicht annähernd betrieben. Viele ehemalige Rote-Khmer-Funktionäre haben sich mit den neuen Gegebenheiten wie auch mit der Regierung arrangiert und sich als lokalpolitische Provinzgrößen etabliert. Willkürhandlungen des Staatsapparates oder örtlicher Amtsträger sind keine Seltenheit. An einer Aufarbeitung der Vergangenheit scheint die Regierung wenig interessiert. Dabei wäre das eine notwendige Vorstufe zur Versöhnungsarbeit. Nach langen Verhandlungen haben die UN und die kambodschanische Regierung 2003 ein Abkommen unterzeichnet, demzufolge die Führungskräfte der Roten Khmer und die Hauptverantwortlichen des Genozids sich vor einem kambodschanischen Gericht verantworten müssen. Seit 2008 wird zunächst nur der höchsten politischen Führungsriege der Roten Khmer vor einem internationalen Tribunal, dem Strafgerichtshof von Phnom Penh, der Prozess gemacht.

Der Projektansatz

Aktuelle Studien zeigen, dass über 90 Prozent der Bevölkerung es trotz einer allgemein ausgeprägten Verdrängungskultur ablehnen, die Täterinnen und Täter der Roten Khmer ohne Verurteilung davonkommen zu lassen. Die Mehrheit der Befragten wollte dieses Kapitel ihrer Geschichte aufarbeiten und mehr über die Vorgänge in den 70er- und 80er-Jahren erfahren. Vor allem aber wünschten sich die Opfer und ihre Angehörigen eine öffentliche Anerkennung ihres Leids, die Wahrheit solle bekannt gemacht und die Täterinnen und Täter zur Verantwortung gezogen werden.

Daran hat sich bis heute nichts geändert. Auch wenn die Verbrechen der Vergangenheit im Alltagsleben fast vergessen scheinen, zeigt doch die enorm hohe Rate an häuslicher und krimineller Gewalt, Drogenmissbrauch, Massenvergewaltigungen, sexuellem Missbrauch von Frauen und Kindern, dass das Erbe der Roten Khmer noch immer in allen Familien präsent ist. Zwei Generationen kambodschanischer Bevölkerung waren selbst Opfer brutalster Gewalttaten oder haben sie hilflos mit angesehen: Sie sind immer noch traumatisiert und bis heute nicht in der Lage, Konflikte in ihrem eigenen Umfeld konstruktiv und respektvoll zu lösen. Für die kambodschanische Gesellschaft bedeutet dies auch, dass sie es zusätzlich mit einer sekundär-traumatisierten Jugendgeneration zu tun hat. Die nach dem Khmer-Rouge-Regime Geborenen leiden mittelbar unter den psychischen Erkrankungen der Elterngeneration und zeigen selbst psychische Störungen, Gewaltneigungen und Verhaltensauffälligkeiten. Daraus ergibt sich ein beachtliches Wachstumshindernis für die gesamte Gesellschaft, nicht nur in politischer und sozialer, sondern auch in wirtschaftlicher Hinsicht.

Die EED-Friedensfachkraft war als juristische Beraterin einer lokalen Menschrechtsorganisation eingesetzt, um einen praktischen Beitrag zur Stärkung des kambodschanischen Rechtswesens zu leisten und unter Jurastudierenden, Justiz- und Verwaltungsangestellten, Menschenrechtsorganisationen und NRO (als Multiplikatoren) das Bewusstsein für Recht und Demokratie zu fördern. Ziel war es, die Menschen an der Basis im

Rahmen von Workshops und anderen Initiativen dazu zu ermutigen, die Anwendung von existierenden Gesetzen zu fordern und Akteure der Zivilgesellschaft zu befähigen, erfolgreiche Advocacy-Arbeit zu leisten. Begleitend zur Projektarbeit sollten neu gewonnene Erkenntnisse didaktisch aufbereitet und später in Buchform veröffentlichet werden. Als Resultate liegen heute eine Reihe von Lehrbüchern vor, die sich großer Nachfrage erfreuen.

„Wieder und wieder haben wir erfahren, dass die Mehrheit der Khmer ihre Geschichten erzählen will, um sich von dem zu entlasten, was sie unter dem Khmer-Rouge-Regime erlebt hat. Sie dürsten nach Information über die Geschichte der Khmer Rouge und nach alternativen Versöhnungskonzepten, seien es juristische, wie Lustration oder Strafgericht, oder künstlerische, unterrichtende, spirituelle, religiöse oder therapeutische." Andrea Behm

Das Projekt des Evangelischen Entwicklungsdienstes und des Khmer Institute of Democracy (KID) versucht, die juristische Aufarbeitung der Roten-Khmer-Verbrechen mit zwei strategischen Ansätzen zu unterstützen: durch die Ausbildung von kompetenten Gerichtsbeobachterinnen und -beobachtern und durch Aufklärungskampagnen bzw. Öffentlichkeitsarbeit, die den Zugang der Bevölkerung zu den Tribunalen erleichtern und verbessern sollten.

Der Projektablauf

Expertinnen und Experten ausbilden:

Nach einer intensiven Phase der Datensammlung und Bedarfsanalyse wählte die Friedensfachkraft in Absprache mit KID sechs junge Absolventinnen und Absolventen der juristischen Fakultät in Phnom Penh aus, die als Expertinnen und Experten für das Tribunal ausgebildet wurden. Sie sollten die Gerichtsverfahren von Beginn an beobachten und durch Öffentlichkeitsarbeit für die breite Bevölkerung verständlich und zugänglich machen. Um dieser Aufgabe gerecht zu werden, erhielten die sechs Auszubildenden ein fast zweijähriges Training zu internationalen Rechtsstandards und den Verfahren anderer internationaler Tribunale wie auch zu Arbeitsmodi von Wahrheits- und Versöhnungskommissionen. Sie lernten es, Zeugenaussagen von traumatisierten Personen durch besondere Fragetechniken und empathisches Zuhören zu gewinnen und die Fakten verständlich aufzubereiten. Überdies arbeitete die Friedensfachkraft mit den sechs Trainees auch an deren Persönlichkeitsentwicklung. Sie sollten sich zunächst mit der eigenen Familiengeschichte befassen, um die Bedeutung der Prozesse für die Gesellschaft nachvollziehen und damit besser verstehen zu können.

„Ich hatte noch nie mit meiner Mutter über ihr Leben unter den Roten Khmer gesprochen. Als ich nun an den Umfragen arbeitete, habe ich erst erfahren, dass unsere Familie zehn Mitglieder verloren hat, und ich war sehr überrascht von dieser Tatsache", ein Teammitglied

Eine Teamkollegin erfuhr, dass ihre Eltern damals von den Roten Khmer zur Zwangsheirat genötigt wurden, während andere Kollegen entgegen ihren Erwartungen von positiven Taten der Roten Khmer hörten, zum Beispiel, dass sie einem Familienmitglied das Leben retteten.

Im Rahmen einer landesweiten Umfrage wurde viel Material über die Hoffnungen und Befürchtungen der Bevölkerung gegenüber dem internationalen Khmer-Rouge-Tribunal gesammelt. Gleichzeitig wurden auf diesem Weg potenzielle Zeuginnen und Zeugen für die Verfahren gesucht. Mit den betroffenen Menschen galt es sensibel umzugehen, deshalb erhielten die Trainees eine zusätzliche Fortbildung zum Themenkomplex „Traumatisierung, posttraumatisches Belastungssyndrom und Umgang mit Gewaltopfern". In Zusammenarbeit mit anderen NRO aus dem Bereich Menschenrechte und Demokratieförderung entstand ein Pool von Sachverständigen, die nicht nur die Bedarfslage der Bevölkerung gegenüber den Tribunalen genau untersuchten, sondern auch in der Lage waren, den Ablauf und die Bedeutung der Verfahren in eine einfache und verständliche Sprache zu übersetzen und über die Medien und Veranstaltungen publik zu machen.

Öffentlichkeitsarbeit und Aufklärungsveranstaltungen:

„Nachdem die Trainees mit der Befragung von Zeuginnen und Zeugen begonnen hatten, merkten wir, dass die Menschen vor allem auf dem Land nur über sehr verzerrte oder gar keine Kenntnisse über den Sinn,

den Ablauf, die Zusammensetzung und die Chancen des Khmer-Rouge-Tribunals verfügten. Beispielsweise war es völlig unbekannt, dass ein Zeugenschutzprogramm bestand, das gefährdeten Personen eine Aussage ermöglichte. Es gab einen ungeheuren Bedarf an Fakten und Aufklärung, damit sich Zeuginnen und Zeugen überhaupt für Aussagen zur Verfügung stellten. Viele Menschen befürchteten auch, dass sie selbst als Täterinnen oder Täter für kleinere Vergehen während dieser Zeit belangt werden könnten. Es war unbekannt, dass (zunächst, aber vermutlich generell) nur die oberste politische Führungsriege vor Gericht kommen und die breite Masse der ausführenden Personen in den unteren Rängen der Roten Khmer nicht angeklagt werden würde. Diese Information führte zu Unmut, gleichzeitig aber auch zu großer Erleichterung in der Bevölkerung." Andrea Behm

Aus der Erkenntnis über die großen Informationsdefizite erwuchs die zweite Säule des Projektes von EED und KID – die Medien- und Öffentlichkeitsarbeit. In einer landesweiten Medienkampagne wurden 2006 in Radiosendungen und in Plakatform leicht verständliche Informationseinheiten verbreitet, die die Zielgruppen, die Absichten und den Ablauf der Prozesse darstellten. Parallel dazu veranstaltete das Team in fünf wichtigen Städten des Landes jeweils fünftägige Informationsveranstaltungen über das Tribunal. Bis zu 150 Personen, zumeist aus den lokalen Behörden, Politikerinnen und Politiker, Geschäftsleute, Lehrerinnen und Lehrer usw., nahmen daran teil und informierten sich über:

- die Zusammensetzung des internationalen Gerichtshofes (Es handelt sich bei dem Khmer-Rouge-Tribunal nicht um ein rein internationales Gericht, sondern es setzt sich zusammen aus kambodschanischen und internationalen Richterinnen und Richtern – ein sogenanntes „hybrides Gericht")
- die historischen und politischen Fakten über Pol Pots Regime und die begangenen Verbrechen
- den Stand der bisher geleisteten strafrechtlichen Bemühungen: Was wurde seit 1979 zur Beweissicherung und zur Bestrafung der Täterinnen und Täter unternommen?
- die internationalen Rechtsstandards für faire Verfahren, z. B. Unschuldsvermutung, zügige Prozesse, Recht auf Verteidigung, Unabhängigkeit der Justizorgane

- die Erfahrungen anderer Staaten mit der Bewältigung von Kriegsverbrechen, z. B. in Wahrheitskommissionen, internationalen Tribunalen, öffentlichen Zeugenprogrammen
- Versöhnung, Wege des Zusammenlebens und der Bewältigung von Gewalterlebnissen auf persönlicher und gesellschaftlicher Ebene

Mithilfe von Filmen, Vorträgen, Musik, Tanz und kulturellen Darbietungen wurden alle Aspekte der internationalen Tribunale bis hin zur Zeugensuche und dem Zeugenschutzprogramm erklärt und Fragen beantwortet.

Was war wichtig für den Erfolg?

Für die Friedensfachkraft und das Team war es elementar, eine geeignete Strategie zu finden, um das Schweigen der Opfer zu brechen – eine grundlegende Voraussetzung, um überhaupt aktiv werden zu können. Starre gesellschaftliche Hierarchien und der Versuch, die belastenden Erinnerungen zu verdrängen, hatten die kambodschanische Gesellschaft jahrzehntelang geprägt und gegenüber ihrem kollektiven Leiden an der Vergangenheit resistent gemacht. Auch die lokalen Mitarbeiterinnen und Mitarbeiter waren unter diesen Randbedingungen sozialisiert und ausgebildet worden. Sie waren kaum darin geübt, Sachverhalte kritisch zu betrachten und eigenständig zu interpretieren. Die Friedensfachkraft musste außerdem erst im Team und später im Rahmen der Umfragen und in den Veranstaltungen, dafür sorgen, dass ein vertrauensvoller Umgang miteinander entstand, der Raum für Fragen und Geständnisse bieten konnte.

In vielen Fällen war es wichtig, den Menschen konkrete Informationen zu geben, damit Fakten statt Gerüchte die Vorstellungen von der Vergangenheit bestimmen konnten. Aus der Diskussion über historische Zusammenhänge wuchsen persönliche Beiträge und Fragen, in einigen Fällen sogar öffentliche Geständnisse von Täterinnen und Tätern, die darüber erleichtert waren, ihr Geheimnis offenbaren zu können.
Oft genügte es, einfache Verfahrensfragen zu beantworten, um den Menschen die Partizipation an Prozessvorbereitungen zu ermöglichen. Von unschätzbarem Wert waren die Einzelgespräche am Rande der Aufklärungsseminare, die viele Fakten aus der Vergangenheit zutage förderten und neue wichtige Zeugenaussagen für die Tribunale brachten.

Das Hauptanliegen des KID-Teams und der Friedensfachkraft war es, die Bevölkerung zu mehr Solidarität zu ermuntern, somit eine Basis zu schaffen, um das Schweigen langsam aufbrechen zu können.

„Mir war es im Projekt immer sehr wichtig, das Selbstbewusstsein der Mitarbeiterinnen und Mitarbeiter zu stärken und diese auch gerade innerhalb der eigenen Organisation zu Kompromissfähigkeit und Konfliktbewältigung zu ermuntern. Die Rolle der Fachkraft kann auch mal sein, sich unbeliebt zu machen, einen autoritären Führungsstil zu thematisieren und Konflikte innerhalb der Organisation auszutragen. Dabei konnte ich Angebote machen, Ressourcen anbieten und selbst Vorbild sein. Meinen kambodschanischen Kolleginnen und Kollegen gab die Anwesenheit einer ausländischen Juristin die Sicherheit, frei miteinander umzugehen, was ihre Selbstsicherheit und den Mut stärkte, mit diesem sensiblen Thema Vergangenheitsbewältigung an die Öffentlichkeit zu treten." Andrea Behm

Die lokale Fachkraft

Die Juristin Andrea Behm ist spezialisiert auf Straf-, Asyl- und Ausländerrecht. Nachdem sie sieben Jahren als Anwältin in München (1993 - 2000) gearbeitet hatte, wollte sie Fluchtursachen dort verhindern helfen, wo sie entstehen, sie absolvierte daher 2001 die Ausbildung als Friedensfachkraft beim forumZFD. Von 2002 bis 2005 arbeitete sie als Friedensfachkraft für den EED und KID in Phnom Penh.

Das Projekt wurde bis 2006 von den kambodschanischen Kolleginnen und Kollegen selbstständig fortgeführt.

Andrea Behm betont, dass es für die zweite Generation nach den Roten Khmer leichter sei, über die Vergangenheit zu sprechen, als noch für ihre direkt betroffenen Eltern. Vergleichbar der Situation der 68er-Generation in Deutschland könnten viele junge Menschen in Kambodscha leichter mit den Verbrechen umgehen, weil sie als nachfolgende Generation persönlich weniger tief in Schuld- und Opfergefühle verstrickt sind.

„Vor allen Dingen war es meine deutsche Staatsbürgerschaft, die es mir ermöglichte, Diskussionen über Völkermord und Versöhnung anzustoßen. Informationen über den Holocaust, Deutschlands Weg der Versöhnung mit Frankreich, Polen und Tschechien und die Wege Deutschlands mit der belastenden Vergangenheit fertig zu werden, boten eine willkommene Einleitung in eine offene und lebendige Diskussion. Das Gefühl, nicht die einzigen Menschen mit einer Geschichte schwerer Menschenrechts-

verletzungen zu sein, half ihnen, der Vergangenheit ins Gesicht zu sehen und öffnete sie dafür, dies mit mir als einer Person zu teilen, die zwar nicht direkt betroffen ist, aber eine vergleichbare Familiengeschichte hat. Mit mir zu reden, war oft der erste Schritt, bevor sie mit ihren Mitbürgerinnen und Mitbürgern reden konnten. Das ist etwas, das gerade eine deutsche Fachkraft leisten kann." Andrea Behm

Das Fazit

Die ZFD-Maßnahme des EED diente dazu, die Menschen in Kambodscha in ihrer Suche nach Rechtsfrieden, Rechtsstaatlichkeit und Rechtssicherheit zu unterstützen.

Das Projekt setzte bei einem neuralgischen Punkt innerhalb der kambodschanischen Gesellschaft an: der jahrzehntelang nicht bewältigten bzw. aufgeschobenen juristischen Aufarbeitung der Verbrechen der Roten Khmer. Es leistete konkrete juristische Aufklärungsarbeit an der Basis und trug damit dazu bei, die Grundvoraussetzungen zum Aufbau einer lebensfähigen Zivilgesellschaft wiederherzustellen. Denn das Vertrauen der Bevölkerung in ihren Staat und in eine prosperierende Entwicklung muss zwangsläufig gelähmt bleiben, solange keine Initiativen zu mehr Gerechtigkeit und Sicherheit von dort ausgehen. Zur Errichtung der inneren Ordnung und eines gesicherten Friedens sowie zur Stabilisierung der Demokratie bedarf es der Herstellung eines geordneten Rechtssystems und eines Anstiegs sozialer Gerechtigkeit.

Inzwischen haben noch weitere Nichtregierungsorganisationen Projekte zum Thema Vergangenheitsbewältigung initiiert – mit unterschiedlichen Schwerpunkten. Beispielhaft zu nennen sind hier die „Transcultural Psychosocial Organisation" (TPO) oder die „Social Services Cambodia" (SSC) für Trauma-Erkrankte, das „Center for Social Development" (CSD), das Gerichtsbeobachterinnen und -beobachter ausbildet, und das „Documentation Center of Cambodia" (DC Cam), das sich um die Weiterbildung von Geschichtslehrerinnen und -lehrern kümmert, um die Qualität des Geschichtsunterrichts an den Schulen zu verbessern.

Das Projekt des Evangelischen Entwicklungsdienstes mit KID hat sowohl die fachliche Expertise als auch die Partizipation breiter Bevölkerungsteile an den Verfahren des internationalen Gerichtshofes gefördert. Auch durch die Vernetzung mit anderen Organisationen, die sich auf dem Gebiet der

Menschenrechte und Demokratisierung engagieren, trug das Projekt dazu bei, dass die Anstrengungen der Verfahren nicht nur einer kleinen städtischen Elite zugute kommen, sondern, dass darüber hinaus auch eine breite öffentliche Diskussion angeregt wird, die eine umfassende Vergangenheitsbewältigung ermöglicht. *Ilona Auer-Frege*

medica mondiale:

Frauen, Frieden und Sicherheit – Ein Projekt zur Stärkung der politischen Teilhabe von Frauen

Projektstandort:	Afghanistan, Liberia, Demokratische Republik Kongo
Laufzeit:	01.03.2009 – 28.02.2012
Organisation:	medica mondiale, www.medicamondiale.org
Partnerorganisationen:	Promotion et Appui aux Initiatives Féminines (PAIF), International Security Information Service (ISIS Europe)
Ansprechpartnerin:	Inga Seifert i.seifert@medicamondiale.org
Finanzierung:	Instrument for Stability (RELEX, Europäische Kommission)

Der Projekthintergrund

Gewalt gehört für Frauen und Mädchen in Kriegs- und Nachkriegsländern zum Alltag. Sie erfahren eine Fortsetzung der Kriegsgewalt durch die Militarisierung der Geschlechterbeziehung, denn auf der gefährlichen Flucht vor Soldaten und bewaffneten Gruppen werden ganze Familien entwurzelt und Frauen und Männer häufig voneinander getrennt, was zu einer Entfremdung der Geschlechter führt. Die Frauen haben einerseits mit den traumatisierenden Erlebnissen von Flucht und Vergewaltigung zu kämpfen. Häufig haben sie aber gleichzeitig im Krieg die Erfahrung gemacht, dass sie sich und ihre Familien allein durchgebracht haben, können diese ermächtigende Erfahrung andererseits aber nicht in die Nachkriegszeit hinüber retten. Viele der aus dem Krieg heimgekehrten Männer leiden selbst unter Kriegstraumata und erleben sich als unfähig, ihre frühere Rolle als Ernährer und Beschützer wieder einzunehmen.

Oft wird daher in Nachkriegsgesellschaften vor allem innerhalb der Familie eine höhere Gewaltrate beobachtet als vor dem Krieg. Auch die Straflosigkeit sexualisierter und häuslicher Gewalt durch die Schwäche der Justiz- und Polizeiapparate trägt zur Bestätigung einer Kultur der alltäglichen Gewalt bei, und von der Gesellschaft werden die Erfahrungen der Frauen und Mädchen in der Regel banalisiert. Vor allem die Vergewaltigung von erwachsenen Frauen wird als Bestandteil ihres Lebens betrachtet und normalerweise von der Gesellschaft nicht als solche definiert. So wird es für die Überlebenden, vor allem von sexualisierter Gewalt, absolut unmöglich, über ihr Leid zu sprechen. Ein derartiges gesellschaftliches Klima hat eine Verinnerlichung der Abwertung zur Folge. Die überlebenden Frauen und Mädchen erleben sich als „beschädigt" oder „wertlos" und orientieren ihr Verhalten an diesem Selbstbild.

In Afghanistan, Liberia und der Demokratischen Republik (DR) Kongo, in denen medica mondiales Partnerinnen und lokale Zweigstellen seit März 2009 das Projekt zur Stärkung der politischen Teilhabe von Frauen umsetzen, verschärft die Armut die Probleme der Nachkriegszeit. Ein katastrophales Gesundheitssystem und schlechte Transportwege führen zu hohen Mütter- und Säuglingssterberaten, und es gibt kaum Behandlungsmöglichkeiten oder gar Psychotherapie für die oft schwer verletzten und später chronisch kranken Überlebenden. Wer es wagt, Gewalt durch Soldaten oder in der Familie anzuzeigen, läuft Gefahr durch unsensible Behandlung schlecht ausgebildeter Polizisten oder Justizangestellter das Trauma ein zweites Mal zu durchleben.

Eine weitere Schwierigkeit stellt die parallele Existenz der formalen und der traditionellen Rechtssysteme dar. In Afghanistan gibt es beispielsweise neben dem verfassten Recht noch zwei weitere Systeme: Die Scharia steht offiziell über der Verfassung, was an den Stellen Probleme aufwirft, wo die beiden Rechtsauffassungen sich widersprechen, und in vielen Regionen wird immer noch das traditionelle Pashtunische Recht angewendet. Diese Parallelität verursacht oft willkürliche Rechtsurteile und Straflosigkeit von Gewaltverbrechen gegen Frauen.

Durch die beschriebenen Faktoren wird eine gesellschaftliche und politische Mitbestimmung der Frauen verhindert.

Auf internationaler, regionaler und nationaler Ebene gibt es seit einiger Zeit wichtige juristische Instrumente, um dieser Problematik strukturell zu begegnen. Die Resolution des UN-Sicherheitsrats 1325 des Jahres 2000 fordert die unterzeichnenden Staaten auf, Mädchen und Frauen wirksam vor jeder Art von Gewalt zu schützen, sie an Entscheidungsprozessen in der Friedens- und Sicherheitspolitik zu beteiligen und Frauenrechte in der Gesellschaft umzusetzen, da ihre Missachtung ein Hindernis für einen erfolgreichen Friedensprozess darstellt. Die Resolution 1820 von 2008 bestätigt erstmals, dass der Einsatz von systematischen Vergewaltigungen im Krieg als Kriegsverbrechen und Verbrechen gegen die Menschlichkeit gilt und somit vor dem Internationalen Strafgerichtshof geahndet werden kann. Liberia und die DR Kongo verfügen bereits über Aktionspläne zur Umsetzung der Resolution 1325 und sind damit auf diesem Gebiet fortschrittlicher als die Bundesrepublik. In allen drei Projektländern garantiert die Verfassung Männern und Frauen gleiche Rechte, und es gibt einige nationale Gesetze zur Eliminierung und Ahndung von Gewalt gegen Frauen. All diese Forderungen existieren zwar bislang nur auf dem Papier, doch bieten sie Frauenrechtsaktivistinnen eine gute Grundlage für ihre Lobbyarbeit.

Der Projektansatz

Schon seit vielen Jahren unterstützt medica mondiale Frauenrechtsaktivistinnen auf dem Balkan, in Afghanistan oder in Afrika. Seit 2009 bringt nun das Projekt „Politische Teilhabe von Frauen an der Sicherheits- und Friedenspolitik“ (hauptsächlich finanziert von der Europäischen Kommission) Frauennetzwerke aus Afghanistan, Liberia und der DR Kongo in einem Vorhaben zusammen. Denn so unterschiedlich diese drei Länder sind, so lassen sich doch viele Gemeinsamkeiten im Kampf der Aktivistinnen für die Verbesserung der Lebenssituation von Frauen durch politische Lobbyarbeit und Bewusstseinsarbeit in ihren Gemeinden feststellen. In der DR Kongo arbeitet medica mondiale mit der Fraueninitiative „Promotion et Appui aux Initiatives Féminines“ (PAIF) aus Goma zusammen, während in Afghanistan und Liberia die lokalen Zweigstellen von medica mondiale die Umsetzung vor Ort organisieren.
Ganz konkret setzt das Projekt bei der Problematik der Straflosigkeit, der mangelhaften Justiz und der Banalisierung der Erfahrungen von sexualisierter Gewalt sowie der Militarisierung der Geschlechterbeziehungen an. Ziel des Projektes ist es, Frauen dabei zu unterstützen, die Friedenspro-

zesse in ihren Ländern aktiv mitzugestalten, um ihre Interessen auf allen Ebenen zu vertreten und auf diese Weise Schutz vor Gewalt zu schaffen und allmählich einen gewaltfreien Umgang mit Konflikten in der Gesellschaft zu erreichen. Dafür ist es jedoch notwendig, die Frauen aus der Isolation und Sprachlosigkeit herauszuholen. Das Projekt unterstützt gezielt vorhandene Netzwerke von Frauenorganisationen, die sich auf verschiedenen Ebenen für die Belange von Frauen einsetzen, die von Armut und sexualisierter Gewalt betroffen sind. Dabei geht es vor allem darum, die Frauen nicht zu viktimisieren, sie also nicht in ihrer Opferrolle zu bestätigen, sondern sie als Akteurinnen zu stärken.

Erstes Treffen der Frauenrechtsaktivistinnen aus Afghanistan, Liberia, der Demokratischen Republik Kongo und Deutschland im Kosovo

Die Aktivistinnen werden einerseits mit ihrer Advocacy-Arbeit auf politischer Ebene sicht- und hörbarer, und andererseits schaffen sie mit Aktionen in ihren Gemeinden und der allgemeinen Öffentlichkeit mehr Bewusstsein für Frauenrechte. Damit setzen sie sich allerdings oft der Gefahr für Leib und Leben aus. Es muss also bei aller Sichtbarkeit immer darum gehen, die Sicherheitssituation und die Reaktionen auf ihre politische Arbeit sehr genau zu beobachten. In Afghanistan können unsere Partnerinnen zum Beispiel nicht die Begriffe „Frauenrechte“ oder „Peacebuilding“ offen benutzen, da sie die Erfahrung gemacht haben, dass Regierungsvertreter dies als aggressive Kritik und Beleidigung der Regierungspolitik auffassen. Solange sie ihre Anliegen umschreiben und sich auf die Scharia beziehen, finden sie jedoch durchaus Gehör, wie im Dezember 2009 in den Beratungen mit Präsident Karzai über eine höhere Beteiligung von Frauen an der neuen Regierung. Es gilt in jeder Situation die Handlungsspielräume zu erkennen und zu nutzen. Dabei spielen Allianzen mit anderen Nichtregierungsorganisationen, internationalen Institutionen oder Regierungseinrichtungen eine wichtige Rolle. In Liberia erreichte ein Vermittlungsteam aus UN-Vertretern, Menschenrechtsorganisationen und der regionalen Genderbeauftragten, dass ein Fall einer widerrechtlich und mit Gewalt von einer Witwe zurückgeforderten Mitgift einvernehmlich gelöst werden konnte.

Internationale Netzwerktreffen geben den Frauen außerdem die Gelegenheit sich über Ländergrenzen hinweg über ihre Probleme und Arbeitsansätze auszutauschen. Dies ist ein stärkender Faktor für die Aktivistinnen, die auf diese Weise ihre Situation aus anderen Blickwinkeln betrachten können und ihre Arbeit und persönliche Leistung durch die Süd-Süd-Solidarität bestätigt sehen.

Der Projektablauf

Im ersten Projektjahr wurden die in Frage kommenden Netzwerke identifiziert, und die Frauen einigten sich in ihren ersten Planungssitzungen darüber, was Frieden und Gewaltfreiheit in ihrem täglichen Leben für sie bedeuteten und welche für sie dringendsten Probleme sie im Rahmen des Projekts bearbeiten wollten. Die UN-Resolutionen klangen für sie zunächst sehr abstrakt, aber in den Diskussionen stellte sich rasch heraus, dass jede ziemlich genaue Vorstellungen von Sicherheit und Frieden in ihrer Familie und Gemeinde hatte. In der DR Kongo wollten die Netzwerkmitglieder vor allem die praktische Umsetzung der in der Verfassung verankerten Gleichstellung von Männern und Frauen einfordern und die Unterzeichner des Friedensabkommens von Goma im Jahr 2008 an ihre Verpflichtungen erinnern. Sowohl in Afghanistan als auch in Liberia ging es die meiste Zeit um familienrechtliche Aspekte. „Kann die Familie meines verstorbenen Mannes mich ohne Besitz auf die Straße setzen?" „Können sie Witwen oder Geschiedene zwingen, die Mitgift zurückzuzahlen?" Fragen wie diese spielen für die meisten Frauen die zentrale Rolle, da sie im Normalfall nicht über eigene Einkommensquellen verfügen. In Afghanistan sollen zudem Kinderehen durch die formale Registrierung von Eheschließungen – das gesetzliche Mindestalter liegt bei 16 Jahren – verhindert werden.

Internationale Solidarität stärken

Im Juli 2009 fand ein internationales Netzwerktreffen bei der Gastgeberin Medica Kosova statt. Hier wurde zunächst ein Fahrplan für das Projekt mit allen Teilnehmerinnen abgestimmt, anschließend hatten die beiden Vertreterinnen aus Afghanistan sowie die Projektleiterinnen aus der DR Kongo und aus Liberia die Gelegenheit, die Arbeit der kosovarischen Kolleginnen kennen zu lernen. Ehemalige Klientinnen aus der psychosozialen Beratung präsentierten stolz ihre Traktoren und Bienenstöcke, die im Rahmen eines Landwirtschaftsprojekts angeschafft worden waren. Durch die Einkommen schaffenden Maßnahmen können sie nun einen eigenen ökonomischen Beitrag zum Lebensunterhalt ihrer Familien leisten und erfahren deutlich mehr Respekt von Seiten ihrer Ehemänner oder Schwiegereltern. Das kosovarische Frauennetzwerk „Kosova Women's Network" stellte die Lobbyarbeit auf politischer Ebene vor, die Aktivistinnen der verschiedenen Bevölkerungsgruppen gemeinsam während der Friedensverhandlungen und in der Nachkriegszeit geleistet hatten.

„Die Situation der Serben und Albaner erinnert mich an unsere Spannungen mit Ruanda. Es gibt Hoffnung und ist beeindruckend, was unsere Kolleginnen hier alles geschafft haben."
Die kongolesische Projektleiterin

Gemeinsame Aktionen planen und umsetzen

Die nationalen Netzwerktreffen finden zweimal pro Jahr statt. Die Mitglieder des Netzwerks werden über ihre Rechte informiert, lernen ihre Bedürfnisse und Interessen zu formulieren und planen gemeinsame Aktionen, um ihre Rechte von lokalen Entscheidungsträgern einzufordern und die Politik mitzugestalten. In zahllosen Gesprächen machen sie die oft schlecht ausgebildeten Richter oder Justizangestellten auf die in der Verfassung verankerten Frauenrechte aufmerksam, und in Afghanistan versuchen die Frauen sich auch mit Mullahs über frauenfreundlichere Interpretationen der Scharia zu verständigen. Die Liberianerinnen nehmen auf nationaler Ebene in Monrovia an Arbeitsgruppen von zivilgesellschaftlichen, internationalen und regierungsnahen Organisationen teil, die die Umsetzung des Aktionsplans zur Resolution 1325 begleiten, und bringen ihre Perspektive in eine Arbeitsgruppe zu sexualisierter Gewalt ein. In allen drei Ländern bilden die jährlichen 16 Aktionstage gegen Gewalt an Frauen einen Höhepunkt der gemeinsamen Aktionen. Jedes Jahr wird ein Hauptthema bestimmt, das an Runden Tischen, in Dorfversammlungen oder Radiosendungen besprochen wird. So marschierten im November 2009 über zweihundert Menschen durch die Straßen eines Dorfes in Sinoe County in Liberia, in dem viele Frauen noch an den Folgen von sexualisierter Gewalt und kollektivem Schweigen leiden, und riefen Parolen wie „Frauen sind keine Sklaven", „Stoppt erzwungene Heirat" oder „Männer, helft euren Frauen im Haushalt". Ein Radiointerview erläuterte begleitend das formelle Familienrecht, das unter anderem die Rückforderung der Mitgift offiziell verbietet.

Frauen in Friedensprozesse integrieren

Insgesamt werden in jedem der drei Länder drei aufeinander aufbauende Peacebuilding-Trainings durchgeführt. Die Frauen lernen, ihre bisherige Arbeit mit dem aktuellen theoretischen Diskurs in Verbindung zu bringen und weitere Ansatzpunkte zu finden, sich in die Friedens- und Sicherheitspolitik einzubringen. Dabei geht es schwerpunktmäßig darum, den Zusammenhang von sexualisierter Gewalt gegen Frauen und Mädchen und dem Friedensprozess herauszuarbeiten, ein Aspekt, der in den gängigen Friedenstrainings oft zu kurz kommt. Im Sinne der UN-Resolution 1325 sollen die Projektaktivitäten die Entscheidungsträger darauf hinweisen, dass ein dauerhafter Frieden ohne ein gewaltfreies Miteinander und die Beteiligung von Frauen innerhalb der Gesellschaft nicht machbar ist.

Aktivistinnen in Lobbyarbeit schulen

Ein weiteres Training im Laufe des zweiten Projektjahres stellt das Advocacy-Training dar, in dem eine internationale Trainerin und die Projektpartnerin von medica mondiale aus Brüssel, der „International Security Information Service" (ISIS Europe), die Netzwerkfrauen darin schulen, das Advocacy-Thema möglichst gut auszuwählen und eine Reihe von Lobbyinstrumenten gezielt einzusetzen. Außerdem erhalten sie Informationen über die Berührungspunkte mit der Europäischen Union, deren Präsenz in den drei Ländern und Ansatzpunkte für politische Aktionen. Denn das Projekt beinhaltet nicht nur die Stärkung der Arbeit der Frauen in ihren Ländern, sondern soll ihre Anliegen gleichzeitig auch in die internationale Politik einbringen. Eine Gelegenheit dafür war beispielsweise eine Anhörung im Menschenrechtsausschuss des Europaparlamentes zur Situation in der DR Kongo im März 2010, bei der Monika Hauser, geschäftsführendes Vorstandsmitglied von medica mondiale, und die kongolesische Projektleiterin Jeannine Mukanirwa über die aktuelle Lage berichteten und ihre Forderungen an die EU einbrachten. Interessierte EU-Parlamentarierinnen und Parlamentarier haben ihre Unterstützung für ein Follow-up zugesagt. Im dritten Projektjahr werden jeweils zwei Vertreterinnen aus Afghanistan,

Liberia und der DR Kongo zu Veranstaltungen mit dem Europaparlament und dem deutschen Bundestag nach Brüssel und Berlin reisen und sich anschließend auf einem internationalen Netzwerktreffen in Köln über ihre bisherigen Erfahrungen mit der Advocacy-Arbeit in ihren Ländern austauschen.

Was ist wichtig für den Erfolg?

Die politische Lobbyarbeit kann nicht von anderen Projektkomponenten getrennt funktionieren, denn bevor Überlebende von sexualisierter Kriegs- und Alltagsgewalt überhaupt in der Lage sind ihre Interessen zu formulieren und zu vertreten, brauchen sie viel Raum, um sich seelisch zu stabilisieren und wieder Vertrauen in die Zukunft zu fassen. Dies zeigten die Erfahrungen der Mitarbeiterinnen von medica mondiale im Kosovo recht deutlich. Einigen Klientinnen waren schon unmittelbar nach dem Krieg von internationalen Organisationen Einkommen schaffende Maßnahmen angeboten worden. Doch in ihrem Schockzustand fühlten sie sich zu diesem frühen Zeitpunkt davon überfordert. Nach einiger Zeit im psycho-sozialen Beratungsprogramm fingen sie nach und nach an, das Erlebte zu benennen, in Gruppengesprächen für sich einzuordnen und die erlittenen Erfahrungen schließlich als ein Teil ihres Lebens anzunehmen, ohne sich ausschließlich über die Identität als Vergewaltigungsopfer zu definieren. Heute verkaufen sie Honig, Milch und Eier aus ihren landwirtschaftlichen Unternehmen auf den lokalen Märkten. Daher setzt das Projekt in Liberia, Afghanistan und der DR Kongo auf vorhandene aktive Netzwerke und verbindet deren Arbeit mit den Strukturen der übrigen Projektarbeit von medica mondiale. Im Rahmen eines von der KfW finanzierten Projekts in Liberia werden 2010 in der Projektregion im Südosten sogenannte Friedenstrainerinnen eingesetzt, die die Einrichtung von Friedenskomitees in verschiedenen Dörfern anstoßen und sie begleiten sollen. Solche Friedenskomitees werden auch für das Frauenrechtsnetzwerk eine wichtige Stütze sein. In Afghanistan werden die Erfahrungen der Anwältinnen oder Ärztinnen aus den Arbeitsbereichen der juristischen Begleitung und der Gesundheit ebenfalls für die politische Arbeit des Netzwerks genutzt, und in der DR Kongo bemüht sich PAIF darum, die täglich erlebten Nöte der Klientinnen aus dem Beratungsprogramm in Goma und Kalehe im kriegsgeschüttelten Osten auch auf politischer Ebene sichtbar zu machen und der Stimme der Frauen aus dem Ostkongo in Kinshasa Gehör zu verschaffen. *Inga Seifert*

Friedenskreis Halle:
Training in konstruktiver Konfliktbearbeitung

Politische Bildung für lernbehinderte Jugendliche

Projektstandort:	diverse Förderschulen in Halle, Deutschland
Laufzeit:	seit 2003
Organisation:	Friedenskreis Halle e. V. www.friedenskreis-halle.de
Ansprechpartner:	Jens Meier meier@friedenskreis-halle.de
Finanzierung:	Fördermittel der Stadt Halle

Der Projekthintergrund

Schülerinnen und Schüler an Schulen für Lernbehinderte sind bis heute sozial ausgeschlossen und in fast allen Lebensbereichen Sonderbehandlungen unterworfen. Ihr Ansehen in der Gesellschaft ist denkbar schlecht. Die in der Gesellschaft weitverbreitete Meinung, lernbehindert bedeute dumm, führt dazu, dass diesen Menschen oftmals keine oder nur eingeschränkte Teilhabe am politischen bzw. gesellschaftlichen Leben gewährt wird. Wer einmal als lernbehindert diagnostiziert wurde, wird dieses Stigma so schnell nicht wieder los und kann sich irgendwann nicht mehr gegen die damit verbundene gesellschaftliche Diskriminierung zur Wehr setzen – das Selbstbewusstsein wird immer schwach bleiben. Zumindest die individualpsychologische Entwicklung kann unterstützt werden, wenn lernbehinderte Menschen schon während der Schulzeit besser auf die alltäglichen, politischen und sozialen Zusammenhänge vorbereitet werden. Vor allem geht es darum, ihnen konstruktive Formen der Kommunikation und Konfliktbearbeitung zu vermitteln, damit sie sich aktiv gegen stigmatisierende Vorurteile wehren und sich ihre gesellschaftlichen Handlungsspielräume selbstbestimmt erarbeiten können. Die politische Bildung wird in den Schulen für Lernbehinderte stark vernachlässigt bzw. rudimentär behandelt. Hiermit ist nicht nur die Wissensvermittlung über den Aufbau und das Funktionieren von Staaten gemeint. Auch und vor allem die Kompetenzinhalte, die für die erfolgreiche

Teilnahme am gesellschaftlichen und politischen Leben wissenswert und grundlegend sind, werden im Unterricht zu wenig berücksichtigt. Zentrale Themen wie Gewaltfreiheit und Toleranz im gesellschaftspolitischen Kontext stehen nicht auf der Agenda, da die meisten Lehrerinnen und Lehrer die Meinung vertreten, politische Bildung als Unterrichtsfach beschränke sich allein auf Zusammenhänge, die das Funktionieren des staatlichen Systems betreffen.

Wie hoch der Bedarf an werteorientierter politischer Bildung tatsächlich ist, wird deutlich, wenn man Lehrkräfte und betroffene Schülerinnen und Schüler zu Wort kommen lässt. Nach ihren Aussagen erfahren lernbehinderte Jugendliche zu Hause meist nur wenig über Toleranz und ein demokratisches, die Bedürfnisse des Einzelnen berücksichtigendes Miteinander oder so gut wie nichts über die Möglichkeiten, einen Konflikt konstruktiv und gewaltfrei zu lösen. Es fehlen ihnen folglich auch die Vorbilder. An Schulen für Lernbehinderte herrscht oftmals ein rauer Ton auf dem Pausenhof, Konflikte werden schnell mit den Fäusten ausgetragen. Die Gewaltbereitschaft ist häufig sehr hoch und die Anwendung von Gewalt geschieht oft unreflektiert. Der Schulunterricht für Lernbehinderte sollte diesen Mangel ausgleichen und die Schülerinnen und Schüler mit einem größeren Wissen über Strategien konstruktiver Konfliktbearbeitung ausstatten. Auch auf die Vermittlung von Erfolgserlebnissen kommt es an, damit die Schülerinnen und Schüler ein gesundes Selbstbewusstsein entwickeln können.

Der Projektansatz

Der Friedenskreis Halle hat eine Methodik entwickelt, die darauf abzielt, den Jugendlichen den Umgang mit dem Stigma „lernbehindert" zu erleichtern und gleichzeitig ihr Selbstbewusstsein zu stärken. Diese Methodik versucht, ein Bewusstsein für eigene und fremde Bedürfnisse zu schärfen und ihnen auf eine Weise, die ihrer Kognitionsstufe angemessen ist, Wissen und Erfahrungen über Möglichkeiten gewaltfreier Konfliktbearbeitung zu vermitteln.

Die Mitarbeiterinnen und Mitarbeiter haben ein Instrumentarium entwickelt, das auf die besondere Zielgruppe zugeschnitten ist. Aus der klassischen Anti-Gewalt-Pädagogik werden einzelne Übungen übernommen, umgestellt, an die Zielgruppe angepasst, und es wird ausprobiert, welche Übungsarten mit Förderschülerinnen und -schülern praktikabel sind. Rollenspiele und Gruppenübungen, die einen spielerischen und alltagsnahen Zugang bieten, eignen sich besonders gut, um demokratische Handlungskompetenzen wie solidarisches Handeln, Kooperation und gewaltfreien Umgang mit Konflikten zu erlernen und einzuüben.

Der Projektablauf

In den vergangenen Jahren hat der Friedenskreis Halle e. V. eine Vielzahl von Projekten schulbezogener Bildungsarbeit durchgeführt. Dies waren zum einen direkte Bildungsprojekte in Form von Projekttagen an Schulen, zum anderen spezifische Qualifizierungsangebote für Lehrkräfte wie schulinterne Lehrerfortbildungen und Grundkurse für zivile gewaltfreie Konfliktbearbeitung.

Einen Schwerpunkt seiner schulbezogenen Jugendarbeit setzte der Friedenskreis Halle in den letzten Jahren auf die Arbeit an Förderschulen mit lernbehinderten Schülerinnen und Schülern. Aus dem Repertoire der Anti-Gewalt-Pädagogik werden Übungsmodule für einen oder drei Projekttage zusammengestellt, die nach den Erfordernissen in den Klassen jeweils neu aufgelegt werden können. Es sind ausgebildete Trainerinnen und Trainer, die diese Projekte konzipieren, durchführen, evaluieren und dokumentieren. Dadurch ist eine ständige Überprüfung und Weiterentwicklung der Methodik gegeben.

Darüber hinaus betreibt der Friedenskreis politische Lobbyarbeit, indem er bei der Einwerbung von Fördermitteln behilflich ist, die Kooperation mit Schulen, freien Trägern der Bildungsarbeit und den kommunalen Akteuren aufbaut. Er trägt über Veröffentlichungen zur Sensibilisierung für das Thema bei und führt seit Jahren regelmäßig Projekttage und Seminare an Förderschulen durch. Die Arbeit des Friedenskreises wurde in der Vergangenheit durch eine Projektdokumentation und eine Diplomarbeit zum Thema Bildungsarbeit an Schulen für Lernbehinderte dokumentiert und evaluiert.

Es ist darauf hinzuweisen, dass man bei der Arbeit mit lernbehinderten Jugendlichen immer wieder auf junge Menschen trifft, die zum Teil durch extreme Leidensgeschichten wie starke Gewalterfahrung oder Vernachlässigung geprägt sind. Es ist kaum möglich, für die Arbeit mit dieser „schwierigen“ Zielgruppe allgemeingültige oder stets funktionierende Vorgehensweisen festzulegen. Vielmehr geht es um grundsätzliche Empfehlungen, mit denen die Vermittlung von Gewaltfreiheit, Stärkung der Individuen und Verbesserung des Umgangs miteinander erfolgreich umgesetzt werden kann.

Was ist wichtig für den Erfolg?

Für diese Zielgruppe ist es wichtig, Fehlzeiten einzukalkulieren, da die Abwesenheitsrate in Schulen für Lernbehinderte durch Krankheit und „Schwänzen" nachweislich höher ist als bei anderen Schularten. Möglichst sollten die Angebote während der üblichen Schulzeit gemacht werden, da viele lernbehinderte Schülerinnen und Schüler zusätzliche Stunden an der Schule ablehnen, lange Anreisewege haben oder grundsätzlich misstrauisch sind. Es muss erst Vertrauen aufgebaut und eine positive Arbeitsatmosphäre hergestellt werden, bevor die Jugendlichen freiwillig an Seminaren teilnehmen. Übungen sollten so angelegt sein, dass anstatt der schriftlichen Elemente Bilder, Farben oder Symbole verwendet werden, da die Schülerinnen und Schüler zum Teil nur über sehr geringe Lesekompetenz verfügen. Viele Lernbehinderte haben Schwierigkeiten, sich im Klassenverband länger als 45 Minuten am Stück auf ein Thema zu konzentrieren. Die Einhaltung der Pausen ist wichtig, um die Konzentration zu erhalten. Bei einem inhaltlich derart komplexen Projekt wie diesem, das den konstruktiven Umgang mit (eigener und fremder) Gewalt und Aggression, die Stärkung der Gruppe, die Förderung des Miteinanders und des demokratischen, toleranten Umgangs vermittelt, ist es sinnvoll, den Schwerpunkt weniger auf die theoretische Wissensvermittlung als vielmehr auf emotionales Lernen zu legen. Den Schülerinnen und Schülern fällt es häufig schwer, theoretischen Lernstoff aufzunehmen, und sie sind erst recht schnell überfordert damit, die theoretischen Inhalte auf ihren Lebensalltag zu übertragen. Ein alleiniges Unterrichtsgespräch über den Wert von Kooperation bewirkt nicht, dass sie in ihrem Alltag wirklich zusammenarbeiten und sich gegenseitig helfen. Es ist wichtig, dass sie die Vor- und Nachteile unmittelbar ausprobieren können – in einem Rahmen, in dem sie nicht befürchten müssen, dass sich ihr Handeln negativ auf ihre sonstigen Schulleistungen auswirkt. So eignen sich besonders Übungen aus der Erlebnispädagogik, der Theaterpädagogik oder der gewaltfreien Konfliktbearbeitung, die aktionsorientiert sind und einen spielerischen Charakter besitzen.

Erfahrungsgemäß ist es sinnvoll, dieselben Inhalte mehrfach zu wiederholen oder durch Übungen mit ähnlichen Lernzielen zu variieren. So kann der Prozess des emotionalen Lernens intensiviert und die Erkenntnisse der Schülerinnen und Schüler können gefestigt werden. Außerdem haben sie die Möglichkeit, gewonnene Erkenntnisse zeitnah zu nutzen, um andere Aufgaben erfolgreich zu lösen.

Ein Beispiel:
Für Reflexionsrunden und Runden, in denen die Stimmung der Teilnehmenden abgefragt werden soll, bietet sich der Einsatz von Smileykarten an. Bei dieser Methode erhält jede Teilnehmerin und jeder Teilnehmer drei Smileykarten. Auf verschiedene Fragen hin legen alle die Karte, die ihrer momentanen Stimmung am besten entspricht. Die Karten können auch eingesetzt werden, wenn die Teilnehmenden danach gefragt werden, ob sie die gerade durchgeführte Übung schwierig (rot) oder leicht (grün) fanden oder ob sie ihnen gefallen (grün) oder nicht gefallen hat (rot). So lassen sich schnell und ohne viel zu sprechen, Stimmungsbilder abfragen und verdeutlichen. Außerdem wird das Reflexionsvermögen der Schülerinnen und Schüler durch diese Methoden gefördert.

Bei der Projektarbeit bedarf es einer sehr großen Präsenz und hohen Aufmerksamkeit vonseiten der leitenden Personen. Die Schülerinnen und Schüler müssen erfahrungsgemäß stärker durch Übungen und Reflexionsrunden geführt werden, als dies bei Jugendlichen auf einem höheren Kognitionsniveau oder in der Erwachsenenbildung der Fall ist. Deshalb ist eine intensive Arbeit besonders dann gut möglich, wenn die Leitung im Team aus zwei Personen besteht.
Es ist immer wieder notwendig, die vorbereiteten Übungen zu verändern, sie den Fähigkeiten und Wünschen der Schülerinnen und Schüler anzupassen, um ihnen zu zeigen, dass sie ernst genommen werden, und um sie in ihrer Individualität zu bestärken. Die Leitung sollte stets Alternativen zu Übungen vorbereitet haben und diese flexibel einsetzen.
Die Einbindung von Lehrerinnen und Lehrern ist sehr wünschenswert. Sie können die angeregten Prozesse weiterführen und damit die Nachhaltigkeit der Projekte verstärken. Eine gute Möglichkeit ist es, das Lehrerteam direkt in das Projekt zu integrieren. Hierfür ist es wichtig, dass sie die Übungen gemeinsam mit ihren Schülerinnen und Schülern durchführen. Diese Art und Weise stellte sich in einigen Fällen – vor allem bei schwierigen Kooperationsübungen – als sehr positiv heraus, weil sich das Verhältnis zwischen der Lehrkraft und der Klasse in der Folge verbesserte.

„Unsere Methode ist so erfolgreich, weil sie alle Schülerinnen und Schüler einbezieht. Der Achtung ihrer Wünsche, Meinungen und ihr Mitwirken sind grundlegende Bestandteile dieser Methode. Die Übungen leben davon, dass die Schülerinnen und Schüler mitmachen, durch ihr Tun gestalten sie die Prozesse mit. Ferner bezieht unsere Arbeitsweise die aktuell im Klassenzimmer während der Übung laufenden Prozesse mit ein. Diese werden ausgewertet und besprochen. Damit ist es möglich, einen Transfer auf Alltagssituationen zu machen. Die Übungen vermitteln nicht allein theoretische Kenntnisse, sondern sie stützen sich auf die praktische Erfahrung und Reflexion von Prozessen in einem geschützten Raum."
Jens Meier

Der Ansprechpartner für das Projekt

Jens Meier, Diplom-Sozialpädagoge (FH), arbeitet seit Jahren als freier Mitarbeiter für den Friedenskreis Halle. Er führt Seminare und Trainings durch und ist in der lokalen politischen Arbeit aktiv. Zudem ist er Mitglied des Vorstandes.

„Für mich ist das Bewusstsein wichtig, dass bei der Bearbeitung von Inhalten wie Gewalt und Aggression Konflikte und starke negative Erfahrungen aus dem Familienleben der Kinder aufkommen können, die in einem kurzen gemeinsamen Arbeitsprozess von Trainerinnen und Trainern mit der Klasse nur schwierig aufzufangen sind. Hier ist entsprechende Kommunikation mit der Klassenlehrerin oder dem Klassenlehrer wichtig, damit eine weitere Begleitung der betreffenden Schülerin oder des betreffenden Schülers erfolgen kann.
Wir wollen, dass die Schülerinnen und Schüler lernen, mit dem Stigma ‚lernbehindert' selbstbewusster umzugehen. Die Stärkung der Persönlichkeit und des Selbstbewusstseins verbessert auch den Umgang der Jugendlichen miteinander. Am Ende steht eine offene Kommunikation untereinander wie auch zwischen Schülerinnen bzw. Schülern und Lehrkräften.
Wenn wir Wissen und Erfahrungen über gewaltfreie Konfliktbearbeitung vermitteln, fördern wir auch die einzelnen Individuen, in dem Maße, wie sie ihr Urteilsvermögen verbessern und einen Schritt mehr zu mündigen, selbstständigen und selbstbewussten Bürgerinnen und Bürgern heranwachsen, die sich mit friedlichen Mitteln engagieren und um ihre Belange kümmern können.

Lernbehinderte sind als Zielgruppe so wichtig, weil diese Form der Bildungsarbeit, diese Form der Kompetenzvermittlung an Förderschulen sehr oft geradezu stiefmütterlich behandelt wird. Ferner erfahren lernbehinderte Jugendliche oftmals zu Hause nur sehr wenig über Toleranz, ein demokratisches, die Bedürfnisse des Einzelnen berücksichtigendes Miteinander oder über Möglichkeiten konstruktiver, gewaltfreier Konfliktbearbeitung.
Aus diesen Gründen ist es wichtig, diese Form der Bildungsarbeit an Förderschulen zu verstärken. Da dies aufgrund mangelnder Methodenkenntnis und mangelnder Einbindung in den Lehrplan oft nur sehr wenig stattfindet, führen wir diese Projekte durch.“ Jens Meier

Das Fazit

In unserer heutigen Gesellschaft sind Bildung, Arbeitsfähigkeit und soziale Kompetenz enorm wichtige Faktoren für die Beteiligung an politischen und wirtschaftlichen Prozessen. Sie gelten als wesentliche Voraussetzungen für den beruflichen Erfolg und den Rang in der sozialen Hierarchie. Für Jugendliche mit Lernbehinderungen sind die Zukunftsperspektiven meist schlecht, dies trifft erst recht zu, wenn sie aus sozial minderprivilegierten Familien stammen. Oft bestimmen daher Frustration und Aggression ihr Leben als junge Erwachsene.
Frühzeitige und gezielte Lernangebote mit den Inhalten Gewaltfreiheit, Selbstbewusstsein, Empathie und konstruktive Konfliktbewältigung haben für diese Jugendlichen eine wichtige Bedeutung, um ihren Platz in der Gesellschaft trotz ihres Handicaps zu finden und nicht in eine soziale Außenseiterposition abgedrängt zu werden. Mit steigender Sozialkompetenz können sie z. B. ihre Aussichten auf dem Arbeitsmarkt deutlich steigern, auch wenn sie nur über geringe Bildungsressourcen verfügen. Gleichzeitig reduziert ein solches Projektangebot auch das Konfliktpotenzial, das durch Ausgrenzung und Frustration entstehen kann. Das Projekt trägt somit deutlich zur Stärkung der Toleranz und der Gleichberechtigung in der Gesellschaft bei.

Ilona Auer-Frege

KURVE Wustrow:

„Youth Power" – Peer Education und Vernetzung von Jugendlichen in Krisenregionen

(Palästina, Serbien, Mazedonien und Deutschland)

Projektstandorte:	Belgrad, Tetovo, Bethlehem, Wustrow
Laufzeit:	2006 - 2009
Organisation:	KURVE Wustrow Bildungs- und Begegnungsstätte für gewaltfreie Aktion e. V.
Lokale Partnerorganisationen:	CNA, Wi'am, LOJA
Ansprechpartner:	Jochen Neumann info@kurvewustrow.org
Finanzierung:	Europäische Kommission: Programm JUGEND

Der Projekthintergrund

„Peer Education" bedeutet, dass innerhalb einer Gruppe von Gleichgestellten, z. B. unter Frauen, Traumaopfern oder Jugendlichen, gemeinsam und voneinander gelernt wird. Statt durch Lehrkräfte angeleitet zu werden, lernt die Gruppe eigenständig und selbstverantwortlich durch gemeinsame praktische Erfahrungen. Einzelne Gruppenmitglieder können zu intern akzeptierten Wissensressourcen ausgebildet werden. Erfahrungsgemäß haben sie besseren Zugang zu ihrer Peergroup als außenstehende Lehrerinnen und Lehrer oder Sozialarbeiterinnen und Sozialarbeiter. Jugendliche können sich mit anderen Jugendlichen besser identifizieren. Durch Peer Education können Jugendliche lernen, Konflikte mit Gleichaltrigen gewaltfrei zu bearbeiten und sich gemeinsam zu äußeren Konflikten zu verhalten.

In der deutschen Schul- und Jugendpädagogik haben sich Konfliktlotsen-Programme etabliert, in denen Kinder und Jugendliche in Streitfällen selbst schlichtend wirken. Dieses Modell der Peer Education bietet sich auch für die Friedenserziehung an und kann in Konfliktregionen eingesetzt werden, um Methoden für konstruktive Konfliktbearbeitung zu verbreiten.

Der Projektansatz

KURVE Wustrow hat mit dem „Youth Power"-Projekt einen Prozess eingeleitet, bei dem drei internationale Friedensorganisationen eigene

Jugendprojekte zur Friedenserziehung aufbauen und vernetzen, mit dem Ziel, die Effekte auf ein internationales Niveau zu bringen. Eine vierte Partnerorganisation brachte ihre Kenntnisse in der Friedenserziehung ein.
Es bestanden langjährige Erfahrungen aus der Kooperation zwischen den beteiligten Organisationen. Vor allem im Rahmen von Projekten des Zivilen Friedensdienstes (ZFD) waren Friedensfachkräfte der KURVE Wustrow bei allen drei Partnerorganisationen mehrere Jahre im Einsatz und sind es zum Teil heute noch. So konnte dieses Projekt auf die Evaluierungen dieser mehrjährigen Vorläuferprojekte aufbauen und ist als deren konzeptionelle Weiterentwicklung zu betrachten.

Partnerorganisationen:
CNA – Centre for Nonviolent Action in Belgrad, Serbien
leistet Multiplikatorenarbeit für junge Erwachsene in Form von Trainerausbildungen in ziviler, gewaltfreier Konflikttransformation, Vergangenheitsbewältigung mit Ex-Kämpfern und Medienarbeit.
www.nenasilje.org

LOJA – Centre for Balkan Cooperation in Tetovo, Mazedonien
bietet multi-ethnische Jugendarbeit mit theater- und medienpädagogischen Ansätzen, multi-nationale Jugendbegegnungen.

Wi'am – Centre for Palestinian Conflict Resolution in Bethlehem, Palästina
lehrt Konfliktmediation (Sulha) in innergesellschaftlichen Konflikten, Trainingsarbeit mit Jugendlichen, Sozialarbeiterinnen und Sozialarbeitern und anderen Multiplikatorinnen und Multiplikatoren.
www.alaslah.org

Ziel des Projektes ist es, für Trainerinnen und Trainer wie auch für Jugendliche in den Konfliktregionen einen Austausch über Ansätze und Methoden in der Jugendarbeit zu ermöglichen und langfristig einen professionellen Kontakt in Form eines Netzwerkes zu etablieren.
Das „Youth Power"-Projekt läuft mittlerweile im dritten Jahr. In der ersten Projektphase ging es um den Fachaustausch unter Trainerinnen und Trainern der Jugendarbeit in den vier Regionen. In der nächsten Phase stand die Arbeit mit und für Jugendliche im Mittelpunkt. Um Jugendlichen in schwierigen Lebenskontexten Unterstützung zu geben und Perspektiven zu öffnen, stehen bei den verschiedenen Partnern unterschiedliche Themen im Vordergrund: Multi-ethnisches Zusammenleben, Integration Benachteiligter oder Integration von Migrantinnen und Migranten, interkulturelle Erfahrungen, transkulturelle Verständigung, antirassistische und antisexistische Arbeit sowie Zivilcourage. Gemeinsam ist allen

das Ziel, Jugendlichen gewaltfreie, konstruktive Handlungsspielräume zu eröffnen und Gewaltprävention zu gewährleisten. Alle Projektpartner vermitteln Jugendlichen und Multiplikatorinnen und Multiplikatoren für Jugendliche wie Lehrkräften das Handwerkszeug für zivile, gewaltfreie Konflikttransformation. Zudem werden Jugendliche ermuntert und befähigt, selbst Projekte durchzuführen, ihre Anliegen zu vertreten und ihre soziale Situation selbst zu gestalten.
Diesem Zweck soll auch ein gemeinsam entwickeltes Trainingshandbuch dienen, das im Laufe des Projektes fertiggestellt werden soll und in elektronischer Form im Internet als Download verfügbar sein wird. Eine Projektwebsite soll die interne und öffentliche Diskussion anregen.

Der Projektablauf

1. Multinationaler Fachaustausch und Planung gemeinsamer Jugendarbeit

Die Basis für alle weiteren gemeinsamen Aktivitäten war eine intensive Kennenlernphase, in der Trainerinnen und Trainer, Jugendarbeiterinnen und Jugendarbeiter und die Projektkoordination einander näherkommen sollten. Mehrere Treffen und gegenseitige Studienbesuche ermöglichten es den Beteiligten, die Arbeit der in ähnlichen Konfliktumfeldern wirkenden Projektpartner kennen zu lernen und sich fachlich auszutauschen. Zwei fünftägige Workshops führten in Wustrow und in Belgrad jeweils drei Mitglieder jeder Organisation zur gemeinsamen Projektplanung zusammen.

„Diese erste Reise- und Besuchsphase war zwar aufwendig, brachte aber für alle Beteiligten einen enormen Erkenntnisgewinn. Zu sehen, wie andere NRO unter völlig unterschiedlichen Umständen eine ähnliche Arbeit tun und mit welchen Methoden sie dabei vorgehen, ist sehr motivierend und lehrreich.“ Anja Schatz

Drei Partnerorganisationen hatten ihre eigenen Beiträge zur Jugendarbeit innerhalb des Projektkontextes vorbereitet und jeweils Gruppen von acht bis fünfzehn Personen zwischen 15 und 25 Jahren für dieses Projekt zusammengestellt. Es handelte sich teilweise um Jugendliche, die bereits in anderen Projekten mitgearbeitet hatten und sich für ein multikulturelles Projekt auf internationaler Ebene interessierten.

2. Regionale Jugendarbeit und internationaler Austausch

In der zweiten Phase ging es darum, einen gemeinsamen Bestand an praxistauglichen Methoden in der Jugendarbeit zu ermitteln, zu erproben und sich mit den Mitarbeiterinnen und Mitarbeitern der Partnerorganisationen über den methodischen Ansatz auseinanderzusetzen.

Einzelne Jugendliche erhielten in Workshops und Seminaren gezielte Unterweisungen zu den Themen:

- Sensibilisierung für die Wirkung von Diskriminierung
- eigene Handlungsspielräume erkennen
- eigene Rolle in der Gesellschaft reflektieren
- transkulturelles Verständnis entwickeln
- Gemeinsamkeiten und Unterschiede in den Regionen erkennen
- Methoden für eigenes Engagement kennen lernen
- Konfliktfähigkeit erlernen
- Ermutigung für eigene Interessen einzustehen
- Unterstützung erhalten und geben
- Erfahrungen reflektieren

Die beteiligten Organisationen bauten Jugendgruppen auf, die im Laufe eines Jahres mehrere Aktivitäten durchführten. Sie sprachen dafür neue Jugendliche an und banden Jugendliche ein, mit denen sie bereits Trainings und Projekte durchgeführt hatten. Mehrtätige Vorbereitungsseminare boten den Jugendlichen die Möglichkeit, sich ausführlich mit der eigenen Situation und den Konflikten in der Region zu beschäftigen. Sie lernten dabei auch die jeweilige Organisation und deren Arbeitsweise kennen. Uberdies wurden die Jugendlichen angeregt, eigene kleine Projekte zu beginnen, in denen sie thematisch zu ihren Konflikten oder denen ihres Umfeldes arbeiten konnten. Ergebnisse waren beispielsweise Interviews oder ein Kurzfilm. Je nach Neigung, Situation und Organisation boten sich zahlreiche Möglichkeiten der Betätigung an, sie wurden von den Trainerinnen und Trainern ideell und in kleinem Maß auch materiell unterstützt. Diese Kleinprojekte dienten der Felderkundung, sie wurden später auch den Jugendlichen der Partnerorganisationen präsentiert – ein Anlass, bei dem die verschiedenen Gruppen aufeinandertrafen und sich besser kennen lernen konnten.

Internationale Jugendbegegnung:

Eine große Jugendbegegnung sollte den Jugendlichen aller Partner eine interkulturelle Erfahrung ermöglichen: ihnen den Blick für die anderen Jugendlichen, Jugendprojekte und Konfliktkonstellationen eröffnen und ihnen gleichzeitig erlauben, die eigene Situation neu zu bewerten.

Darüber hinaus ging es auch darum, Spaß zu haben, sich mit den anderen an dem „Youth Power"-Projekt beteiligten Jugendgruppen aus den Krisenregionen zu solidarisieren, eine Gemeinschaft zu entwickeln und um Anerkennung der erbrachten Leistungen für die Partnerorganisationen, die Jugendlichen und das EU-Programm JUGEND.

In dem Maße, wie die Jugendlichen die Ergebnisse ihrer eigenen Projekte einbrachten, stärkten sie ihre individuellen Fähigkeiten zu sozialer Teilhabe – sie gewannen reale Gestaltungsmacht.

Das „Youth Power"-Team während eines Fachaustauschtreffens

Vorbereitung jugendlicher Multiplikatorinnen und Multiplikatoren:

Die zweite Projektphase diente dazu, besonders aktive Jugendliche darauf vorzubereiten, dass sie ihre Kompetenzen in der Konfliktbearbeitung weitergeben konnten. Sie sollten in der dritten Projektphase befähigt sein, Workshops für andere Jugendliche durchzuführen und das Konzept der

Peer Education in ihrer Funktion als Multiplikatorinnen und Multiplikatoren zum Tragen zu bringen. Diese ausgewählten Jugendlichen wurden bei einer zweiten, deutlich kleineren Jugendbegegnung von Trainerinnen und Trainern der Partnerorganisationen als Jugendmultiplikatorinnen und -multiplikatoren für Konfliktbearbeitung geschult. Das Wiedertreffen im internationalen Rahmen bot Anreiz für weiteres Engagement und bildete die Grundlage für eine langfristige Vernetzung der aktiven Jugendlichen in den verschiedenen Konfliktregionen.

Jugendliche als Trainerinnen und Trainer für gewaltfreies Handeln und Konfliktbearbeitung:
Seit Ende 2008 führen die ausgewählten jugendlichen Multiplikatorinnen und Multiplikatoren Workshops in Schulen und regionalen Jugendzentren durch. Die Form der Workshops war in den beiden vorherigen Projektphasen entstanden. Sie sind den regionalen Konfliktlagen angepasst und gründen auf den Interessen und Fähigkeiten der jugendlichen Trainerinnen und Trainer. Diese werden bei ihrer Arbeit intensiv betreut. Außerdem bietet das Netzwerk Motivation und Hilfestellung, damit die Jugendlichen als Wissensvermittelnde innerhalb ihrer Altersgruppen erfolgreich arbeiten können. Durch die Workshops sollen neue Jugendliche für das Arbeitsfeld Gewaltfreie Konfliktbearbeitung interessiert werden.

Was ist wichtig für den Erfolg?

Das Projekt wird von sehr vielen Organisationen mit ihren Einzelpersonen und Jugendgruppen getragen und besteht aus ebenso vielen Arbeitsfeldern. Daraus ergab sich zunächst eine komplexe Ausgangslage für das Projekt, die sich aus unterschiedlichen Bedürfnissen, Erwartungen und heterogenen Arbeitsmöglichkeiten zusammensetzte. Die Fülle an Erfahrungen und Sachwissen war ein großes Potenzial für das Projekt. Transparente Informationsvermittlung und partizipative Entscheidungsfindung erforderten sehr viel organisatorischen Aufwand, was die tägliche Arbeit sehr kompliziert machte.

Die lange Phase der Vorbereitung war unumgänglich, um persönliche Kontakte zu vertiefen und den Bedarf und die Erwartungen, die die einzelnen Beteiligten an das Projekt hatten, zu klären. Darauf folgten intensive Absprachen über das, was organisatorisch möglich und finanzierbar war.

„Diese organisatorischen Prozesse beanspruchen viel Zeit und auch finanzielle Ressourcen, bevor das Projekt überhaupt starten konnte. Leider gibt es in den knappen Projektmitteln immer nur sehr wenig Freiraum für eine gründliche und transparente Planungsphase. Man kann bei den Gebern keine Gelder für Projektvorbereitungen beantragen, wenn nicht schon im Voraus feststeht, dass das Projekt im festgelegten Rahmen auch durchgeführt wird. Aber gerade ein Vorbereitungs- und Diskussionsprozess, der noch ergebnisoffen ist, ist wichtig für eine erfolgreiche Zusammenarbeit mit allen Partnern. Es ist schade, dass dieser Bedarf durch die Geber selten in ausreichendem Maß abgedeckt wird.“ Anja Schatz

„Meine Rolle als organisatorische Leiterin sehe ich darin, den Diskussions- und Vorbereitungsprozess des Projektes immer am Laufen zu halten und Informationen an alle weiterzuleiten. Die Kolleginnen und Kollegen in den Partnerorganisationen haben noch viele andere Projekte zu bewältigen, und meine Aufgabe ist es, ihnen Arbeit abzunehmen, und sie auch mal zu motivieren, ihre Beiträge pünktlich einzubringen oder zu erkennen, wenn sie mit einem Verlauf unzufrieden sind und das anzusprechen. Natürlich gab es beim ersten Kennenlernen zwischen den Personen aus so unterschiedlichen Regionen auch interkulturelle Differenzen, z. B. im Diskussionsstil, in der Direktheit oder in ihren eigenen Konflikterfahrungen. Oder einige waren den Kontakt über E-Mail nicht so sehr gewöhnt wie die anderen, und dann war es wichtig, eben persönlich anzurufen und so die Kommunikation aufrechtzuerhalten.

Es hat sich auch herausgestellt, dass nichts so produktiv und inspirierend für die Arbeit ist, wie die regelmäßigen Treffen untereinander. Das belastet das Reisebudget enorm, bringt aber bessere Ergebnisse als der schriftliche Austausch. Ich sehe mich als Koordinatorin eines großen Lernprozesses, versuche Impulse zu geben und alle im Boot zu behalten. Und es macht mir am meisten Spaß, zu sehen wie motiviert und kreativ diese erfahrenen Aktivistinnen und Aktivisten aus so verschiedenen Hintergründen sind.“ Anja Schatz

Die Projektleiterin

Anja Schatz ist Diplom-Soziologin und hat in der Jugendarbeit u. a. bei der BUNDjugend (Jugend im Bund für Umwelt und Naturschutz Deutschland e. V.) in der Berliner Bundesgeschäftsstelle im Projekt „Econauten“ gearbeitet. Im Rahmen eines Praktikums in der KURVE Wustrow im Sommer 2006 war sie an der Entwicklung der Projektidee für das Projekt „Youth Power“ und bei der Antragstellung maßgeblich beteiligt.

Das Fazit

Mit dem „Youth-Power"-Projekt ist es gelungen, die Kooperation von vier Organisationen im Anschluss an Projekte im Rahmen des Zivilen Friedensdienstes zu vertiefen und sie stärker miteinander zu vernetzen. Die Arbeit mit Jugendlichen in den jeweiligen Konfliktregionen wurde durch den Fachaustausch und die direkten Begegnungen langfristig befruchtet. Gleichzeitig wurde sie durch anhaltende Kontakte im Netzwerk internationalisiert.

Besonders innovativ war die Kombination aus Fachaustausch und Studienbesuchen, die den Trainerinnen und Trainern in der Jugendarbeit Methoden und Ansätze aus anderen Konfliktkonstellationen zugänglich gemacht hatten. Hinzukamen die Jugendbegegnungen, die interkulturelles Lernen ermöglichten, und die lokalen Projekte der Jugendlichen, die auf die gewaltfreie, konstruktive Bearbeitung ihrer eigenen Konflikte ausgerichtet waren, sowie die Stärkung von ausgewählten Jugendlichen als Multiplikatorinnen und Multiplikatoren, die für eine nachhaltige Ausweitung des Projektansatzes standen. *Ilona Auer-Frege*

Matthias Ries:

„Entscheidung für Geschichte" – Narrative Konfliktbearbeitung in Palästina und Israel

Projektstandort:	Jerusalem
Laufzeit:	2000 - 2004
Organisationen:	Förderverein Willy-Brandt-Zentrum Jerusalem e. V. (www.willybrandtcenter.org), Forum Ziviler Friedensdienst (forumZFD) e. V. (www.forumzfd.de)
Ansprechpartner zur Methode:	Dr. Matthias Ries (www.decisionforhistory.net)
Finanzierung:	Bundesministerium für wirtschaftliche Zusammenarbeit und Entwicklung (BMZ), Ziviler Friedensdienst (ZFD)

Der Projekthintergrund

Seit dem Beginn der zweiten Intifada im Jahr 2000 haben sich die Fronten zwischen Israel und Palästina weiter verhärtet. Alle Vermittlungsversuche bis hin zur „Road Map" für eine Zweistaatenlösung haben die Verhandlungsbereitschaft und die Verständigung der beiden Konfliktparteien nicht substanziell gefördert. Auf der israelischen Seite gibt es nur eine kleine Bevölkerungsgruppe, die sich aktiv für eine versöhnliche Kompromisslösung einsetzt. Auf palästinensischer Seite behindern interne Führungskonflikte und Machtkämpfe die Entstehung einer verhandlungsfähigen Regierung und einer politisch geschlossenen, regierbaren Bevölkerungsmehrheit, die sich ebenfalls auf einen Kompromiss einlassen möchte. Stattdessen nutzen islamistische Gruppierungen die Instabilität aus und schüren weitere Eskalationen.

Qualifizierte Friedensarbeit in Palästina und Israel, die Gewaltminderung und zivile Konflikttransformation erreichen will, steht deshalb heute, genauso wie zum Zeitpunkt des Projektes, vor enormen Herausforderungen. In dem von Misstrauen und gegenseitiger Feindseligkeit geprägten Klima scheint eine gewaltfreie Konfliktbearbeitung tatsächlich nur noch mit Unterstützung der internationalen Staatengemeinschaft und unter internationaler Beobachtung möglich. Insbesondere gilt es, die Menschen vor Ort einzuladen, andere Perspektiven einzunehmen, sie dazu zu bewegen, eine friedliche Zukunft zu sehen.

Der Projektansatz

Im Rahmen des Zivilen Friedensdienstes (ZFD) begleitete das Willy-Brandt-Zentrum Jerusalem (WBZ) in den Jahren 2000 bis 2004 junge Palästinenserinnen und Palästinenser und Israelis dabei, die politischen Diskurse und die damit verbundenen Narrative der anderen Seite nachzuvollziehen. Es ging darum, deren innere Logik zu begreifen und neue Perspektiven und Verhaltensweisen zu entdecken.

Narrative: Menschen verleihen ihrem Leben häufig Sinn und Bedeutung, indem sie Ereignisse, Erfahrungen und Erlebnisse in Form von Geschichten, Bildern und Erklärungsmustern wiedergeben.

Für die meisten Beteiligten sind die eigene und die Position des Gegners völlig unvereinbar. Beide Parteien streiten um den alleinigen Anspruch auf das Land und definieren sich selbst in hohem Maße über die Beteiligung am Konflikt. Die Dauer und die Härte der Auseinandersetzungen haben dem Konflikt eine identitätsstiftende Bedeutung verliehen, die den Zusammenhalt der Gemeinschaft innerhalb der eigenen Bevölkerungsgruppe erheblich stärkt. Das Projekt „Entscheidung für Geschichte" (Decision for History) konnte dazu anregen, die identitätsbildenden Prozesse des Gegenübers nicht als zwangsläufig gegen sich selbst und die eigenen Bedürfnisse gerichtet zu erleben, stattdessen ein differenziertes Bild von der eigenen Gruppe und vom Gegner zuzulassen.

„Wir sind uns bewusst, dass die Konstellation von Konflikten oft asymmetrisch ist und die Machtverhältnisse ungleich verteilt sind. Aber dennoch ist für uns das Verständnis grundlegend, dass sich der Konflikt zwischen Palästinensern und Israelis in der Auseinandersetzung zwischen zwei Kollektiven bzw. zwei nationalen Identitäten – und nicht zwischen Individuen – ausdrückt. Beide Gruppen haben tiefe Ängste in Bezug auf die eigene Existenzberechtigung in der Region und fühlen sich als Gruppe gänzlich bedroht: Die Verwirklichung der nationalen Identität des Gegners wird weiterhin als Bedrohung der eigenen Identität wahrgenommen." Matthias Ries

Viele Konfliktbeteiligte in Palästina und Israel sehen sich in einer Situation, in die sie „hineingeraten sind" und es müssten sich erst „die Situation" oder „die anderen" ändern, damit beide Seiten ihrer Ohnmachtsrolle entrin-

nen könnten. So glauben viele Palästinenserinnen und Palästinenser und Israelis, dass sie Teil eines Konfliktes sind – eine Vorstellung, die es ihnen unmöglich macht, neue Handlungsspielräume zu entwickeln und sich anders, d. h. lösungsorientiert zu verhalten. Doch die Betroffenen sind nicht einfach nur passive Elemente eines Systems, sondern aktiv an der Entstehung des Konfliktes beteiligt, sie halten ihn aufrecht oder verstärken ihn sogar. Hier konnte „Entscheidung für Geschichte" einen Beitrag für die Wahrnehmung leisten, dass auch in anscheinend ausweglosen Situationen Alternativen für das Verhalten des Einzelnen in der Gruppe bestehen und es individuelle Entscheidungsfreiheit gibt. Außerdem verschaffte die Selbstwahrnehmung als Opfer die Möglichkeit, schmerzhafte Entscheidungen und daraus resultierende neue Verhaltensweisen weit von sich zu weisen, um letztendlich die eigenen Verhaltensmuster – den Status quo – beibehalten zu können.
Verständnisprobleme zwischen verschiedenen Gesellschaften, Staaten und Nationen gibt es seit je: die kognitive, emotionale und kulturelle Betonung der Grenze zwischen innen und außen, „uns" und „denen" bzw. dem Eigenen und dem Fremden gilt als Hauptmerkmal national-gesellschaftlicher Integrationspolitik und Identitätsbildung. Die Identität einer Gruppe geht, vor allem in verhärteten Konflikten, aus der Abgrenzung vom überdimensionierten Feindbild hervor.

„Deshalb benötigt die wirkungsvolle zivile Konflikttransformation auch einen Raum, der es den Konfliktparteien ermöglicht, die Position des anderen im historischen Kontext mit offenem Sinn anzuhören und nachzuvollziehen, um die Kluft zwischen beiden nationalen Positionen zu überbrücken. Jeder andere Weg würde zu einer endlosen Fortsetzung des Konfliktes mit Perioden scheinbarer Ruhe und scheinbarer Verständigung führen, doch häufig unterbrochen von Ausbrüchen gewalttätiger, feindseliger Aktionen zwischen den beiden Völkern und zwischen Israel und der arabischen Welt." Matthias Ries

Notwendig erscheint die Orientierung an einem langfristigen Veränderungsprozess, der Mut macht, die Hintergründe des aktuellen Konfliktes besser zu verstehen und sich für die konstruktive Weiterentwicklung zwischenmenschlicher Beziehungen und Begegnungen zu engagieren.

Der Projektablauf

Die Methode „Entscheidung für Geschichte“ bot beiden Konfliktparteien Gelegenheit, die bestehende Sprachlosigkeit zu durchbrechen, ohne eine ungewollte direkte Begegnung zu forcieren. Räumlich und zeitlich voneinander getrennt sollte sich jede Gruppe erst einmal die eigenen Narrative und Wirklichkeitskonstruktionen bewusst machen, diese interpretieren – sich dafür oder dagegen „entscheiden“. Das Internet diente als Medium, der „anderen Seite“ die eigenen Bilder und Erklärungen zu vermitteln. Im nächsten Schritt wurden die einzelnen Gruppen nochmals unabhängig voneinander eingeladen, sich von den eigenen Bildern zu lösen, das Identitätsverständnis der anderen zu betrachten, sich auf deren Wirklichkeitskonstruktionen einzulassen und daraus resultierend eigene Verhaltensänderungen zu beschreiben.

Zwischen 2001 und 2004 nahmen an diesem in Form von Workshops durchgeführten Prozess sechzehn Gruppen mit insgesamt circa 160 Personen teil. Die Veranstaltungen fanden an unterschiedlichen Orten in Palästina und Israel statt. Durch die guten persönlichen Beziehungen der deutschen Seite war es gelungen, die Jugendorganisationen der israelischen Arbeitspartei und der Meretz-Partei sowie der palästinensischen Fatah in das Projekt einzubinden, sodass u. a. auch deren Parteikader an den Workshops teilnahmen – eine Zielgruppe mit erheblichem Einfluss auf die zukünftige politische Gestaltung der Region.

Die Teilnehmenden waren zwischen 18 und 35 Jahre alt. Als Gruppe erhielten sie die Aufgabe, jeweils 15 Bilder zu finden, um damit den Verlauf des 20. Jahrhunderts zu beschreiben. Es gab keine Vorlagen oder Auswahllisten für diese Bilder, vielmehr sollten die Teilnehmerinnen und Teilnehmer aus ihrer Erinnerung heraus Fotos, Symbole oder Bilder finden, die ihnen spontan als aussagekräftig und innerhalb der Gruppe als allgemein bekannt erschienen. Allein die Beschreibung der Bilder und der Austausch darüber, ob die anderen Gruppenmitglieder dieses Bild auch als Kern ihres nationalen Identitätsgefühls verstanden, weckte intensive Diskussionen darüber, was das Wesentliche des israelischen oder palästinensischen Selbstverständnisses ausmache.

In einem zweiten Workshop wurden die Teilnehmenden ermutigt, aus den einzelnen Bildern ein Gesamtbild zu formen und das entsprechende

Erklärungsmuster möglichst kreativ für die Präsentation im Internet – mit der Hilfestellung des Multimediakünstlers Cheb M. Kammerer – aufzubereiten. Danach wurden die Bilder und die dazugehörigen Präsentationen im Internet ausgestellt und alle Teilnehmenden im Gesamtprozess eingeladen, die Bildersammlungen und Erklärungsmuster der „feindlichen“ Gruppen zu betrachten und zu reflektieren. Bisweilen fanden sich unter diesen Bildern sogar die gleichen wie in der eigenen Auswahl. Die „gegenüberliegende“ Gruppe hatte also mitunter dieselben visuellen Elemente als Meilensteine in ihrem Geschichtsbild verarbeitet, nur wurden diese Bilder völlig anders bewertet – eine weitere interessante Facette im Diskussionsprozess.
Der künstlerische Ansatz der Workshops bot den Vorteil, dass er die Diskussionen in den Zielgruppen besonders anregte. Die Bilder erlaubten eine assoziative Annäherung an die Auseinandersetzung mit der eigenen Geschichte. Innerhalb des geschützten Raumes einer relativ homogenen Gruppe konnten die Teilnehmenden stressarm und ungezwungen in ihrer Peergroup diskutieren und kontroverse Auffassungen zulassen. Damit eignete sich die Methode besonders gut, um bei den Jugendlichen und jungen Erwachsenen Freiräume zu eröffnen, die sie nutzen konnten, um über die Verständigung innerhalb ihrer Gruppe ein differenziertes Geschichtsverständnis zu entwickeln und über neue Optionen bei der Bewertung des Konfliktes nachzudenken.

„Bei ‚Entscheidung für Geschichte‘ versteht sich die Friedensfachkraft in erster Linie als ‚learning companion‘, als Mitlernender in Form von Begleitung und Intervention im Lernprozess. Die Gruppen werden ermutigt, zuerst die eigene Perspektive zu verstehen und dann auch die Perspektive des Gegenübers zu betrachten und ihre Realitäten frei nach Heinz von Foersters Motto ‚Was wir als Wirklichkeit wahrnehmen, ist unsere Erfindung‘ neu zu entwickeln.
Wenn Narrative und daraus resultierende Wirklichkeitskonstruktionen von Konfliktparteien mit einer Linse vergleichbar sind, dann zielt die Hilfestellung von außen darauf ab, den Betrachtungsbereich zu erweitern, um so andere in die Lage zu versetzen, die Gegenwart zu verstehen und einen Blick auf eine neue Zukunft zu werfen.“ Matthias Ries

Indem die Jugendlichen symbolkräftige Bilder und Erklärungen für ihr Konzept von der Vergangenheit auswählten und später auf der Homepage des Projektes (www.decisionforhistory.net) präsentierten, boten sie der anderen Konfliktseite einen Einstieg in die Diskussion über ihre Geschichtsdarstellung. Die Bilder und Medien, die zuvor Schmerz verursacht hatten, konnten nun zur Anregung der Kommunikation verwendet werden, die Stereotype und Annahmen durch neue zielorientierte Fragestellungen ersetzt werden. „Entscheidung für Geschichte“ als Methode der narrativen Konfliktbearbeitung diente letztendlich dazu, mit den Konfliktparteien gemeinsam positive Visionen zu entwerfen und alle Akteure in ihrem Wahrnehmungsprozess der unterschiedlichen Positionen, Interessen und Bedürfnisse zu begleiten. Die „narrative Methode“ zielte darauf ab, am Ende die positiven Veränderungen in den Verhaltensweisen der Konfliktparteien zu bestärken.

Seminare, Workshops und Konferenzen sind die „Vehikel“, die durch diese vermittelten Erfahrungen und sich ständig entwickelnden und verändernden Beziehungen die „Produkte“. Konflikte werden dann bearbeitet, wenn die Konfliktbeteiligten sich verändern und sich (wieder) „be-menschlichen“, indem sie ihre eigene Verletzlichkeit entdecken – nachdem sie die Verletzlichkeit des anderen erkannt haben.

Was war wichtig für den Erfolg?

Jede Verständigung braucht die kontinuierliche Pflege und Zusammenarbeit in einem dicht geknüpften Netz von unterschiedlichen Beziehungen. Im WBZ Jerusalem wird darauf geachtet, dass eine gleichberechtigte Kooperation mit möglichst allen Akteuren im Konflikt durchgängig aufrechterhalten bleibt. Daraus wächst in langjähriger Zusammenarbeit die Verhandlungsbereitschaft der einzelnen Gruppierungen, die Bereitschaft einander zuzuhören und sich gegenseitig zu akzeptieren.

Das WBZ Jerusalem hat das Ziel, im wörtlichen Sinne einen Raum und Ort für diese Begegnungen zu schaffen, es will Mitglieder politischer Jugendbewegungen in ihren Veränderungs- und Entwicklungsprozessen begleiten und ihnen Konzepte der gewaltfreien Kommunikation sowie der Konsens- und Entscheidungsfindung an die Hand geben. „Entscheidung für Geschichte“ ist in diesem Zusammenhang eine Methode unter vielen, über die das WBZ einen Raum für Dialog und gegenseitiges Kennenlernen anbietet. Kontrollstrukturen können in diesem Kontext zerstörerisch wirken, wenn sie die Entwicklung der Beziehungen durch

Regelwerke behindern, das geschieht dann, wenn eine vorgegebene Struktur unreflektiert übernommen wird und die Beteiligten nicht mehr in Beziehung, sondern über Regeln zueinander stehen. Dann wird ein Konflikt nicht bearbeitet, sondern er schwelt unter der Oberfläche weiter und wird über die Regeln ausgetragen.

Unerlässlich für das Projekt war die intensive Vorbereitungsphase. Die Projektbegleiter Matthias Ries und Rainer Zimmer-Winkel verfügten über langjährige persönliche und berufliche Erfahrungen in der Region. Außerdem existierte über die Verbindung der deutschen Jungsozialisten bereits ein dichtes Netzwerk bestehend aus Kontakten und persönlichen Vertrauensverhältnissen zu wichtigen politischen Persönlichkeiten. Ohne diesen Vertrauensvorschuss und die Einbettung des Projektes in die Struktur der „Sozialistischen Jugendinternationale“ (IUSY) wäre es ungleich schwieriger gewesen, die Mitglieder der politischen Jugendorganisationen in das Projekt einzubinden.
Auch eine intensive und fortwährend weitergeführte Friedenspotenzial- und Akteursanalyse war notwendig, um mit allen Partnern in einer allparteilichen, aber dennoch zugewandten Weise umgehen zu können. Welche Gruppierung hat gerade welches besondere Bedürfnis? An welcher Stelle kann das Projektteam bei Kommunikationsblockaden Brücken bauen? Welche Veranstaltungen sind bei der heutigen Sicherheitslage überhaupt möglich? Diese Herausforderungen konnte nur ein regional und gesellschaftlich sehr gut verankertes Projektteam bewältigen.

Der Autor und Projektverantwortliche

Dr. Matthias Ries, geboren 1969, ist Politologe und Historiker sowie eingetragener Mediator. Seit 1987 begleitet er Friedens- und Begegnungsprojekte, vor allem in Israel und Palästina. Von 1996 bis 1999 forschte und promovierte er an der Universität Heidelberg zu den Geheimverhandlungen in Oslo. Er ist ausgebildeter „Facilitator for Groups in Conflict“. Von Dezember 2000 bis Oktober 2004 baute er das Willy-Brandt-Zentrum Jerusalem auf. In Zusammenarbeit mit Rainer Zimmer-Winkel entwickelte er die Methode „Entscheidung für Geschichte“ zur narrativen Konfliktbearbeitung. Seit März 2005 ist er Leiter der Gruppe „Zivile Konfliktbearbeitung und Friedensförderung“ im Deutschen Entwicklungsdienst (DED).

„Wenn man das Vertrauen und das Mandat der Konfliktparteien gewonnen hat, können einzelne qualifizierte Fachkräfte von außen einen besonderen Beitrag zur Vermittlung in einem Konflikt leisten. Ihre externe Rolle erlaubt es ihnen, Zugang zu beiden Seiten zu erhalten und damit auch in Krisenphasen nachhaltige Kommunikationsstrukturen zu unterstützen. Sie können als ‚operative agents' bestehende Kontakte intensivieren, kooperative Visionen aufrechterhalten und das Gefühl gemeinsamer Verantwortung vertiefen und verbreiten, wenn direkte Gespräche zwischen den Parteien gerade nicht möglich sind. Im WBZ haben wir immer wieder einen Faden des Dialoges am Laufen gehalten, wenn eigentlich gerade keinerlei Kontakt zwischen den Parteien herrschte. Gerade diese inoffiziellen und ‚unsichtbaren' Kommunikationslinien leisten einen großen Beitrag dazu, spätere offizielle Verhandlungen und Begegnungen erst möglich zu machen." Matthias Ries

Nisan:
Ausbildung junger weiblicher Führungskräfte in Friedensprojekten in Israel

Projektstandort:	Haifa, Israel Rehov Yafo 86. P.O. Box 8499. 31084 Haifa
Laufzeit:	seit 1994
Organisation:	Nisan
Ansprechpartnerin:	Mieke Hartmann mieke.hartmann@web.de
Finanzierung:	nationale und internationale Stiftungen

Der Projekthintergrund

Die israelische Gesellschaft befindet sich in einer tiefen sozialen Krise, wobei sich die Situation für Frauen und palästinensische (oder arabische) Israelis[1] in den letzten Jahren verschlechtert hat. Das Durchschnittsgehalt von Frauen war 2006 laut Medienberichten um 63 Prozent niedriger als das der Männer, 70 Prozent der Geringverdienenden sind Frauen. Nur 26 Prozent der Führungskräfte in Firmen, 17 Prozent der Mitglieder der Knesset und 15 Prozent der Gemeinderatsmitglieder sind Frauen. Der soziale Status der israelischen Frauen im Allgemeinen ist niedrig, wenn sie zudem noch der palästinensischen Bevölkerungsgruppe angehören, dann trifft es sie noch schlimmer. Die palästinensischen Israelis sind, unabhängig von ihrer Geschlechtszugehörigkeit, hinsichtlich ihrer sozialen Lage in der israelischen Gesellschaft weit abgeschlagen. 56 Prozent der palästinensischen Haushalte und 64 Prozent der palästinensischen Kinder in Israel lebten 2006 unter der Armutsgrenze. Nur ein Bruchteil der Palästinenserinnen und Palästinenser bekleidet ein höheres Amt in einer staatlichen Institution oder eine besser bezahlte Position, z. B. in der Kommunikations- oder Hightech-Branche. Gerade ein Prozent der Dozentinnen und Dozenten und höheren Verwaltungsangestellten an den Universitäten sind palästinensische Israelis.

Darüber hinaus hat eine Umfrage des „Center Against Racism" 2006 ergeben, dass der Rassismus gegen Araberinnen und Araber unter jüdischen Israelis stark zugenommen hat. Generell gibt es zwischen jüdischen und palästinensischen Israelis kaum Berührungspunkte. Die beiden Bevölkerungsgruppen bleiben aufgrund von Misstrauen, Groll, Angst und Vorurteilen voneinander entfernt. Die wirtschaftliche Ausgrenzung von Palästinenserinnen und Palästinensern, die Teil der israelischen Gesellschaft sind und einen israelischen Pass besitzen, läuft parallel zu ihrer sozialen und politischen Diskriminierung. Damit spiegelt sich der externe Konflikt zwischen Israel und Palästina auch innerhalb der israelischen Gesellschaft wider.

Der Projektansatz

Nisan wurde 1993 als feministische arabisch-jüdisch-israelische Organisation gegründet, um der Unterrepräsentation von Frauen auf allen Entscheidungsebenen der israelischen Gesellschaft entgegenzuwirken.

[1] Der Begriff „arabische Israelis" ist umstritten, vornehmlich wird er von der jüdisch-israelischen Mehrheit – meistens pejorativ – verwendet. Auch wenn ein Teil der betroffenen Bevölkerungsgruppe diesen Begriff als Selbstbezeichnung übernimmt, empfindet ihn die Mehrheit als diskriminierend und nennt sich „palästinensische Israelis". Im Folgenden wird deshalb der Begriff „Palästinenser" benutzt, wobei ausdrücklich darauf hingewiesen wird, dass das Existenzrecht Israels in keiner Weise angezweifelt wird.

Heute ist Nisan eine Organisation, die sich feministischen Werten verpflichtet sieht, und sich auf allen sozialen Ebenen für die Gleichberechtigung und Solidarität in Israel einsetzt. Ihr Ziel ist es, die israelische Gesellschaft dazu zu bringen, ihre ethnische und kulturelle Diversität anzuerkennen, zu integrieren und auf die Förderung von Frauen und benachteiligten Menschen der unteren Klassen hinzuarbeiten. Nisan sieht den palästinensisch-jüdischen Konflikt als zentralen Aspekt der israelischen Gesellschaft. Die Organisation engagiert sich für die Anerkennung der palästinensischen Identität, wirbt für mehr Verständnis und will die Kooperation zwischen palästinensischem und jüdischem Sektor verstärken.

Nisan geht von der Prämisse aus, dass Gerechtigkeit und Gleichbehandlung der Geschlechter und ethnischer Gruppen in Israel voneinander abhängen, dass das eine nicht ohne das andere erreicht werden kann. Idealistische und befähigte junge Frauen können und sollen hier eine Führungsposition einnehmen.

Teilnehmerinnen einer Mädchengruppe des „Leadership Development Program" (LDP)

Der Projektablauf

Das „Leadership Development Program" (LDP) wird jährlich von Nisans Programmdirektorinnen Nitzan Tenami (jüdisch) und Nisreen Mazzawi (palästinensisch) gemeinsam durchgeführt. Es richtet sich an Mädchen im Alter von 14 bis 17 Jahren. Über den Zeitraum eines Schuljahres treffen sie sich wöchentlich in angeleiteten jüdischen und palästinensischen Gruppen von 15 bis 20 Teilnehmerinnen[2]. Die Gruppen werden in Zusammenarbeit mit Schulen, Jugend- und Gemeindezentren gebildet und begegnen sich auch in diesen Einrichtungen. Nisan kooperiert dabei insbesondere mit Einrichtungen, die in

[2] Jährlich werden ca. 16 Gruppen mit immer gleich viel jüdischen und palästinensischen Teilnehmerinnen gebildet. Es hatte sich nach einigen Erfahrungen mit gemischten Gruppen herausgestellt, dass die Mädchen von Haus aus meistens nicht genügend Bereitschaft und Offenheit für die Begegnung und einen fruchtbaren interethnischen Dialog mitbrachten. Diese Eigenschaften müssen erst aufgebaut werden.

ärmeren Nachbarschaften und Gemeinden arbeiten. Das Programm ist darauf ausgerichtet, die Mädchen mit den elementaren Ressourcen und Kompetenzen auszustatten, die sie benötigen, um eine führende Rolle auf Gemeinschaftsebene zu übernehmen.

Der Lehrplan des LDP ist in Modulen aufgebaut. Er beinhaltet die Vermittlung von Führungskompetenzen in Theorie und Praxis, die Arbeit an der Überwindung von persönlichen Widerständen, Rassismus und Stereotypen sowie eine Untersuchung der Rolle der Frau in Israel und weltweit. Führungspotenzial wird hier im weitesten Sinne verstanden – nicht nur das „Anführen" ist damit gemeint, sondern auch die Fähigkeit, das eigene Leben selbstbewusst und -bestimmt zu führen. Die Vermittlung der Lerninhalte an die Gruppen erfolgt in Form von Seminaren und Workshops. Auch Gastvorträge von Expertinnen, z. B. von Mitgliedern anderer NRO aus dem sozialen und friedensaktivistischen-Bereich, gehören zum Programmformat. Der Lehrplan wurde von Nisan entwickelt und über Jahre erfolgreich angewendet. Sein modularer Aufbau erlaubt es, auf individuelle Bedürfnisse der Gruppen einzugehen und Veränderungen in Gesellschaft und Politik in den Lehrplan aufzunehmen. Gleichzeitig wird die konstant hohe Qualität des Programms beibehalten.

Eine Studentinnengruppe des LDP. Die jungen Frauen jüdischer und palästinensischer Herkunft werden als Trainerinnen ausgebildet

Gegen Ende des Jahres plant jede Gruppe ein eigenes kleines Gemeinschaftsprojekt und führt es anschließend durch, um die neu erworbenen Kenntnisse und Fähigkeiten in die Praxis umzusetzen und auszuprobieren. Durch die Projektarbeit erleben die Mädchen häufig zum ersten Mal in ihrem Leben, dass sie in der Lage sind, selbstverantwortlich zu handeln, Ideen zu entwickeln und praktisch umzusetzen, die auf gesellschaftlicher Ebene wirksam werden können. Die folgenden Beispiele werfen ein Schlaglicht auf die Projektarbeit: Eine palästinensische Gruppe (10. Schuljahr) aus Sha'ab hatte den Weltfrauentag 2006 zum Anlass genommen, an ihrer Schule einen Aktionstag über Gewalt gegen Frauen zu veranstalten. In den Klassen – auch in höheren Stufen als der eigenen – führten sie ein Stück auf und leiteten anschließend eine Diskussion über das Thema. Das Projekt war so erfolgreich, dass der Direktor einer anderen Schule die Mädchen einlud, den gleichen Aktionstag an seiner Schule durchzuführen. Eine jüdische Mädchengruppe aus Haifa organisierte an ihrer Schule eine Workshop-Reihe zu Themen wie Essstörungen, Geschlechterstereotypen, Selbstwertgefühl und Vorurteile, die sie während des Jahres in den Gruppentreffen bearbeitet hatten.

Die Trainerinnen der Gruppen, die zweite Zielgruppe des „Leadership Development Program", sind jüdische und palästinensische Studentinnen und junge Frauen, die bereits einen Abschluss haben. Sie werden sorgfältig durch Interviews ausgewählt – teilweise in Zusammenarbeit mit der Universität Haifa, die in diesem Rahmen ein kleines Projektstipendium gewährt. Voraussetzungen für ihre Beteiligung sind, neben ersten Erfahrungen in sozialer Arbeit mit Jugendlichen, ein feministisches Bewusstsein, die grundsätzliche Offenheit für neue Konzepte und Denkweisen sowie die Bereitschaft, den Trainingsteilnehmerinnen, die der anderen Nationalität angehören, respektvoll zu begegnen.

Bei der Ausbildung der Trainerinnen liegt der Schwerpunkt auf der palästinensisch-jüdischen Begegnung und dem Dialog. Die Trainerinnen bilden eine Gruppe für sich, die von den beiden Programmdirektorinnen von Nisan gemeinsam angeleitet wird. Diese gemischte Gruppe kommt bereits vor Beginn der Schülergruppentreffen ein- bis zweimal zusammen, um in den Lehrplan für das LDP eingeführt zu werden. Während des Schuljahres treffen sich die Trainerinnen alle zwei Wochen für jeweils vier Stunden. Sie erhalten Supervision und weiterführendes Training, das in Form von Workshops abgehalten wird. Die zweiwöchentlichen Treffen sollen zum einen dazu dienen, die Trainerinnen bei der Leitung der Schülerinnengruppen zu unterstützen. Zum anderen wird besonderer Wert darauf gelegt, dass die Teilnehmerinnen auf allen Ebenen Beziehungen untereinander aufbauen. Zu diesem Zweck findet in den Treffen ein angeleiteter Dialog (*facilitated dialogue*) statt, durch den die Teilnehmerinnen Empathie und gegenseitiges Vertrauen entwickeln sollen. Übungen zu Teamentwicklung und Powersharing sollen ihnen Erfahrungen in solidarischem Handeln vermitteln. Sie werden dazu ermutigt, sich gegenseitig Rat zu geben und Erfahrungen und Wissen auszutauschen, sodass innerhalb der Gruppe ein Zusammengehörigkeitsgefühl entsteht. Den „Anleiterinnen" geht es darum, die sozialen Kompetenzen der angehenden Trainerinnen weiterzuentwickeln – gemeint sind: die Fähigkeit zu Empathie und kooperativem Handeln, Sensibilität und Mitgefühl. Die Programmmacherinnen von Nisan erachten diese elementaren Kompetenzen als notwendig, um gesellschaftliche Kräfte zu entwickeln, die einen positiven Einfluss auf die Annäherung der beiden Volksgruppen haben können.

Was ist wichtig für den Erfolg?

Wichtig für den Erfolg dieses Projektes ist ein individuell auf die Gruppen abgestimmter Lehrplan, der Freiheiten bei der Themenwahl zulässt und gleichzeitig grundlegende Lerninhalte vorsieht. Durch einen modularen Aufbau sind inhaltliche Variationen je nach Bedarf möglich. Weiterhin ist die Auswahl der Gruppenleiterinnen und ihr weiterführendes Training von großer Bedeutung. Erfahrungsgemäß wirkt eine „gute" Leiterinnengruppe, deren Teilnehmerinnen engagiert, offen und erfahren sind, positiv auf die Gruppendynamik und den Lernerfolg der zu betreuenden Schülerinnengruppen.

„Das Programm befördert einen feministischen Standpunkt. Es erlaubt den Mädchen, ihre Rolle als Frau in der Gesellschaft zu untersuchen und zu entdecken, auf welche Weise ihre alltäglichen Erfahrungen und versteckten kulturellen Werte ihre Überzeugungen und Vorstellungen beeinflussen." Nitzan Tenami

„Das LDP ist eines der wenigen Programme, die jüdische und palästinensische junge Frauen in Israel zusammenbringen. Es gibt ihnen die Gelegenheit, einander kennen zu lernen, ihre Überzeugungen auszutauschen und sich den Stereotypen zu stellen, die sie jeweils gegenüber der anderen Gruppe haben. Ich bin immer wieder überrascht über die Ignoranz, auf die wir bei den Studentinnen anfangs treffen – Angehörigen der sogenannten gebildeten Schicht! Aber der Prozess, den die Mädchen im Laufe des Programms vollziehen, ist jedes Jahr wieder sehr beeindruckend." Nisreen Mazzawi

„Die arabisch-jüdische Gruppe hat mir geholfen, die andere Seite aus der Nähe kennen zu lernen, und ich habe versucht, ihre Meinungen zu verstehen. Ich habe eine starke Veränderung durchgemacht, was meine Stereotype betrifft. Heute kann ich die andere Seite akzeptieren, obwohl wir unterschiedlich sind.“ Eine Studentin

Die Projektleitung

Nisreen Mazzawi, die palästinensische Projektleiterin, ist diplomierte Lehrerin. Sie arbeitet als Gruppenleiterin mit den Schwerpunkten Demokratie-Erziehung, Feminismus, Konfliktbearbeitung und Gerechtigkeit in Gesellschafts- und Umweltbelangen (*social and environmental justice*). Außerdem gehört sie zu den Gründerinnen des „Palestinian Forum in Israel for Environmental Justice“ und ist Vorstandsmitglied von ASWAT – Palestinian Gay Women.
Nitzan Tenami, die jüdische Projektleiterin, hat umfangreiche Erfahrungen in der Leitung und Koordination von sozialen Projekten für Jugendliche mit niedrigem sozio-ökonomischen Hintergrund. Sie studierte Sozialwissenschaften an der Open University.

Das Fazit

Das „Leadership Development Program“ leistet einen wichtigen innergesellschaftlichen Beitrag zum Frieden in der Region. Es wirkt zunächst integrativ, indem es junge – palästinensische und jüdische – Frauen zusammenführt und den Teilnehmerinnen die Möglichkeit einräumt, aus eigener Erfahrung zu lernen, sich selbst das notwendige Wissen und die Fähigkeiten anzueignen, um einen konstruktiven Dialog zu führen. Das Programm sorgt auf diese Weise für eine nachhaltig veränderte Einstellung im Bewusstsein dieser jungen Frauen. Sie entwickeln das nötige Selbstbewusstsein und die Klarsicht, um Rassismus, Sexismus und soziale Diskriminierung als solche in der Gesellschaft wahrzunehmen, und sie erhalten die Mittel, um Projekte und Aktionen zu initiieren, die diesen Kräften entgegenarbeiten.
Israelische Friedensprojekte arbeiten im Allgemeinen mit Menschen aus höheren Gesellschaftsschichten. Die meisten feministischen Organisationen wenden sich an erwachsene Frauen. Die Projekte von Nisan – somit auch das LDP – sind insofern außergewöhnlich, als Nisan sich als einzige feministische Friedensorganisation explizit an junge Frauen wendet und mit sozio-ökonomisch benachteiligten Teilen der Gesellschaft arbeitet.

Mieke Hartmann

Orca-Institut:

Konstruktive Konfliktbearbeitung im kommunalen Zusammenhang

Behörden, Justiz, Polizei und Schulen arbeiten gemeinsam gegen Jugendgewalt (Deutschland)

Projektstandort:	Deutschland
Laufzeit:	2001 - 2005
Organisation:	Orca-Institut www.orca-institut.de
Lokale Partnerorganisation:	Bund für Soziale Verteidigung
Ansprechpartner:	Kurt Südmersen info@orca-institut.de
Finanzierung:	Land Nordrhein-Westfalen

Der Projekthintergrund

Straffällige Jugendliche und Gewalt an den Schulen nehmen in der öffentlichen Diskussion einen immer breiteren Raum ein. Die Jugendämter, Schulen, Behörden, Polizei, Jugendgerichte und Elterngruppen sind sich einig, dass präventive Jugendarbeit sinnvoll ist und auch im Umgang mit den jugendlichen Täterinnen und Tätern innovative Konzepte gefragt sind. Allerdings gibt es zwischen den einzelnen Organisationen kaum Austausch und nur wenig gemeinsame Konzeptideen, wie mit dem Problem umgegangen werden soll. Die Absprachen zwischen den Behörden funktionieren mangelhaft, und Jugendliche erleben häufig, dass sie von Institution zu Institution weitergereicht werden, ohne eine klare Linie im Umgang zu erfahren.

Der Projektansatz

Punktuelle Anti-Gewalt-Trainings an Schulen bewirken kaum langfristige Veränderungen, weder im Umgang mit Mobbing noch im Bereich von straffälligen Jugendlichen. Auf diese Erkenntnis stützte sich das Projekt „Konstruktive Konfliktbearbeitung im Kommunalen Zusammenhang" (KKK), das der Bund für Soziale Verteidigung und das Orca-Institut entwickelt hatten. Mit dem Ziel gemeinsame Handlungsstrategien zu finden, baute das Projekt KKK im Umfeld von gewaltbereiten Jugendlichen ein

Netzwerk aller betroffenen Personen und Behörden auf. Paralleles Arbeiten wurde vermieden, stattdessen entwickelten alle Teilnehmerinnen und Teilnehmer des Projektes ein geschlossenes System und eine gemeinsame Informationsbasis.

Die Trägerorganisationen waren der Bund für Soziale Verteidigung e. V. (Projektleitung: Detlef Beck) und der Internationale Versöhnungsbund, dt. Zweig e. V., (Projektleitung: Kurt Südmersen). Darüber hinaus waren das Orca-Institut für Konfliktmanagement und Training (Projektleitung: Cornelia Timm) sowie fairaend – Praxis für Konfliktberatung, Mediation, Supervision und Weiterbildung (Projektleitung: Heike Blum) an der Durchführung beteiligt. Der Organisationsreferent dieses Netzwerkes war Armin Torbecke.

Das Projekt KKK förderte den Aufbau und die Weiterentwicklung kommunaler Zusammenarbeit, um einen Handlungsrahmen für Gewaltminderung und Gewaltvorbeugung herzustellen. Im Land Nordrhein-Westfalen konnte das Modellprojekt aufzeigen, wie erfolgreich Jugendarbeit und Gewaltprävention sein können, wenn alle Betroffenen kooperieren: Wer haupt- oder nebenberuflich mit Kindern und Jugendlichen zu tun hat – gleich ob im schulischen Rahmen, in der Jugendarbeit, in der Verwaltung oder im Polizeidienst –, verfügt über vielfältige Erfahrungen mit minderjährigen „schwierigen Klienten" und besitzt ein professionelles Handlungsrepertoire, das für Gewaltminderung und Gewaltprävention von unschätzbarer Bedeutung ist.
Der Schwerpunkt des Konzeptes lag auf dem präventiven Bereich. Mitarbeiterinnen und Mitarbeiter von Jugendämtern, Jugendhäusern, Kirchengemeinden, Polizei, Schulen, Jugendgerichtshilfe, Jugendheimen, Sportvereinen und Jugendzentren trafen sich regelmäßig zur persönlichen Vernetzung und zu Fortbildungen. Dabei ging es zum einen darum, Kinder und Jugendliche zu befähigen, mehr praktische Alternativen für das eigene Verhalten in Auseinandersetzungen zu gewinnen. Sie wurden dazu angeregt, Interesse an Lösungen zu entwickeln, die für alle befriedigend sein können. Zum anderen sollten Multiplikatorinnen und Multiplikatoren mit „Handwerkszeug" ausgestattet werden, das es ihnen ermöglichte, Fragen der Konfliktbearbeitung und Gewaltprävention in der Bildungsarbeit, in Schulen, in der Jugendarbeit und anderen sozialen Arbeitsfeldern aufzunehmen und bearbeiten zu können. Während einer Laufzeit von fünf Jahren entwickelten die Teilnehmerinnen und Teilnehmer darüber hinaus ihre persönlichen Konfliktkompetenzen weiter, ein Basisbaustein

in den entsprechenden Fortbildungseinheiten. Ehrenamtlich tätige junge Erwachsene der kommunalen und kirchlichen Jugendarbeit, Schülerinnen- und Schülervertretungen und vor allem Eltern und Elternvertretungen wurden ebenfalls in das Netzwerk integriert und fortgebildet.

Der Projektablauf

Insgesamt waren die Fortbildungseinheiten für das Behördennetzwerk handlungsorientiert ausgerichtet, d. h., es ging nicht um therapeutische Ebenen. Interessenausgleich war die zentrale Idee, statt die Frage zu vertiefen, wer recht hat oder wer mächtiger ist. Es wurde und wird die Auffassung vertreten, dass es in der Mehrzahl der Konflikte Lösungen jenseits von Sieg und Niederlage und auch jenseits des Kompromisses gibt. Im Idealfall erreichen beide Konfliktparteien ihre Ziele (Win-win-Lösung). Zentrale Methoden sind Übungen, Spiele, Rollenspiele, Statuentheater, Forumtheater, strukturierte Gesprächsformen in der Gruppe, Feedback, Auswertungen und Reflexionen sowie Mediation und gewaltfreie Kommunikation als standardisierte Konfliktbearbeitungsmethoden.

Folgende Elemente wurden nacheinander in das Projekt integriert, bis sie schließlich alle zusammen den Charakter des Gesamtprojektes ausmachten:

- **Informationsveranstaltung** für potenzielle Projektbeteiligte: Hierzu sollte vom Projektträger (Stadt oder Kreis) breit zu einer halbtägigen Veranstaltung eingeladen werden.
- **Zehntägiges Training zur Ausbildung** von Multiplikatorinnen und Multiplikatoren: Die am Projekt beteiligten Institutionen und Organisationen entsandten Teilnehmerinnen und Teilnehmer zu einer zehntägigen Fortbildung. Dieser Kreis war ein wichtiger Nukleus des gesamten Konzeptes.

„Es gab natürlich diese Wege, aber das waren dann richtige Dienstwege, wobei man teilweise den anderen nur mit Namen kannte. Jetzt aber hat man einen konkreten Ansprechpartner, den man auch duzt und sagt: ‚Du, wie ist das?' Es ist sehr viel leichter, wenn man auf einer Ebene zusammenarbeitet, auf der keine Barriere mehr dazwischen ist."
Ein Teilnehmer

- **Schulinterne LehrerInnenfortbildung (SCHILF):** zweitägige Fortbildung an interessierten Schulen, in der Elemente von Gewaltprävention an der Schule vorgestellt wurden.

„Ich kann sagen, wie es sich auf die Praxis des Jugendzentrums ausgewirkt hat. Der Hauptpunkt war die Mediationsfortbildung. Wir konnten unser Handwerkszeug erweitern, was sich in der täglichen Arbeit im Zentrum niederschlägt. Kurz nach der Fortbildung haben wir damit angefangen, Konfliktlösungsgespräche anzubieten, was sich als sehr hilfreich und erfolgreich erwiesen hat. Innerhalb der Cliquen wurde eine spontane Nutzung der Methoden angefragt. Die Mädchen und Jungen haben bemerkt, dass die Methode unparteilich ist und dass sie sie in der Lösung ihrer Konflikte weiterbringt. In einigen Cliquen hat sich eine Art Kultur der Konfliktlösung durchgesetzt. Man hat sich mehr zugetraut, die Konflikte selbst aufzudecken, weil das Vertrauen da war, durch die Erfahrung, dass die Konflikte lösbar sind. Außerdem hat sich eine Veränderung in den Einzel- und Beratungsgesprächen herausgestellt. Wir haben einzelne Phasen der Mediation in unsere Einzelgespräche eingebaut, was bei den Fachkräften zu einer neutraleren Haltung beigetragen hat. Man hat nicht mehr so früh bewertet oder Lösungen vorgegeben. Die Phase des Dampfablassens bekam mehr Zeit. Ich selber gebe mittlerweile mehr Zeit und Raum, um die negativen Gefühle loszuwerden, um dann den lösungsfokussierten Zugang zu kriegen." Ein Teilnehmer, Mitarbeiter eines Jugendzentrums

- **Trainings in Schulklassen:** Wenn eine Schule nach der SCHILF die Entscheidung traf, sich langfristig im Bereich Gewaltprävention zu engagieren, wurden Lehrerinnen und Lehrer ausgewählt, die an der zehntägigen Fortbildung teilnahmen und im Anschluss in ihren Klassen ein Gewaltpräventionsprojekt durchführten. Dieses konnte durch externe Fachleute unterstützt werden.
- **Ausbildung von Konfliktlotsen:** An verschiedenen Schulen, an denen bereits Gewaltpräventionsprogramme liefen, wurden Streitschlichterinnen und -schlichter ausgesucht und ausgebildet.
- **Fortbildung von ehrenamtlich Tätigen in der Jugendarbeit:** Den ehrenamtlich tätigen Jugendlichen und Erwachsenen wurde ein gesondertes Programm zur Fortbildung in Gewaltprävention angeboten. Hierbei wurde die Zusammenarbeit mit Kirchengemeinden und Sportvereinen angestrebt.

- **Berufsbegleitende Fortbildung in Mediation:**
  Die Fortbildung richtete sich an Menschen, die
  - in sozialen, pädagogischen, beratenden, juristischen Berufsfeldern arbeiteten
  - als Multiplikatoren in der Kinder-, Jugend- und Erwachsenenarbeit tätig waren
  - in Institutionen, Organisationen und Firmen mit Konflikten zu tun hatten
  - sich in der Teamleitung und Personalführung oder in der Betriebsratsarbeit engagierten
  - im Bereich „Mediation" arbeiten wollten

  Im Zusammenhang mit dem Gesamtkonzept diente die Ausbildung von Mediatorinnen und Mediatoren dazu, dass öffentlich bekannte Personen zur Verfügung standen, die bei der Konfliktbearbeitung sachkundig helfen konnten.
- **Seminare zur konstruktiven Konfliktaustragung für Eltern:** Die Wirksamkeit gewaltpräventiver Programme im Kinder-, Schul- und Jugendbereich kann durch elterliche Unterstützung wesentlich erhöht werden. Erst langsam aber finden sich Wege, in Kontakt mit interessierten Eltern zu kommen. Dies geschah im Laufe des Projektes vor allem über Elternabende im Zusammenhang mit der Durchführung von Gewaltpräventionsprojekten und über Elternarbeitskreise, die sich über verschiedene Möglichkeiten informieren wollten, ihre Kinder vor Gewalt im Alltag und in der Schule zu schützen. Etwa zeitgleich zu dieser Entwicklung verankerte die Bundesregierung das Recht auf gewaltfreie Erziehung gesetzlich. Im Rahmen dieser Konzeption ging es darum, Seminare anzuregen, anzustoßen und durchzuführen, die Eltern in ihrer Erziehungsaufgabe unterstützten und die Wege zu friedlichen Konfliktlösungen aufzeigten.

Was war wichtig für den Erfolg?

„Am schwierigsten ist im KKK-Projekt immer der Beginn: In jeder Behörde einen ‚Agenten' für die Sache zu finden, d. h. eine Person, die dieses Projekt gerne übernimmt und sich innerhalb des Hauses dafür engagiert. Dafür braucht es in jeder Institution und im Lehrerkollegium

mindestens eine Person mit Entscheidungskompetenz, die sich wirklich intensiv für das Projekt einsetzt. Wenn man diese Schlüsselperson ausfindig machen und ins Projekt holen kann, ist oft schon der wichtigste Schritt geschafft. Wenn wir diese Personen dann ausbilden, wollen wir natürlich die Inhalte über gewaltfreie Kommunikation vermitteln und Methoden der Mediation oder der Allparteilichkeit erklären. Genauso wichtig sind in den Ausbildungen aber auch die persönlichen Beziehungen zwischen den einzelnen ‚Agentinnen und Agenten', die über die offiziellen Kontakte zwischen den Behörden hinausgehen. Nur wenn im Netzwerk Solidarität und ein Gefühl für ein gemeinsames Ziel und eine gemeinsame Strategie entstehen, dann entfaltet das Projekt auch Wirkungen, die den üblichen Dienstweg verbessern."
Kurt Südmersen

Kurt Südmersen und Cornelia Timm

„Durch meine 25 Jahre Erfahrung in der Konfliktbearbeitung wurde mir immer deutlicher bewusst, dass wir in der deutschen Jugendarbeit einen falschen Ansatz verfolgen: Gewalt an Schulen und straffällige Jugendliche werden immer mit kurzzeitigen Interventionen ‚bearbeitet', wenn es eigentlich schon zu spät ist. Und oft wissen die Lehrerinnen und Lehrer, die Jugendämter, die Eltern und die Jugendgerichtshilfe untereinander nicht, was die anderen gerade tun. Ein systemischer Ansatz ist unbedingt notwendig, um wirklich nachhaltige Erfolge zu erzielen. Anti-Gewalt-Wochen in der Schule machen zwar allen Spaß, aber oft erzeugen sie nur ein kurzes Strohfeuer der Begeisterung, das nach den Sommerferien vergessen ist. Wir wollten aber die ganze Erziehungsstruktur in einer Region ändern. Gegenüber den Jugendlichen gehen wir ganz offen und ohne versteckte Moralbotschaft vor. Sie erleben, dass sie selbst bestimmen können, wie sie ihre Zeit gestalten und welche Entscheidungen sie treffen.

Der Projektleiter

Kurt Südmersen, Jg. 1955, Dipl.-Pädagoge, Gestalttherapeut, Mediator und Ausbilder für Mediation BM war über zehn Jahre als Geschäftsführer und Trainer bei verschiedenen Nichtregierungsorganisationen im Bereich der konstruktiven, Gewalt mindernden Konfliktbearbeitung tätig. Seit 1999 leitet er gemeinsam mit Cornelia Timm das Orca-Institut für Konfliktmanagement und Training.

Wir machen alle unsere Arbeitsschritte transparent und erklären unsere Absichten. Wichtig ist einfach, dass sie ernst genommen werden. Wir finden gemeinsam heraus, welche Bedürfnisse sie haben und wie sie diese selbst verfolgen können. Wenn sich z. B. eine Gruppe junger Männer immer auf der Straße trifft und für andere bedrohlich wirkt, möchten sie vielleicht einfach nur Aufmerksamkeit, oder sie suchen einen Ort oder eine Aufgabe, in der sie sich positiv einbringen können und etwas erreichen. Wenn solche Bedürfnisse missachtet werden, entsteht Frustration und eben oft auch Gewalt. Wir versuchen, frühzeitig zuzuhören, Angebote zu machen und wirklich alle betroffenen Parteien an einen Tisch zu holen." Kurt Südmersen

Das Fazit

Das Projekt „Konstruktive Konfliktbearbeitung im kommunalen Zusammenhang" ging einen großen Schritt über die sonst üblichen Interventionsmethoden gegenüber gewaltgefährdeten Jugendlichen hinaus: Statt an Schulen oder in Jugendzentren einzelne Maßnahmen oder Trainings anzubieten, hatte das Land Nordrhein-Westfalen ein Projekt angestoßen, das in den Testgemeinden Behörden, Institutionen, Schulen und Lehrerinnen und Lehrer zusammenführte, um gemeinsame Handlungsstrategien auf der Basis von Fortbildungen und in einem Netzwerk zu entwerfen. Auf diese Weise konnte vermieden werden, dass Kleinprojekte gegen Gewalt eingesetzt wurden, die nur begrenzte Wirkung entfalteten, anstatt potenzielle Täterinnen und Täter sofort mit einer kohärenten Gesamtstrategie aufzufangen. Wenn die Methodik der gewaltfreien Kommunikation und erprobte Interventionsangebote von allen Betreuungsstellen in gleichermaßen hoher Qualität angeboten werden, steigen die Chancen stark an, tatsächlich einen nachhaltigen Einfluss auf die Jugendlichen auszuüben. Dieses Modellprojekt zeigte auf, wie mit verhältnismäßig geringen Mitteln die Effizienz in der Jugendarbeit und Gewaltprävention stark erhöht werden konnte.

Ilona Auer-Frege

Oxfam Deutschland:
Geschichte und Kultur in Serbien kennen lernen

Multiethnischer Dialog und partizipative Geschichtsforschung für Jugendliche

Projektstandort:	Serbien und Montenegro
Laufzeit:	2004 - 2005
Organisation:	Oxfam Deutschland e. V.
Lokale Partnerorganisation:	Grupa 484
Finanzierung:	Oxfam Deutschland, Institut für Auslandsbeziehungen (ifa) aus Mitteln des Auswärtigen Amtes und Grupa 484

Der Projekthintergrund

Serbien und Montenegro wurden von den Balkankriegen von 1991–95 stark betroffen und durch die NATO-Bombardierung 1999 schwer zerstört. Auch zu Projektbeginn 2004 litt die Region immer noch unter den starken Spannungen zwischen christlich-orthodoxen Serben und muslimischen Kosovo-Albanern sowie weiteren Minderheiten, deren friedliches Nebeneinander fast ausschließlich durch die räumliche Trennung in Regionen, Städte oder Stadtviertel möglich war. Vor der Unabhängigkeitserklärung war der rechtliche Status der Provinz Kosovo lange ungeklärt. Formal gehörte das Gebiet im Projektzeitraum zu Serbien-Montenegro; es unterstand aber seit 1999 der Verwaltung der Vereinten Nationen und wurde von der Kosovo Force (KFOR) der NATO kontrolliert.
Es stand zu befürchten, dass Serbien den Verlust des von Albanern bewohnten Territoriums des Kosovo als nationale Schmach empfinden und die Situation sich damit weiter verschärfen könnte. Serbien und Montenegro waren politisch instabil und geprägt von ethnisch definierten politischen Fraktionen, Parteiintrigen, Streiks und wirtschaftlicher Unsicherheit. Noch immer lebte eine große Anzahl von Flüchtlingen mit ungeklärter Zukunft im In- und Ausland.

Das Den Haager Kriegsverbrechertribunal hatte noch nicht ausreichend zur Vergangenheitsbewältigung beigetragen. Vielmehr verschärften die Prozesse, die von den einheimischen Medien je nach Publikum ideologisch interpretiert wurden, den Kampf der Parteien und politischen Gruppierungen noch weiter.

Der Projektansatz

Im Jahr 2000 entstand Grupa 484 aus einer Gruppe von ebenso vielen serbischen Flüchtlingen, die aus der Krajina nach Serbien geflohen waren und dort eine Interessengemeinschaft gründeten. Ursprünglich leistete Grupa 484 Flüchtlingshilfe und sozialpädagogische Betreuung für die nachfolgenden serbischen Gruppen aus der Krajina, später entwickelten sich daraus auch Bildungs- und Friedensprojekte, die über Serbien hinaus wirkten. Für das 2004 initiierte interkulturelle Austauschprojekt wurden Partnerschulen in fünf Städten ausgewählt, die besonders unter ethnischen und sozialen Konflikten und anhaltenden Spannungen litten. Gemeinsam mit dem Lehrpersonal wählte das Team in den Schulen interessierte Sekundarschülerinnen und -schüler aus, die für eine solche Form integrativer Konfliktarbeit motiviert waren. Sie erhielten die Aufgabe, ihr eigenes kulturelles und ethnisches Erbe als Anknüpfungspunkt zu anderen Gleichaltrigen mit unterschiedlicher Herkunft einzusetzen und daraus öffentlichkeitswirksame Projekte zu entwickeln. Bei dieser anspruchsvollen Aufgabe sollten alle Teilnehmenden erforschen, welche unterschiedlichen ethnischen Traditionen und Kulturanteile in ihrer nächsten Umgebung auffindbar waren. Die Kulturanalyse ihrer Wohnorte sollte dazu beitragen, stereotype Wahrnehmungen mit Faktenwissen über das Leben anderer Gruppierungen abzugleichen, mit dem Ziel, Vorurteile zu überwinden und dabei multikulturelles Zusammenleben in den Gemeinden zu fördern.

Der Projektablauf

Belgrad, Subotica, Leskovac, Vranje und Bela Crkva sind fünf Orte mit jeweils ethnisch und kulturell gemischter Einwohnerschaft, in denen immer wieder Spannungen unter den verschiedenen Gruppierungen aufflammten. Hier wollte Grupa 484 mit engagierten Jugendlichen daran arbeiten, dass die kulturellen Unterschiede nicht mehr als Bedrohung, sondern als

Bereicherung für das Leben in der Region verstanden werden konnten. In jeder der fünf Partnerschulen wurden gemischte Projektgruppen aufgebaut, die sich aus circa 20 jungen Männern und Frauen mit unterschiedlichem ethnischen Hintergrund zusammensetzten.

Im September 2004 wurden jeweils vier Gruppenmitglieder sowie je eine Mentorin oder ein Mentor zu einem viertägigen Workshop entsandt. Dieses Grundlagenseminar vermittelte Kenntnisse und Techniken für den Forschungsanteil des Projektes: Wie kann ich die kulturellen, spirituellen und alltäglichen Unterschiede der einzelnen Gruppen in meiner Stadt unterscheiden? Was sind tatsächliche Unterschiede und wo beginnt meine subjektive Wahrnehmung? Wo habe ich eventuell Vorurteile, die nicht der Realität entsprechen? Dazu wurden das Arbeiten im Team und Präsentationstechniken thematisiert. Einen wichtigen Teil der Workshoparbeit nahmen überdies Diskussionen und Übungen zur Selbstreflexion von Vorurteilen und Stereotypen ein. Die Jugendlichen untersuchten in Rollenspielen und in Diskussionsrunden, wo sie selbst Rückgriff auf Erklärungsmuster über andere Gruppen nahmen, die nicht auf realen Beobachtungen basierten, sondern sich aus Erzählungen in der Familie, Geschichten und Erlebnissen der eigenen ethnischen Gruppe speisten.

Mit Vorträgen, Dias, Spielen und Ausflügen in die Umgebung untersuchte die Workshopgruppe gemeinsam die Geschichte der Stadt Subotica. Ein kritisches Theaterstück wurde ebenso zum Ausgangspunkt für Diskussionen wie der Besuch einer Hochzeitszeremonie eines gemischt-ethnischen Paares. Der damals sehr populäre Dokumentarfilm „Whose Song is this", der kulturelle Identitäten aufs Korn nimmt, löste in der Gruppen ebenfalls viele Fragen zur eigenen Identitätsbildung und zur Abgrenzung gegenüber „Fremden" aus. Vor allem die Teilnehmenden aus Belgrad, die eine besonders gewaltgeprägte Flüchtlingsgeschichte hinter sich hatten, erlebten diesen viertägigen Workshop als sehr intensiv und aufwühlend, auch belastend, aber vor allem inspirierend.

Von Oktober 2004 bis Februar 2005 gingen die fünf Arbeitsgruppen mit ihren Mentorinnen und Mentoren in die aktive Arbeitsphase über und entwickelten fünf Projektkonzepte und Durchführungspläne für ihre kreativen Ansätze zur Aktionsforschung in ihrer Region.

Die Gruppe in Subotica nahm die Themen Mode und Architektur zum Ausgangspunkt, um in ihrer Stadt ungarische und serbische Einflüsse im

Stadtbild oder durch Recherchen in Museen und Archiven ausfindig zu machen. Es entstand unter anderem ein Comic, der die multiethnische Zusammensetzung der Stadt aufgriff und in einem Stadtmagazin gedruckt wurde.

In Bela Crkva, nahe der rumänischen Grenze, wurde die Geschichte der Donauschwaben analysiert, die z. B. in der Gegend um den Fluss Nera Windmühlen errichtet hatten – bis sie 1945 vertrieben wurden. Bei der Untersuchung wurde deutlich, dass diese Region Spuren serbischer, römischer, deutscher, ungarischer, russischer und sogar tschechischer Besiedlung zeigte, die alle auch heute noch in der Architektur zu finden sind und die Lebensweise der Menschen prägen. Was viele der Bewohnerinnen und Bewohner als „typisch serbische Kultur" wahrnehmen, ist ein über die Jahrhunderte entstandenes Gemisch aus vielen verschiedenen Einflüssen. Dieses Projekt erreichte große Aufmerksamkeit beim örtlichen Radiosender und wurde auch im serbischen „Educational Review", einer pädagogischen Fachzeitschrift, ausführlich besprochen.

Unter den Jugendlichen lösten die Ergebnisse der Forschung zunächst auch Widerstände aus.

„Zu Anfang war ich wirklich überrascht. Ich hatte nicht erwartet, dass wir so viele, so unterschiedliche Orte besuchen würden. Und ich dachte, dass das sogar gegen meine Religion verstößt, sodass ich überlegte, wie ich aussteigen könnte. Aber mit der Zeit wurde deutlich, dass all diese Dinge gut sind und dass ich einfach nur mehr Wissen gewinne. Jetzt bin ich wirklich froh, dass ich eine Moschee besucht habe und mehr über die Religionen und Ethnien in meiner Gegend weiß." Eine christliche Teilnehmerin

Was war wichtig für den Erfolg?

Die Jugendlichen, die an den fünf Arbeitsgruppen des Projektes beteiligt waren, brachten zunächst meist eine pessimistische und passive Einstellung mit. Bewusst hatten die Betreuerinnen und Betreuer auch Jugendliche zur Mitarbeit motiviert, die sich nicht schon im Voraus als besonders engagiert, offen und reflektiert gezeigt hatten. Diese „schwierigen" Teilnehmerinnen und Teilnehmer brauchten mitunter eine längere Anlaufphase mit spielerisch gestalteten und offenen Angeboten, Rollenspielen oder Theatereinheiten, um sich in die Gruppe zu integrieren und auf das

Projekt einzustimmen. Vor den ersten Aktivitäten füllten alle Jugendlichen Fragbögen aus, die u. a. auch ihre ethnischen Stereotype und Vorurteile verdeutlichten und erkennen ließen, dass sie sich vor allem als Opfer der politischen Umstände und als ohnmächtig gegenüber den gesellschaftlichen Konflikten empfanden. Besonders wichtig war es also, diese Ausgangslage durch Gruppenprozesse, Informationen und Lernen durch praktische Erfahrung zu verändern. Das sozialpädagogische Angebot des Projektes gab den Jugendlichen den Freiraum, untereinander, ohne erhobenen moralischen Zeigefinger, an der Begegnung mit der Realität zu lernen. Auch gruppentherapeutische Elemente wurden angewandt, um z. B. zu verdeutlichen, wie *ingroups* und *outgroups* in einer Gesellschaft entstehen und wie man diese Tendenzen erkennen kann. Für viele Jugendliche bedeuteten diese Projektmonate eine emotional sehr tief greifende und auch zunächst belastende Erfahrung. Fragebögen am Ende des Projektes zeigten aber, dass sich die Einstellung der Jugendlichen gegenüber fremden Gruppen oder Ethnien deutlich verbessert hatte und „fremd“ nicht mehr zwangsläufig mit „unangenehm“ assoziiert wurde.

Für diesen Projektabschnitt war es sehr wichtig, wirklich gut ausgebildete Trainerinnen und Trainer zu haben, die mit den Jugendlichen intensiv arbeiten konnten, ohne sie zu sehr zu dominieren. Psychosoziale Veränderungen brauchen oft längere Zeit und sind nicht immer offen erkennbar. Im Idealfall wirkt die Projektgruppe wie ein Katalysator, der den Jugendlichen hilft, selbst aktiv zu werden und aus ihrer Opferhaltung herauszutreten. In der Projektarbeit lernten sie, wie sie ohne übermäßige Hilfe selbstständig größere Aufgaben bewältigen konnten, dabei ihr Wissen über ihre Region vertiefen und darüber hinaus ein Verständnis für die besondere Situation in ihrer Region gewinnen konnten.

Sehr bedeutsam für diesen Entwicklungsprozess war es auch, innerhalb der Arbeitsgruppen immer wieder die Dynamik unter den Teilnehmenden zu reflektieren und zu thematisieren. So blieben etwa in der Gruppe in Leskovac nach einigen Treffen die Roma-Teilnehmerinnen und -Teilnehmer fern. Die jungen Serben und Serbinnen hatten nicht erkannt, dass dieser Teil der Gruppe sich zunehmend ausgegrenzt und nicht verstanden gefühlt hatte. Ein intensiver Diskussionsprozess konnte zwar die Roma nicht zur weiteren Zusammenarbeit motivieren, hatte aber enormes Lernpotenzial für die serbischen Jugendlichen.

„Die Arbeit mit der Grupa 484 zeigt für mich, welche enormen Wirkungen sozialpädagogische Arbeit gerade mit Jugendlichen entfalten kann. Hier ist ein Aufgabengebiet, das wirklich die Einstellungen und die Verhaltensmuster der Menschen erreicht, wenn man sie intensiv betreut und ihnen einen Freiraum ermöglicht, in dem sie aktiv werden können. Gerade Jugendliche lernen schnell, dass sie viel mehr Handlungsspielräume für den Frieden haben, als ihnen zunächst bewusst ist. Wenn man sie sensibel anleitet und nicht bevormundet oder belehrt, lassen sich oft auch gerade solche Jugendliche auf die Projektarbeit ein, die man zunächst als ‚schwierige Fälle' einschätzen würde.
Auch die Verbindung mit lokal bekannten Künstlern war sehr produktiv. Die Jugendlichen akzeptierten sie als interessante Lehrmeisterinnen und Lehrmeister und ließen sich gerne auf ihre Arbeit ein. Gerade wenn dann noch die Neuen Medien ins Spiel kamen, konnten sie sich gut identifizieren und wurden sehr kreativ. Für viele war es das erste Mal, dass sie erlebten, wie viel sie zustande bringen können, und diese Erfahrung ist ungemein wertvoll." Michaela Raab

Die Projektleitung

Michaela Raab war damals als Leiterin des Projektbereichs von Oxfam Deutschland e. V. für das Projekt verantwortlich. Zudem betreute sie ein Portfolio von weiteren Projekten in den Bereichen Entwicklung und Konfliktprävention, bis einschließlich 2006 auch in Südosteuropa. Zwischen 2004 und 2006 unternahm sie regelmäßige Besuche in die Projektregion, um zusammen mit Grupa 484 Initiativen mit Jugendlichen in Konfliktregionen zu entwerfen und diese bei der Ausführung zu begleiten.

Die lokale Fachkraft

„Besonders wichtig für unseren Erfolg ist unser landesweites Netzwerk aus Pädagoginnen und Pädagogen, Künstlerinnen und Künstlern aller Disziplinen und anderen Menschen, das wir über Jahre hinweg aufgebaut haben, in dem eine kreative, partizipatorische Energie herrscht, die auf andere Interessierte mitreißend wirkt. Inzwischen sind Teilnehmende unserer ersten Jugendprojekte zu Mitarbeiterinnen und Mitarbeitern oder Mentorinnen und Mentoren von Aktivitäten der letzten Jahre geworden. Andere haben eigene Initiativen gegründet, mit denen wir in Kontakt bleiben."
Zagorka Aksentijevic, G484-Mitarbeiterin

Das Fazit

Das Jugendprojekt von Oxfam verband zwei wichtige Ansätze zur Konfliktbewältigung in der Region: Erstens wurden aktiv Vorurteile, Stereotype und Klischee behaftete Geschichtsbilder überarbeitet und für eine breite Zielgruppe thematisiert. Ohne den Abbau von solch verhärteten Geschichtsauffassungen und Feindbildern kann erfahrungsgemäß langfristig weder ein Dialog entstehen noch lässt sich das Zusammenleben in der Konfliktregion auf die Dauer friedlich bewältigen. Zweitens wurde mit den Jugendlichen eine Zielgruppe angesprochen, die enorme Bedeutung für die Gestaltung der nächsten Jahrzehnte nach dem offenen Konflikt hat. Breitenwirksame Jugendarbeit kann die Idee der Gewaltfreiheit mit hoher Multiplikationswirkung in der Gesellschaft verankern. Grupa 484 ist in Serbien mit einer Reihe von Nichtregierungsorganisationen, staatlichen und internationalen Akteuren vernetzt und kann so die Stimmen und Erfahrungen von Jugendlichen aus dem ganzen Land in Debatten auf hohem Niveau einbringen. *Ilona Auer-Frege*

Lichtbrücke e. V.:

Friedensarbeit und Konfliktbearbeitung in den Chittagong Hill Tracts, Bangladesch

Eine breite Bewegung für den Frieden in der Bevölkerung schaffen

Projektstandort:	Distrikt Khagrachari, Bangladesch
Laufzeit:	seit 2004
Organisation:	Lichtbrücke e. V. www.lichtbruecke.com
Lokale Partnerorganisation:	ANANDO Training Center, Khagrachari
Ansprechpartnerin:	Jens Peter Morgner info@lichtbruecke.com
Finanzierung:	Institut für Auslandsbeziehungen (ifa) aus Mitteln des Auswärtigen Amtes

Der Projekthintergrund

Seit der Unabhängigkeitserklärung Bangladeschs 1971 hatte die neue Regierung damit begonnen, bengalische Familien in den südöstlichen Grenzregionen des Landes, nahe Myanmar, anzusiedeln. Dort lebten bereits 13 einheimische Ethnien, u. a. die Chakmas, die Marmas und die Tripuras. In dieser Region, die auch „Chittagong Hill Tracts“ (CHT) genannt wird, wurden viele Ureinwohnerinnen und -einwohner enteignet, um Land für die bengalischen Siedlerinnen und Siedler zu erhalten und Platz für einen großen Staudamm zu schaffen.

Die vertriebene Bevölkerung versuchte seit den 1970er-Jahren immer wieder mit gewaltsamen Mitteln, bis hin zu Guerillakämpfen und Anschlägen, ihren Besitz zurückzuerlangen und die Unabhängigkeit von Bangladesch zu erhalten. Allerdings werden diese Forderungen von der bengalischen Regierung nach wie vor als unrechtmäßig zurückgewiesen. Die Auseinandersetzungen um Ressourcen und Landbesitz haben sich weiter verschärft, sodass der Konflikt mittlerweile in der zweiten Generation ausgetragen wird. Seit den 1980er-Jahren hält die bengalische Regierung die Region mit ca. 25.000 Militärs besetzt.

Der Projektansatz

Lichtbrücke und ANANDO versuchen, den in der gesamten lokalen Bevölkerung verwurzelten Konflikt, der sich über Jahrzehnte verfestigt hat, durch einen umfassenden systemischen Ansatz zu bewältigen. Auf mehreren Ebenen wird eine soziale Bewegung initiiert und unterstützt, die langfristige und tief greifende Veränderungen ermöglichen soll. Zunächst suchte das Projekt eine breite Präsenz in der Bevölkerung, um eine kritische Masse an Unterstützerinnen und Unterstützern zu erreichen. Neben Frauen als besonders einflussreiche Gruppe an der Bevölkerungsbasis wurden gezielt Dorfvorsteher als Schlüsselpersonen im Konflikt angesprochen. Sie verfügen über lokalen Einfluss und bilden die Schnittstelle zu den Regierungsstrukturen, die in den Friedensprozess eingebunden werden sollen. Darüber hinaus wird ein professionell arbeitendes Netzwerk aus zivilen Institutionen für den Frieden etabliert, das es der Friedensbewegung ermöglichen kann, gezielt auf einer höheren Ebene aktiv zu werden.

Die Ziele:

Lichtbrücke und ANANDO wollen

- den Konflikt thematisieren und zur Diskussion stellen; Frieden als mögliche Option ins Zentrum rücken
- Wissen über gewaltfreie Methoden zur Konfliktlösung in der Bevölkerung verbreiten
- ethnische Barrieren überwinden und eine übergreifende Solidarität unter den Menschen fördern
- eine ausreichende Anzahl von Personen mit Einfluss auf die Familien ansprechen und sie motivieren, damit sie sich intensiv engagieren
- den Friedensprozess institutionell verankern und somit die Kräfte bündeln; denn Lobbyarbeit kann nur dann erfolgreich betrieben und mit Einfluss auf Regierungsinstitutionen ausgeübt werden, wenn die Organisationen über genügend Rückhalt in der Bevölkerung verfügen. Die Vorgehensweise muss professionell und zielgerichtet sein.

Der Projektablauf

Lichtbrücke und ANANDO bauten in 28 Dörfern der Region, in denen die Konflikte den Alltag besonders vehement bestimmten, mit zehn Sozialarbeiterinnen und Sozialarbeitern Kontakte auf. Dies hatte zum Ziel, möglichst viele Einzelpersonen, die Einfluss auf den Konflikt hatten, zu erreichen. In der Folge wurde ein umfassendes Maßnahmenpaket durchgeführt. Zunächst hatten die Sozialarbeiterinnen und Sozialarbeiter in den Dörfern circa 1.000 Personen, zumeist Frauen, ausgewählt, die rund 200 Friedensgruppen bildeten. Fast alle Teilnehmenden kannten Lichtbrücke und ANANDO aus einem Programm zur Kleinkreditvergabe oder anderen Maßnahmen der Entwicklungszusammenarbeit. Sie waren mit den Mitarbeiterinnen und Mitarbeitern vertraut und hatten bereits erste Erfahrungen mit internationalen Organisationen erworben. Alle Mitglieder der Friedensgruppen erhielten eine Grundausbildung, in der ihnen Kenntnisse und Fähigkeiten zu den Themen Gewaltfreiheit und konstruktive Konfliktbewältigung vermittelt wurden. Eine Frau pro Gruppe wurde zusätzlich als Gruppenleiterin fortgebildet und über einen längeren Zeitraum in Seminaren betreut. In ihrer Funktion als „Selbsthilfegruppe für den Frieden" begannen die Teilnehmerinnen und Teilnehmer, sich intensiv mit der Frage der Landbesitzrechte auseinanderzusetzen. Sie suchten nach Lösungen, die alle in der Region ansässigen Gruppen befriedigen konnten. Auch ethnisch begründete Spannungen wurden angesprochen und deren Lösung als Aufgabe für die Friedensarbeit identifiziert. Alle Übungen, Rollenspiele und Diskussionen behandelten reale Konfliktszenarien im Dorf und in der Nachbarschaft. Die gewonnen Erkenntnisse aus der Gruppenarbeit sollten ins direkte Umfeld übertragen werden, mit dem Ziel, die Landkonflikte und die ethnischen Rivalitäten vor Ort zu entspannen.

Da die Zielgruppe sich zum Großteil aus Frauen mit wenig oder so gut wie keiner Schulbildung zusammensetzte, mussten die Trainerinnen und Trainer mit Bildtafeln, anschaulichen Rollenspielen oder Musik und Tanz arbeiten. Traditionelle Formen der Konfliktlösung wurden aufgegriffen und positiv betont. Außer auf die breite Zielgruppe konzentrierte sich das Projekt auch auf die Dorfvorsteher, die erfahrungsgemäß einen besonderen Zugang zu den Konfliktparteien haben. Pro Dorf wurden zwei Führungspersönlichkeiten eingeladen, an Fortbildungen teilzunehmen und über Friedensstrategien in ihrem Umfeld zu diskutieren. Auf der Basisebene der Gesellschaft formierte sich somit eine umfassende soziale Bewegung. Um diese Entwicklung gegenüber der Regierung zu vertreten, war es nötig, die zivilgesellschaftlichen Akteure zu stärken. In der Region gab es bereits 12 unabhängige NRO, die sich in einem Dachverband vereinigen wollten, um gemeinsam effektiver arbeiten zu können. Hier griffen Lichtbrücke und ANANDO ein: Sie bildeten 30 NRO-Mitarbeiterinnen und -Mitarbeiter in mehreren Workshops fort und ermutigten sie in ihren Bemühungen, sich in einer Struktur zusammenzufinden.

Was ist wichtig für den Erfolg?

Der Ansatz von ANANDO und Lichtbrücke lässt sich deshalb so erfolgreich und breitenwirksam in die Praxis umsetzen, weil er die Zielgruppen auf der Alltagsebene anspricht. Das Projekt verfolgt Ziele, die den Menschen einleuchten und sie motivieren. In den Workshops wird viel Wert darauf gelegt, dass über Frieden und Gewaltfreiheit im täglichen Umgang, auf Dorfebene und in der Nachbarschaft gesprochen wird. Aus dieser Arbeit an der gesellschaftlichen Basis kann großes Veränderungspotenzial erwachsen, das die Menschen vor Ort dazu bringt, sich als Zivilgesellschaft zu formieren und auf der Regierungsebene neu zu verhandeln. Zunächst müssen allerdings die Voraussetzungen in den Familien geschaffen werden. Frauen werden folgerichtig als Schlüsselfiguren im Konfliktumfeld identifiziert und bevorzugt angesprochen. Sie tragen die neuen Ideen in ihre Familien und ethnischen Gruppen, geben ihre Werte an die Kinder weiter. Darüber hinaus verstehen sie die Solidarisierung der Ethnien im Konflikt als ganz praktischen Fortschritt im Alltagsleben.

„In unserem Dorf gab es früher schwere Konflikte zwischen den Familien und den Ethnien. Heute kommen wir viel entspannter miteinander aus und helfen uns gegenseitig bei der Ernte. Das tut uns allen gut, und wir konnten sogar zusammen eine Schule bauen. Das wäre früher nicht möglich gewesen." Eine Bäuerin, die in einer Friedensgruppe mitarbeitet

Die bengalische Regierung kontrolliert alle NRO in den Chittagong Hill Tracts und lässt keine unabhängigen Organisationen zu, deshalb herrschte zunächst viel Misstrauen gegenüber den Ideen von ANANDO und Lichtbrücke, sich für eine offene Konfliktbearbeitung zu engagieren. Erst durch die Anbindung des Projektes an das Programm der Infrastrukturförderung, das Schulen und Brunnen baut und Kleinkredite vermittelt, gewannen die Dorfbewohner Vertrauen und ließen sich auf die Friedensarbeit ein.

„Dabei haben wir auch immer darauf geachtet, unsere eigene Wirkungskraft realistisch einzuschätzen. Zunächst können wir nur auf lokaler Ebene Veränderungen schaffen. Auf Regierungsebene sind nur kleine Schritte absehbar. Wir wollten Abbau von Alltagsspannungen ins Visier nehmen und dazu noch die NRO ermächtigen, sich darüber hinaus zu engagieren. Alles andere wäre mit unseren begrenzten Mitteln nicht machbar." Jens Peter Morgner

Auch scheinbar banale Dinge sind wichtig für den Erfolg: Nur ein attraktives Angebot wird die Menschen vor Ort dazu ermuntern, an den Workshops teilzunehmen. Für die dörfliche Bevölkerung ist zum Beispiel ein „Hauch von Entertainment" ein Anreiz, sich auf die Ideen von Friedensgruppen einzulassen. Erst wenn die Zugangsbarrieren niedrig sind, finden auch Personen, die im Dorf keine hohe soziale Position einnehmen, den Weg in die Gruppen.

Am meisten zählt die langjährige Begleitung der Gruppen durch vertraute Sozialarbeiterinnen und Sozialarbeiter, wenn es darum geht, die Motivation hochzuhalten. Es dauert oft Jahre oder sogar Jahrzehnte, bis sich Zielgruppen auf größere Veränderungen einlassen und Friedensprozesse greifen können.

Jens Peter Morgner (re) in Bangladesch

Der Projektleiter

Jens Peter Morgner ist gelernter KFZ-Meister und war neun Jahre als Entwicklungshelfer für den DED und DÜ in Äthiopien und auf den Philippinen tätig. Nach einem Masterstudium in Development Studies engagierte er sich für den Verein Lichtbrücke. Er war mit seiner Frau maßgeblich daran beteiligt, diesen aufzubauen.

„Als wir 2004 begannen, uns für ein Friedensprojekt in der Region einzusetzen, waren in den Dörfern, selbst in den Nachbarschaften, die Menschen sehr zerstritten und damit beschäftigt, die nötigsten Grundlagen für ihr Überleben zu sichern. Es war schwierig, innerhalb dieser Gemeinden überhaupt einen Zugang zu finden, der die Menschen an ein Leben mit weniger Konflikten glauben ließ. Die einzelnen Ethnien stehen sich gegenseitig oft feindselig gegenüber. Sie betrachten sich als Konkurrenz um das knappe Land, statt sich als Verbündete im Konflikt

zu erkennen. Nur weil die Sozialarbeiterinnen und Sozialarbeiter von ANANDO gut mit den Menschen und ihren Schwierigkeiten vertraut waren, haben diese sich langsam auf diesen Prozess eingelassen. Aber ohne eine Anbindung an andere Projekte aus der Armutsreduzierung, z. B. das Kleinkreditprogramm, hätten wir diese Einstiegshürde nicht überwinden können. Jetzt aber, wo das Vertrauen in den Jahren immer mehr wächst, machen die Menschen mit immer mehr Eigeninitiative mit und nehmen das Thema Frieden für sich an." Jens Peter Morgner

Das Fazit

Lichtbrücke verfolgt mit seiner Partnerorganisation ANANDO eine klassische Bottom-up-Strategie: An der Bevölkerungsbasis wird eine kritische Masse an Unterstützerinnen und Unterstützern ausgebildet, betreut und motiviert, damit diese einen grundlegenden Wertewandel innerhalb ihrer Gesellschaft auf den Weg bringen kann. Zu diesem Zweck wurde eine sehr große Anzahl von Friedenszellen bzw. Friedensgruppen aufgebaut, die dazu dienen, die Strategien zur Gewaltfreiheit und konstruktiven Konfliktlösung einzuüben und zu verbreiten. ANANDO und Lichtbrücke haben für die Teilnahme am Projekt Schlüsselpersonen im Konflikt angesprochen, um das Hauptziel, die Multiplikation, zu erreichen. Da es sich um einen seit Jahrzehnten verfestigten und in allen Familien vorhandenen Konflikt handelt, sind Frauen die richtigen Adressatinnen. Frauen verfügen über sehr großen Einfluss auf das ganze soziale System der Region. Dorfvorsteher als zweite wichtige Zielgruppe können die Schnittstelle zu lokalen Behörden herstellen und die Anliegen der Menschen einen Schritt weiter tragen. Diesen Basisansatz der Multiplikation erweiterte das Projekt um eine zusätzliche Komponente, indem es auf der Ebene der lokalen NRO ansetzte. Damit ist friedensfördernde Arbeit auch auf Regierungsebene in Aussicht gestellt.

Mit der Einbindung von über 1.000 Menschen in die Friedensgruppen ist es gelungen, eine soziale Bewegung einzuleiten und zu koordinieren. In immer breiteren Bevölkerungsschichten wird die Erkenntnis auf den Weg gebracht, dass Guerillakämpfe und Gewalt nicht nötig, sondern als Konfliktlösungsmodelle kontraproduktiv sind. Je mehr Wissen über gewaltfreie Lösungswege in den Familien zusammenkommt, desto geringer wird die Unterstützung für bewaffnete Gruppierungen. Aus diesem Wertewandel können Strukturen hervorgehen, die langfristige Veränderungen bewirken. Hier greift das Friedensprojekt in die Hände der anderen Arbeitsbereiche von Lichtbrücke: Bildung und Armutsreduzierung schaffen die Voraussetzungen dafür, dass sich die Menschen im Südosten Bangladeschs in den nächsten Generationen zivilgesellschaftlich selbst organisieren können. Ethnische Minderheiten ohne Lobby erhalten in einem ganzheitlichen Projektansatz Unterstützung, damit sie ihre Interessen selbstständig vertreten können. Die Kenntnis von Methoden der gewaltfreien Konfliktlösung wird zu einem Baustein für den Entwicklungsprozess in dieser Region. *Ilona Auer-Frege*

Zivilgesellschaft organisieren

Oxfam Deutschland:

„Barza"-Friedensräte als Instrumente der lokalen Konfliktschlichtung im Kongo

Projektstandort:	Provinz Maniema, Demokratische Republik Kongo
Laufzeit:	2005 - 2007
Organisation:	Oxfam Deutschland e. V.
Lokale Partnerorganisation:	CRONGD Maniema und 18 lokale Nichtregierungsorganisationen
Finanzierung:	Oxfam Deutschland, Institut für Auslandsbeziehungen (ifa) aus Mitteln des Auswärtigen Amtes

Der Projekthintergrund

Die Provinz Maniema am Ostrand des Kongo-Beckens und westlich der beiden Kivu-Provinzen war eine wichtige Basis der sogenannten „Mai-Mai"-Milizen. Die Zahl der dort rekrutierten Kombattanten wird auf 7.000 bis 10.000 geschätzt. Seit dem Friedensabkommen im Jahr 2003 kehren Binnenflüchtlinge und ehemalige Soldaten in ihre Ursprungsgebiete zurück. Vor der Errichtung eines staatlichen Demobilisierungszentrums (CONADER) in Maniemas Hauptort Kindu (2006) waren es vor allem Kirchen und lokale Nichtregierungsorganisationen, die ehemalige

Kombattanten, größtenteils Mai-Mai, erfolgreich zur Rückkehr in ihre Dörfer bewegten. Doch außer den Mai-Mai sorgten auch andere bewaffnete kongolesische Milizen, ruandische und ugandische Truppen und selbst die staatliche kongolesische Armee (FARDC) dafür, dass diese Region seit Jahrzehnten Opfer und Schauplatz enormer Grausamkeiten ist. Allein im Jahr 2007 wurde die Zahl der intern vertriebenen Bewohner auf ca. 80.000 Menschen geschätzt (UNHCR).

Neben politisch-strategischen Stellungskriegen, die die Nachbarländer auf kongolesischem Boden austragen, gilt vor allem der Reichtum an Bodenschätzen – z. B. Gold, Diamanten und Coltan – als Ursache der Auseinandersetzungen. Der Osten des Kongo ist de facto eine unregierbare Region, in der alle Machtfaktoren des zentral-östlichen Afrikas ungehindert und mit militärischer Gewalt ihre Rivalitäten austragen und die Bodenschätze plündern.

Die Bevölkerung wird im Bergbau als Arbeitssklaven eingesetzt, bei Versorgungsbedarf ausgeplündert oder als „Nachschub" für bewaffnete Gruppen rekrutiert. Seit Jahrzehnten werden die an sich guten landwirtschaftlichen Voraussetzungen durch Krieg und Vertreibung zerstört, und die lokale Wirtschaft wird lahmgelegt. Minderjährige werden als Kindersoldaten oder „Ehefrauen" für Militärs entführt, Frauen werden in hoher Zahl Opfer sexualisierter Gewalt. Traumatisierung, Vergewaltigung, körperliche Verletzungen, Verlust von Kindern und Angehörigen, Verlust des Ackerlandes oder Viehs – all dies ist alltägliche Realität in dieser Region. Straßen, Felder, Kirchen, Schulen, Gesundheitseinrichtungen, Brunnen und Märkte sind zerstört oder verwahrlost.

Milizen im Kongo – militärische Gewalt steht im Kongo auf der Tagesordnung

Seit den 1970er-Jahren sind bewaffnete Gruppen neben den Bergwerken die größten „Arbeitgeber", die für junge Männer (und mittlerweile auch Frauen) wenigstens ein Minimum an Versorgung bieten können. Über drei Generationen hinweg hat sich eine „Kultur der militärischen Gewalt" als Lebensform etabliert, die die ganze Region in allen Bereichen prägt. Viele Familien wollen unter diesen verworrenen Machtverhältnissen keine Partei ergreifen. Sie sind kriegsmüde und wollen ein Ende jeder Gewalt, werden aber manchmal von den Parteien auf eine Seite der Konflikte gezwungen bzw. aus materiellen Gründen in die Rebellengruppen gezogen. Die UN-Mission für die DR Kongo (MONUC) zeigt sich bislang unfähig, die Gewalt zu beenden, politische, diplomatische oder militärische Lösungen anzubieten und den Frieden wiederherzustellen. Es gibt im Gegenteil sogar Klagen, dass MONUC-Angehörige Prostitution, Kriminalität und Ausbeutung aktiv unterstützt haben sollen, was dem Ansehen internationaler Hilfsmissionen in der Region enorm geschadet hat.

Der Projektansatz

Bei Projekten zur Infrastrukturförderung und Ernährungssicherung wurde deutlich, dass jede Form von materieller Unterstützung schnell neue Konflikte, Missgunst und Verteilungskämpfe hervorruft, da die Gemeinden extrem verarmt sind und die Gewaltneigung sehr stark ausgeprägt ist. Als Basis für das weitere Zusammenleben brauchen die Menschen in der Region zunächst ein Minimum an sozialem Gemeinschaftsgefühl und geordneten Strukturen, bevor sie sich wieder mit der Landwirtschaft und der Entwicklung ihrer Dörfer befassen und den Status als Hilfsgüterempfänger loswerden können.

Aus diesem Grund initiierte Oxfam auf Anregung kongolesischer Partnerorganisationen, die seit den 1990er-Jahren mit Oxfam Novib (der niederländischen Oxfam-Organisation) zusammengearbeitet hatten, im Jahr 2005 ein integriertes Programm, das sowohl Täter als auch Opfer der vielfältigen Konflikte in eine breite Palette von Aktivitäten für die Sicherung von Nahrungsmitteln, Einkommen, Gesundheit, beruflicher Bildung, gewaltfreier Konfliktbearbeitung und Versöhnung einbinden sollte. Ein besonders Erfolg versprechender Ansatz im Rahmen dieser Zusammenarbeit war die Wiederaufnahme oder Neugründung von Friedensräten, sogenannten Barzas (Dorfgremien) zur Konfliktschlichtung in 16 Kommunen. Mithilfe der örtlichen Kirchen, Hilfs- und Menschenrechtsorganisationen wurden traditionell existierende Ältestenräte und Dorfgremien in neuer Form wiederbelebt. Ursprünglich wurden diese Gremien in allen ethnischen Gruppen gebildet und von traditionellen Führern geleitet. Die neuen Barzas werden heute gewählt und finden ihre Beschlüsse in Form einer gleichberechtigten Kommission, die immer auch zu einem Drittel aus Frauen besteht und Vertreterinnen und Vertreter von Opfergruppen (evtl. ehemalige Kombattanten), möglichst unterschiedliche Ethnien,

aber auch Priester oder politische Amtsinhaber und Mitglieder der lokalen Behörden vereinigt. Etwas Besonderes ist auch die integrierte Trägerstruktur: Inzwischen arbeiten in verschiedenen Konfigurationen 18 lokale Entwicklungshilfe-, Menschenrechts-, Frauenorganisationen und Kirchen (einschließlich der muslimischen Gemeinschaft) im Projekt zusammen. Oxfam berät diese Projektgemeinschaft und trägt einen großen Teil der Finanzierung. Alle Entscheidungen und die Verwaltung werden jedoch innerhalb einer kleinen Koordinationsstruktur in Kindu gemeinsam geleistet, sodass das Projekt vor allem auf den Schultern der lokalen Bevölkerung ruht und diese sich auch verantwortlich für das Gelingen fühlt.

Der Projektablauf

Die Friedensräte werden in ihren Dorfgemeinschaften aus Dorfältesten, Frauen und lokal respektierten Personen gewählt. Auf freiwilliger Basis sollen sie vor Ort Konflikte innerhalb der Gemeinschaft und zwischen benachbarten Gemeinschaften und ethnischen Gruppen schlichten. Da sie über keinen formaljuristischen Rechtsanspruch verfügen, sind die Anrufung, die Teilnahme und die Akzeptanz der Beschlüsse und Urteile der Barzas freiwillig.

Angesichts der Tatsache, dass in Maniema eine staatliche Justiz nur in sehr unzureichender Form existiert, bedeutet dieses Gremium einen enormen Schritt hin zu mehr Rechtssicherheit und zur Förderung des sozialen Friedens in den Gemeinschaften. Weil die Friedensräte außer einem kurzen Training in der Regel keine juristische Ausbildung besitzen und stattdessen ihre persönliche Integrität und sehr unterschiedliche Erfahrungen mitbringen, besteht die Gefahr der Ungerechtigkeit, der Bevorzugung, der Erpressung oder des Machtmissbrauchs. Seit den ersten Sitzungen wird deshalb zusammen mit den teilnehmenden lokalen Organisationen mit wachsendem Erfolg ein standardisiertes Verfahren mit Reglementarium entwickelt und überwacht. Doch sorgen in den meisten Fällen schon die gemischte Zusammensetzung und die öffentliche Aufmerksamkeit dafür, dass die Friedensräte sich bei ihren Beschlüssen tatsächlich am Gemeinwohl orientieren und auf Gerechtigkeit und Ausgleich bedacht sind.

Die Gremienmitglieder haben von kongolesischen und anderen afrikanischen Trainerinnen und Trainern eine einfache Ausbildung zu den Themen Mediation, Prävention oder gewaltfreie Bewältigung von Konflikten,

Versöhnung und Grundsätze des Rechts erhalten. Sie können Sanktionen von gegenseitigen Entschuldigungen bis hin zur wirtschaftlichen Vergeltungsleistungen, Arbeiten für das Opfer oder Entschädigungen verhängen, die meist auch angenommen und geleistet werden. Bei Konflikten, die ganze Gemeinschaften beeinträchtigen, greifen die Barzas mitunter auf traditionelle Versöhnungszeremonien mit Tieropfern zurück.

Seit 2006 sind 86 Frauen und 221 Männer in 16 Barzas aktiv. Sie werden in den Gemeinschaften sehr gut angenommen und haben eine wachsende Anzahl von Fällen zu beraten. So wurden 2006 circa 200 Konflikte bearbeitet, die mehr als 900 Personen involvierten: Landkonflikte, Eigentumsfragen oder kleinere Gewalttaten kommen ebenso vor wie Familienkonflikte, Gewalt in der Ehe und sexuelle Misshandlungen. Zunehmend suchen die Opfer von Kriegshandlungen die Barzas in der Hoffnung auf, dass die einflussreicheren Gremienmitglieder auch auf die örtlichen Rebellengruppen einwirken und Reparationen erreichen können.

Wenn die Konfliktlösung mit den militärischen Gruppen auch nicht immer erfolgreich ist, so leisten die Barzas doch einen wichtigen Beitrag dazu, dass innerhalb der Dorfgemeinschaften wenigstens grundlegende soziale Strukturen wiederhergestellt werden. Die Jahrzehnte der Kriegserfahrungen haben alle Familien betroffen, und viele Menschen sind Opfer und Täter zugleich geworden. Das Vertrauen zwischen Nachbarn, Familien und Ethnien ist tief greifend gestört, und dies belastet alle sozialen Beziehungen und auch die wirtschaftlichen Beziehungen in den Dörfern. Es ist daher oft schon eine große Hilfe, dass die Menschen über ihre Gewalterfahrungen sprechen können oder ein offizielles Gremium ihnen bestätigt, dass ihnen tatsächlich Unrecht angetan wurde und dieses Leid gewürdigt wird. Eine Entschuldigung von den Tätern kann ausreichen, um das Zusammenleben im Dorf wieder erträglich zu machen. Symbolische Gesten, aber auch rituelle Reinigungszeremonien oder ganz praktische Arbeitshilfen, die die Täterinnen und Täter bei den Opfern leisten müssen, geben den Gemeinden wieder ein Gefühl von Recht und sozialem Zusammenhalt. Und der Einfluss der Barzas wächst.

„Im Sommer 2007 löste sich eine Miliz von ca. 500 Männern und Frauen dank der Vermittlung des Friedensrates in Lokando auf und lieferte

ihre Waffen bei der 7. Militärregion ab. Die ehemaligen Kämpferinnen und Kämpfer legten einen Fußweg von 200 km zurück, um in Lokando im Rahmen einer offiziellen Zeremonie die Waffen zu übergeben. Der Provinzgouverneur leistete ihnen die nötige Unterstützung für ihre Rückkehr ins entlegene Balanga – eine wichtige Geste, die einerseits Versöhnungsbereitschaft vermittelt und andererseits die Möglichkeit ‚logistisch bedingter' Plünderungen auf dem Rückweg deutlich verringerte. Dieser jüngste Erfolg zeigt, dass die kongolesischen NRO vor Ort sehr produktiv zusammenarbeiten." Michaela Raab

Was ist wichtig für den Erfolg?

„Zunächst war es ein Wagnis, so ein einflussreiches Projekt ohne eine ständige Fachkraft vor Ort anzugehen. Oxfam Deutschland beschäftigt keine Mitarbeiterinnen und Mitarbeiter in diesem Friedensprojekt, sondern betreut das Vorhaben mittels regelmäßiger Projektbesuche. Doch das Konzept, lokal verankerte Organisationen bei ihrem gemeinsamen Versuch zu unterstützen, ist aufgegangen. Die 16 Barzas sind heute fest in die Gemeinschaften integriert, und die Menschen haben eine besondere Bindung und ein starkes Verantwortungsgefühl für diese Gremien. Heute denke ich, dass gerade das den Erfolg ausmacht." Michaela Raab

Umso wichtiger war die gründliche Vorarbeit, die Oxfam mit den Partnerorganisationen geleistet hatte. Nur weil fast alle Projektbeteiligten schon seit Jahren oder Jahrzehnten mit den Menschen in der Region eng zusammengearbeitet hatten, konnten sie den hohen Bedarf an Versöhnungsarbeit wahrnehmen und als Grundlage bzw. unbedingt nötige Voraussetzung für klassische Entwicklungsprojekte auch in konkrete Maßnahmen umsetzen. Dabei geht es bei den Barzas nicht um die Schaffung einer Parallel- oder Ersatzstruktur für die staatliche Justiz. Diese Aufgabe sollte die kongolesische Regierung auf jeden Fall selbst übernehmen, um damit den Menschen wirkliche Rechtssicherheit zu ermöglichen. Die Barzas haben vielmehr eine sozialpädagogische Aufgabe, indem sie die Menschen dabei unterstützen, neue Wege der Konfliktlösung in ihrem Alltag zu finden und damit in ganz kleinen, aber realisierbaren Schritten die Kultur der Gewalt zu überwinden.

Nach dem Krieg waren die Werte der Allparteilichkeit, der Integrität, der partizipativen Entscheidungsfindung und die Betonung des Ausgleichs, anstatt Rache und Vergeltung zu üben, im täglichen Leben in Maniema kaum noch zu finden. Die Barzas zeigten schon nach einer kurzen Ausbildungszeit, dass Berechenbarkeit, Unbestechlichkeit und zügige Bewältigung der Aufgaben nachhaltige Ergebnisse für die Allgemeinheit bringen und dass Begünstigung und Diskriminierung durchaus überwunden werden können.

Traditionelle Elemente wie „Palaver", Urteile nach langen Besprechungen, und die Berufung von Dorfältesten in das Gremium werden durch moderne Elemente erweitert. Die Rolle, die Frauen in der Gesellschaft spielen, wird dadurch gewürdigt, dass etwa ein Drittel der Barza-Mitglieder weiblich sind. Und es wird darauf geachtet, dass nicht der Ranghöchste der Gruppe die Urteile dominiert, sondern tatsächlich alle Fraktionen der Gesellschaft an der Lösungsfindung beteiligt sind.

Wichtig ist auch die Ergänzung durch Oxfam-Kampagnen zu dieser Region. Um auch die Ursachen der Krisen in der DR Kongo zu bekämpfen, leistet Oxfam weitere projektunabhängige Lobbyarbeit. Ziel ist es, verstärkt internationale Hilfe für Wiederaufbau, gute Regierungsführung und Versöhnung in der DR Kongo zu finden. Daneben plädiert Oxfam zusammen mit International Action Network on Small Arms (IANSA) und Amnesty International für die Einführung effektiver rechtlicher Instrumente zur verstärkten Kontrolle des Kleinwaffenhandels.

Die Barzas alleine können die gravierenden sozialen und politischen Probleme nicht annähernd bewältigen, sondern müssen in einen komplexen Interventionszusammenhang eingebettet sein, um ihren Beitrag zur Stabilisierung in der Region leisten zu können.

„Meine Rolle in diesem Projekt war es nicht, das tägliche Management zu gestalten; ich hatte vielmehr die Aufgabe, dem Netzwerk der Partnerorganisationen finanzielle Ressourcen, aber auch Kenntnisse und persönliche Unterstützung zu bieten, damit alle ihre Arbeit ungehindert und in gutem Einvernehmen leisten konnten. Im Kongo gilt die Ansicht, die Menschen seien durch die Kriege unselbstständig, verängstigt und passiv geworden. Umso erfreulicher finde ich es, zu sehen, dass dieses Projekt selbstständig und gut koordiniert funktioniert. Nicht immer

können europäische Fachkräfte an der Basis einen besonderen Beitrag leisten. Manchmal ist es sogar besser, auf einer übergeordneten, unterstützenden Ebene zu bleiben und die Verantwortung vor Ort zu belassen. Die Aktivitäten rund um das Barza-Projekt in Maniema werden von drei Oxfam-Mitgliedsorganisationen auf ähnliche Weise koordiniert und unterstützt: Oxfam Novib (Niederlande), Oxfam Irland und Oxfam Deutschland.

Schon früh hat sich herausgestellt, dass in dieser sehr armen Provinz Hilfsaktionen gemeinsam mit allen Betroffenen auf transparente und nachvollziehbare Weise organisiert werden müssen. Da es für internationales Personal schwer möglich ist, die Verhältnisse zwischen verschiedenen ethnischen Gruppen, politischen Überzeugungen, Religionen, individuellen Lebensläufen, wirtschaftlichen und anderen Interessen in ihrer Komplexität zu erfassen, ist die Zusammenarbeit mit einem breiten Spektrum lokaler Partnerorganisationen eine wesentliche Voraussetzung für den Erfolg des Projektes." Michaela Raab

Die Projektleitung in Deutschland

Michaela Raab war Leiterin des Projektbereichs von Oxfam Deutschland e. V. in Berlin und für dieses Projekt verantwortlich. Außerdem betreute sie ein Portfolio von weiteren Projekten der Entwicklungszusammenarbeit und Krisenprävention mit Schwerpunkten in Zentral- und Ostafrika und in Südasien.

„Dieses Projekt ist wie ein Rettungsring für uns: Die lokalen Organisationen bekommen Zugang zu finanziellen und technischen Mitteln, die sie dringend benötigen, um ihre Aktivitäten zu erweitern und zu vertiefen und damit auch der stark traumatisierten Landbevölkerung zu helfen. Wichtige Aufgaben sind es nun, die 16 mit unserer Unterstützung neu errichteten Barzas auf eine autonome Arbeitsweise ohne externe Finanzierung vorzubereiten und anderen interessierten Kommunen Wege aufzuzeigen, ihre eigenen Barzas ‚neuen Stils' zu gründen."
Gilbert Leya, Mitglied des Koordinationsteams in Kindu, der Hauptstadt der Provinz Maniema

Das Fazit

Oxfam hat mit dem Ansatz, die Tradition der Barzas durch ein lokales Netzwerk wiederzubeleben, einen Weg gefunden, in einem sehr komplexen sozialen Umfeld aktiv zu werden und dennoch die Verantwortlichkeit für die Friedensräte ganz in den Händen der Bevölkerung zu belassen.

Versöhnung und die Bewältigung von Gewalterfahrungen können nicht durch externe Interventionen vorgegeben oder forciert werden. Da dieses Projekt die Inhalte und das Prozedere nur in geringem Maße beeinflusst, haben die Mitglieder der Barzas die volle Glaubwürdigkeit und Akzeptanz der Gemeinschaften, in denen sie aktiv werden. Gerade dieses Selbstbewusstsein, verbunden mit dem Gefühl, in einer Gruppe positive Veränderungen im Dorf bewirken zu können, ist grundlegend für die Entwicklung von sozialem Zusammenhalt und von Friedensfähigkeit im Alltag.

Ilona Auer-Frege

Zivilgesellschaft organisieren

EIRENE und RiDD-Fitila:

PADET – Beilegung von Konflikten über Bodenrechte in Niger

Projektstandort:	Niger, Département Téra
Laufzeit:	seit 2003
Organisation:	EIRENE
Partnerorganisation:	RIDD-Fitila (Réseau d'intégration et de Diffusion du Droit en Milieu Rural)
Ansprechpartnerin:	July Armbruster armbruster@eirene.org
Finanzierung:	Bundesministerium für wirtschaftliche Zusammenarbeit und Entwicklung (BMZ), Ziviler Friedensdienst (ZFD)

Der Projekthintergrund

Laut UN-Entwicklungsindex (HDR 2007/2008) gilt Niger als eines der ärmsten Länder der Erde. Der Klimawandel und die Folgen wie Versteppung, Dürren und Ressourcenknappheit verschlechtern die Lebensgrundlagen der Bevölkerung zusehends. Außerdem weist Niger eine der höchsten Analphabetenraten auf: 74 Prozent der Männer und 90 Prozent der Frauen sind Analphabetinnen und Analphabeten. In der Region Téra, im Westen des Niger, gibt es zwischen den Ethnien Sonrai, Touareg, Peuhl und Gourmantché fortwährend Konflikte um die Rechte für Grund- und Bodenbesitz und die Nutzung von Weiden und Wasserquellen, die gewalttätig eskalieren. Ohnehin sind die landwirtschaftlichen Erträge in den letzten Jahren durch sich ausbreitende Dürrezonen und nicht fachgerechte Nutzung immer weiter gesunken. Viehhalter, sesshafte genauso wie teilweise nomadisch lebende Gruppen, verlieren Weideflächen. Vermehrt geraten sie in Konflikt mit den ansässigen Ackerbauern, die wegen der sinkenden Erträge mehr Anbauflächen benötigen.

In Niger herrscht beständig Ressourcenknappheit, Konflikte zwischen den unterschiedlichen Bevölkerungsgruppen sind vorprogrammiert

Seit dem Jahr 2002 kommt es zu bewaffneten Konflikten, die auch Todesopfer fordern. Das rapide Bevölkerungswachstum verschärft die Ressourcenkämpfe noch zusätzlich. 48 Prozent der Bevölkerung sind unter 15 Jahre alt, das bedeutet, dass die Ressourcenknappheit in den nächsten Jahrzehnten noch drastisch zunehmen wird.

Seit einigen Jahren versucht die nigrische Regierung die Konflikte um Weide-, Wasser- und Grundbesitzrechte durch eine neue Gesetzgebung, den sogenannten „Code Rural“ zu beenden, in dem sie zum ersten Mal das traditionelle und das moderne Recht zusammengeführt hat. In der Kolonialzeit wurde über Landbesitz willkürlich entschieden und die rechtliche Situation nach Gutdünken geregelt, bzw. alle Besitzrechte dem Kolonialstaat übertragen. Die Bevölkerungsgruppe der Sonrai wurde unter der französischen Kolonialherrschaft als Landbesitzer privilegiert behandelt, die Sonrai verstehen sich vor diesem historischen Hintergrund als Alleinbesitzer des Ackerlandes. Da die Touareg und die Peuhl damals nomadisch lebten, so argumentieren die Sonrai, hätten diese heute keinen rechtlichen Anspruch auf Weideflächen oder Land und Boden, um sich darauf niederzulassen.

Die Rechte für die Nutzung von Wasserquellen sind ein wichtiges Thema des „Code Rural“

Das sensible soziale Gleichgewicht ist gestört und lässt sich nur noch schwer wiederherstellen. Die Verrechtlichung der traditionellen Besitzverhältnisse und Nutzungsformen führt zu Konflikten zwischen lokalen und traditionellen Autoritäten und den gewählten Bürgermeistern und Parteivertretern sowie innerhalb der Bevölkerung. Vor allem auf dem Land fehlt es an grundlegenden Informationen über die neue Rechtslage und die Auswirkungen auf die einzelnen Familien, was weitere Unsicherheit und Spannung erzeugt.

Der Projektansatz

EIRENE und die lokale Partnerorganisation RIDD-Fitila, eine große und bekannte NRO in Niger, haben 2003 das gemeinsame Projekt PADET[1] eingeleitet. Seit 2007 arbeitet EIRENE nun direkt mit der Bodenrechtskommission in der Region Téra zusammen. PADET greift die Konflikte um Bodenrechte in mehreren Gemeinden der Region Téra auf. Es zielt darauf ab, das Problem der Bodenverteilung auf der rechtlichen, der sozialen und der ökonomischen Seite aufzuarbeiten. Es geht darum, langfristige Lösungen für alle betroffenen Parteien zu finden, um die Stabilität und die soziale Balance in den Gemeinden dauerhaft wiederherzustellen.

In Gemeinden, die besonders schwer von gewaltförmigen Konflikten um Wasser- und Weiderechte betroffen waren, leistete PADET von Anfang an intensive Aufklärungs- und Beratungsarbeit, um die Situation nachhaltig zu entspannen. Auf lokaler Ebene in den Gemeinden wurden 19 Bodenkommissionen gebildet. Die Kommissionen sollen in den Dörfern über die Rechtsgrundlagen der Bodenverteilung informieren und die lokalen Behörden, Bürgermeister, Polizei und Verwaltung bei der operativen Umsetzung beraten. Die Beratungskompetenz der Bodenkommissionen greift z. B. bei Differenzen zwischen traditionellem Recht, islamischem Recht und staatlich fixiertem Grundrecht, z. B. in Erbfragen oder bei den Ansprüchen von Frauen auf Grundbesitz.

Die Aufklärungsarbeit über den „Code Rural" wird breitflächig geleistet – unter anderem durch Radiosendungen und die Verteilung von Informationsmaterial. Sogenannte „Friedenskarawanen" besuchen die von Konflikten am stärksten betroffenen Dörfer, um die Bevölkerung über die Vorteile der neuen Gesetze aufzuklären und ihnen zu zeigen, wie sie ihre Rechte einfordern können.

[1] Projet promotion de la paix et de la décentralisation dans le département de Téra – Förderung des Friedens und der Dezentralisierung im Département Téra

Der Projektablauf

Rechtsklärung:

Zu Beginn des Projektes wurde deutlich, dass der „Code Rural" im nigrischen Gesetzbuch kein einfaches Regelwerk war, sondern eine Reihe von komplexen Zusammenhängen und Detailfragen miteinander verband. EIRENE und RIDD-Fitila hatten daher zunächst eine erfahrene Juristin engagiert, die sich intensiv mit dem neuen Gesetz befasste, grundsätzliche Fragen mit dem Justizministerium klärte, die einzelnen Bestimmungen in eine auch für den juristischen Laien verständliche Sprache übersetzte und mit Kommentaren versah. Erst auf der Basis dieser fachlichen Expertise war es möglich, Informations- und Kampagnenmaterial herzustellen, das die Bevölkerung genau und entsprechend der Sachlage aufklären konnte. Zusätzlich wurden Rechtsberaterinnen und Rechtsberater ausgebildet, die die Bürgermeister und Dorfvorsteher rechtlich beraten und ihnen den Inhalt der Bodenreform erklären sollten, sodass der neue „Code Rural" in der Praxis angewendet werden konnte. Nach und nach wurde das Beratungsangebot direkt der Bodenrechtskommission und seinen Vertretern in den Gemeinden übertragen. Bei der Wahrnehmung dieser Aufgabe unterstützt EIRENE die Angestellten der staatlichen Institutionen.

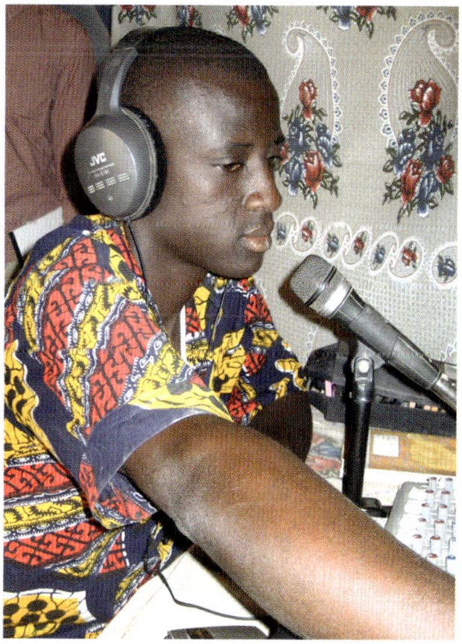

Die Sendungen der radios rurales sind wichtiger Bestandteil der juristischen Aufklärungskampagne

Friedenskarawanen:

Besonders an Markttagen hat die Friedenskarawane, die in den größeren Gemeinden Station macht, ein großes Publikum für ihr Anliegen, das durch Lieder, Sketche, Theateraufführungen wie auch in Dorfversammlungen und Gesprächsrunden vorgetragen wird. Die Friedenskarawane wird begleitet von Mitarbeiterinnen und Mitarbeitern von PADET, Mitgliedern der Bodenkommissionen, lokalen Politikerinnen und Politikern und Vertreterinnen und Vertretern des Justizministeriums. Ihr Ziel ist es, über die Bodenreform aufzuklären, Wissen zu verbreiten und ein Rechtsbewusstsein zu schaffen. Diskussionen werden live von den *radios rurales* übertragen. Die Aufklärungsarbeit wird durch einfaches Informationsmaterial ergänzt, das an öffentlichen

Plätzen, in Geschäften, Kneipen und Schulen ausgehängt wird. Wenn die Friedenskarawanen vor Ort sind, können die Menschen ihre Sorgen und Probleme vortragen und um Vermittlung bitten. 2006 wurden auf diese Weise über 26.000 Menschen persönlich erreicht. Besonders Frauen können von dieser direkten Form der Öffentlichkeitsarbeit profitieren, denn unter ihnen ist die Analphabetinnenrate sehr hoch. Generell sind sie selten in Behörden, Gemeindeämtern oder anderen Gremien vertreten und auch im Alltag erhalten sie wenig Zugang zu Fachinformationen über rechtliche Zusammenhänge. Auf den Veranstaltungen der Friedenskarawanen wurden viele Menschen – Männer wie Frauen – aus dem Publikum zum ersten Mal ausführlich über die Zusammenhänge der Bodenreform aufgeklärt, die auch ihnen umfassende Rechte zubilligt.

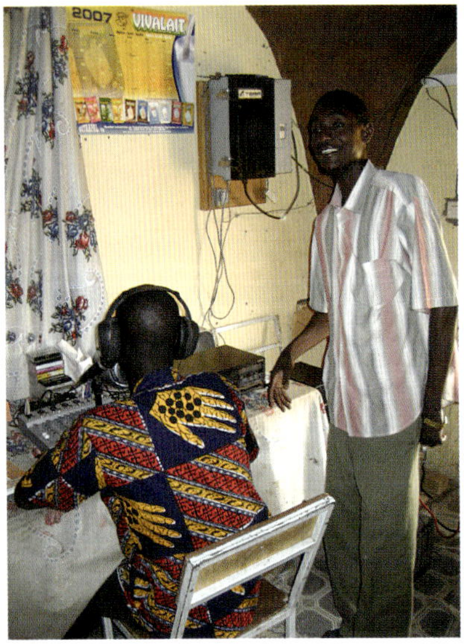

Lokale Journalistinnen und Journalisten informieren über Themen rund um die Bodenreform

Medienarbeit:

Zusammen mit örtlichen Journalistinnen und Journalisten produziert PADET monatlich eine Reihe von Radiosendungen, die die Bevölkerung über die neuen Bodenrechte und ihre Bedeutung informieren sollen. Das Programm wird über Gemeinderadios, die *radios rurales*, ausgestrahlt und durch Features oder kurze Beiträge ergänzt, die das Thema Konfliktbewältigung und Gewaltfreiheit aus verschiedenen Perspektiven behandeln.

Friedenspreis:

In der Medienkooperation mit örtlichen Radiosendern vergab PADET den Friedenspreis „Prix de la Coéxistence", für den in breitem Umfang Werbung gemacht wurde. Auf diese Weise konnten positive Beispiele gewaltfreier interethnischer Konfliktbearbeitung vorgestellt werden, wobei es gelang, das langfristig friedensschaffende Potenzial, das in der Bodenreform liegt, zu betonen. Den Preis erhielt eine Gruppe, die sich engagiert und friedlich für die Rechte von Frauen am Bodenreformprozess eingesetzt hatte.

Was ist wichtig für den Erfolg?

„Im Niger gibt es eine große Kluft zwischen traditionellen Lebensweisen und dem Staat als regulierendem Organ, beide Ebenen existieren oft parallel zueinander, oder der Staat hat gar nicht die Kapazitäten, seine Ansprüche durchzusetzen. Daher war es uns besonders wichtig, in dieses Projekt, das die endgültige Klärung der Jahrzehnte alten Bodenkonflikte unterstützt, alle Parteien zu integrieren. Traditionelle Dorfvorsteher und die kommunalen Behörden müssen beide im Boot sein, um Fortschritte zu erzielen. Nur wenn diese beiden Autoritäten das Projekt unterstützen, sind Erfolge möglich.
Die gewählten Bürgermeister sind dafür zuständig, die im Gesetz festgelegten Bodennutzungsrechte für Ackerbau, Straßen und Siedlungsflächen in Anwendung zu bringen. Das heißt, sie müssen in Konfliktfällen mit den Betroffenen Regelungen finden, die ihnen, aber auch dem Allgemeinwohl dienen. Dem gegenüber stehen die Dorf- und Familienoberhäupter, die innerhalb ihrer Gruppen im Streitfall schlichten. Für diese traditionellen Autoritäten sind im Gesetz Schlichtungsrechte in erster Instanz auf lokaler Ebene vorgesehen. Das heißt, PADET fördert ausdrücklich die Zusammenarbeit von traditionellen und staatlichen Autoritäten, insbesondere an der Basis, um zu einer gemeinsamen Lösung zu kommen.“ Raphaël Yimga Tatchi, Friedensfachkraft

Die ehemalige Partnerorganisation RIDD-Fitila war besonders darauf bedacht, die Position von Frauen zu stärken und sie in Bezug auf Bodenbesitz über ihre Rechte aufzuklären. Es werden noch immer möglichst viele Frauen angesprochen, interviewt und in die inhaltliche Arbeit eingebunden – sei es für die Friedenskarawane, die Bodenkommissionen oder bei der Produktion der Radiosendungen. Angesichts dessen, dass Frauen häufiger als Männer des Lesens und Schreibens nicht mächtig sind, erscheint es umso wichtiger, Frauen die Möglichkeiten zur Entfaltung ihrer Potenziale zu bieten, indem sie an friedens- und Gemeinwesen fördernden Projekten beteiligt und ihre Bedürfnisse und Ideen in den Mittelpunkt gestellt werden.

„Ebenso wichtig war uns die enge Kooperation mit GENOVICO[2], einem anderen Projekt von EIRENE im Niger mit einem Ausbildungsschwerpunkt, und dem Programm LUCOP[3] der deutschen bilateralen EZ sowie anderen wichtigen Gebern in der Region wie den dänischen und schweizer Entwicklungsorganisationen, der niederländischen SNV[4]. So können die verschiedenen Ebenen des ‚Code Rural' als ein Prozess, ein abgestimmtes Gesamtprogramm mit umgesetzt werden. Aber nur so erreichen wir auch die besten Ergebnisse für die Bevölkerung."
Raphaël Yimga Tatchi

„Zusammen mit unseren Friedensfachkräften Raphaël Yimga Tatchi und Hanna Schädlich haben wir seit 2003 wirklich viel erreicht. Dass politische Bildung in einem Land wie Niger, in dem es an den grundlegendsten staatlichen Versorgungsleistungen wie Schulen oder Gesundheitssystem, Wasser und Nahrung mangelt, überhaupt möglich ist, war ein großer Erfolg für uns. Dabei haben wir aber immer darauf geachtet, dass wir den Menschen unsere Ideen und Initiativen nicht aufzwingen, sondern haben die regionalen Initiativen aufgegriffen und gestärkt.
Dass unsere didaktischen Materialien über den ‚Code Rural' heute landesweit auch von anderen Organisationen für Aufklärungskampagnen verwendet werden, freut uns sehr, denn es zeigt, dass wir die Bedürfnisse der Menschen richtig erkannt und mit erfolgreichen Methoden gearbeitet haben.
Für mich persönlich ist auch sehr wichtig, dass wir bei allen Ansätzen zur Konfliktbearbeitung immer wieder, auch gegen Widerstände, Frauen gefördert haben. Anfangs war es z. B. fast unmöglich, weibliche Journalistinnen oder Interviewpartnerinnen zu finden, um unsere Radiosendungen zu machen. Heute haben wir einen festen Mitarbeiterinnenstamm, und die Sicht der Frauen auf die Bodenrechtsreform wird öffentlich gemacht." Uta Bracken

2 Programm zum Aufbau eines Netzwerkes von Beratern und Organisationen, die sich in der zivilen gewaltfreien Konfliktbearbeitung engagieren

3 Armutsbekämpfungsprogramm

4 Niederländische NRO

Das Fazit

Niger ist stark von der Wüstenbildung als Folge des Klimawandels betroffen. Angesichts der knapper werdenden Ressourcen erscheinen Konflikte um Bodennutzung und Wasserverteilung beinahe unausweichlich. Insbesondere die Region Téra ist stark von Landkonflikten betroffen. Aus der Kolonialzeit stammende ethnische Spannungen und das Fehlen von regelnden staatlichen und juristischen Strukturen machen diese Region besonders anfällig für gewaltsam ausgetragene Ressourcenkonflikte. Mit dem „Code Rural" schuf die nigrische Regierung ein juristisches Instrument, das die Bodenrechte klärte und zur Regelung der Konflikte beitragen kann. Bei der breitenwirksamen Bekanntmachung und Umsetzung der Bodenrechtsreform unterstützte EIRENE die staatlichen und nichtstaatlichen Akteure.

EIRENE hat es in Zusammenarbeit mit Kräften der Zivilgesellschaft und der lokalen Administration geschafft, mit PADET ein facettenreiches Projekt zu entwickeln, das sowohl auf der Basisebene wie auch in der politischen Steuerungsebene ansetzt und breitflächig aufklärt und berät – und dies mit sehr einfachen Mitteln. Damit wird der „bürokratische Akt" der Bodenreform für die Menschen im Alltag nachvollziehbar und kann zudem als Instrument der Friedenssicherung eingesetzt werden. Alte Nutzungskonflikte können nun langfristig geklärt und gewaltfrei beigelegt werden. Die Verrechtlichung und die Fixierung von Nutzungsrechten in Verträgen ist ein wichtiger Schritt, um Spannungen in dieser Region zu reduzieren und gewaltsame Eskalationen zu vermeiden. Das Projekt hat dafür gesorgt, dass die Belange der zivilen Bevölkerung, insbesondere der Frauen, Gehör finden und Informationen für alle Menschen frei zugänglich werden.

Ilona Auer-Frege

Büttner Verlag Berlin
Postfach 130223
D-13601 Berlin

www.buettner-verlag-berlin.com
info@buettner-verlag-berlin.com

Ilona Auer-Frege (Hrsg.)
Wege zur Gewaltfreiheit, Methoden der internationalen zivilen Konfliktbearbeitung,

Lektorat: artfile – Beatrix Fischer, Berlin
Typografie, Bildbearbeitung & Layout: Regina Thielking, Neustadt a. Rbge.
Redaktion: Titus D. Hamdorf – büro für text + bild, Berlin
Druck: BWH GmbH, Hannover

Bibliografische Informationen der Deutschen Bibliothek
Die Deutsche Bibliothek verzeichnet diese Publikation in der Deutschen Nationalbibliografie. Detaillierte bibliografische Informationen sind im Internet unter http://dnb.ddb.de abrufbar.

ISBN 978-3-9813548-0-5

Printed in Germany